国学新读本

搜 神 记

王利锁 注说

河南大学出版社

国学新读本编辑委员会

总策划　马小泉
主　编　李振宏
编　委　（以姓氏笔画为序）
　　　　马小泉　王　健　朱绍侯　刘小敏
　　　　李中华　李振宏　苏凤捷　何晓明
　　　　张云鹏　张富祥　宋会群　杨天宇
　　　　杨寄林　杨朝明　赵国华　郑慧生
　　　　姜建设　袁喜生　曹　峰　曹础基
　　　　曾振宇　戚良德　龚留柱　熊铁基

目 录

序 ………………………………………… 李振宏（1）
《搜神记》通说 …………………………………… （1）
 一 干宝的生平和思想 ……………………… （2）
 二 《搜神记》的编撰流传 ………………… （26）
 三 《搜神记》的故事题材类型 …………… （33）
 四 《搜神记》的思想文化意蕴 …………… （58）
 五 《搜神记》的文学价值 ………………… （72）
 六 《搜神记》的影响 ……………………… （89）
 七 如何阅读《搜神记》 …………………… （99）
 八 校注说明 ………………………………… (106)
《搜神记》简注 …………………………………… (108)
 序 ………………………………………………… (108)
 卷一 ……………………………………………… (110)
  1. 神农鞭百草 ………………………………… (110)
  2. 雨师赤松子 ………………………………… (110)
  3. 赤将子轝 …………………………………… (111)
  4. 宁封子自焚 ………………………………… (111)
  5. 偓佺采药 …………………………………… (111)

6. 彭祖仙室 …………………………………… (112)
7. 师门使火 …………………………………… (112)
8. 葛由乘木羊 ………………………………… (113)
9. 崔文子学仙 ………………………………… (113)
10. 冠先钓鱼 ………………………………… (113)
11. 琴高取龙子 ……………………………… (114)
12. 陶安公通天 ……………………………… (114)
13. 焦山老君 ………………………………… (115)
14. 鲁少千应门 ……………………………… (115)
15. 淮南八老公 ……………………………… (115)
16. 刘根召鬼 ………………………………… (116)
17. 王乔飞鳬 ………………………………… (117)
18. 蓟子训长寿 ……………………………… (117)
19. 汉阴生乞市 ……………………………… (118)
20. 常生复生 ………………………………… (118)
21. 左慈神通 ………………………………… (119)
22. 于吉请雨 ………………………………… (120)
23. 介琰隐形 ………………………………… (121)
24. 徐光复仇 ………………………………… (121)
25. 葛玄法术 ………………………………… (122)
26. 吴猛止风 ………………………………… (123)
27. 园客养蚕 ………………………………… (123)
28. 董永与织女 ……………………………… (124)
29. 钩弋夫人 ………………………………… (124)
30. 杜兰香与张传 …………………………… (125)
31. 弦超与神女 ……………………………… (126)

卷二 …………………………………………………… (128)

  32. 寿光侯劾鬼……………………………………… (128)

  33. 樊英灭火………………………………………… (129)

  34. 徐登与赵昞…………………………………… (129)

  35. 赵昞临水求渡………………………………… (129)

  36. 徐赵清俭……………………………………… (130)

  37. 东海君遗褥…………………………………… (130)

  38. 边洪发狂……………………………………… (130)

  39. 鞠道龙说黄公事……………………………… (131)

  40. 谢纠食客……………………………………… (131)

  41. 天竺胡人……………………………………… (131)

  42. 范寻养虎……………………………………… (132)

  43. 贾佩兰说宫内事……………………………… (132)

  44. 李少翁致神…………………………………… (133)

  45. 营陵道人……………………………………… (133)

  46. 孙休杀鹅试觋………………………………… (134)

  47. 石子冈朱主墓………………………………… (134)

  48. 夏侯弘见鬼…………………………………… (135)

卷三 …………………………………………………… (137)

  49. 钟离意修孔庙………………………………… (137)

  50. 段翳封书……………………………………… (138)

  51. 臧仲英家遇怪………………………………… (138)

  52. 乔玄见白光…………………………………… (139)

  53. 管辂论怪……………………………………… (140)

  54. 管辂助颜超延命……………………………… (141)

  55. 管辂筮信都令家……………………………… (142)

  56. 管辂筮躄疾…………………………………… (142)

57. 淳于智杀鼠……………………………………………(143)
58. 淳于智卜宅……………………………………………(143)
59. 淳于智卜祸……………………………………………(144)
60. 淳于智筮病……………………………………………(144)
61. 郭璞撒豆成兵…………………………………………(144)
62. 郭璞救死马……………………………………………(145)
63. 郭璞筮病………………………………………………(145)
64. 郭璞白牛治病…………………………………………(146)
65. 费孝先…………………………………………………(146)
66. 隗炤书板………………………………………………(147)
67. 韩友驱魅………………………………………………(148)
68. 严卿禳灾………………………………………………(148)
69. 华佗治疮………………………………………………(148)
70. 华佗医病咽……………………………………………(149)

卷四……………………………………………………………(150)
71. 风伯雨师………………………………………………(150)
72. 张宽说天星……………………………………………(150)
73. 灌坛令…………………………………………………(151)
74. 胡母班传书……………………………………………(151)
75. 河伯冯夷………………………………………………(153)
76. 河伯招婿………………………………………………(153)
77. 华山使者………………………………………………(154)
78. 张璞投女………………………………………………(155)
79. 建康小吏………………………………………………(155)
80. 宫亭湖二女……………………………………………(156)
81. 宫亭庙神………………………………………………(156)
82. 郭璞卜驴鼠……………………………………………(156)

83. 欧明求如愿 ………………………………… (157)

84. 黄石公祠 …………………………………… (157)

85. 樊道基显神 ………………………………… (158)

86. 戴文谋疑神 ………………………………… (158)

87. 麋竺遇天使 ………………………………… (158)

88. 阴子方祀灶 ………………………………… (159)

89. 张成见蚕神 ………………………………… (159)

90. 戴侯祠 ……………………………………… (160)

91. 袁玘死为神 ………………………………… (160)

卷五 …………………………………………………… (161)

92. 蒋子文 ……………………………………… (161)

93. 蒋侯召刘赤父 ……………………………… (162)

94. 蒋山庙戏婚 ………………………………… (162)

95. 蒋神爱吴望子 ……………………………… (163)

96. 蒋侯助杀虎 ………………………………… (163)

97. 丁姑祠 ……………………………………… (164)

98. 赵公明府参佐 ……………………………… (165)

99. 周式逢鬼吏 ………………………………… (166)

100. 张助种李 ………………………………… (167)

101. 临淄新井 ………………………………… (167)

卷六 …………………………………………………… (169)

102. 论妖怪 …………………………………… (169)

103. 论山徙 …………………………………… (169)

104. 龟毛兔角 ………………………………… (171)

105. 马化狐 …………………………………… (171)

106. 玉化为蜮 ………………………………… (171)

107. 地暴长暴陷 ……………………………… (171)

108. 一妇四十子 …………………………………… (172)
109. 御人产龙 ……………………………………… (172)
110. 彭生为豕祸 …………………………………… (172)
111. 蛇斗国门 ……………………………………… (173)
112. 龙斗邑中 ……………………………………… (173)
113. 九蛇绕柱 ……………………………………… (173)
114. 马生人 ………………………………………… (173)
115. 女子化为丈夫 ………………………………… (174)
116. 五足牛 ………………………………………… (174)
117. 临洮巨人 ……………………………………… (175)
118. 龙见井中 ……………………………………… (175)
119. 马生角 ………………………………………… (175)
120. 狗生角 ………………………………………… (175)
121. 人生角 ………………………………………… (176)
122. 狗与彘交 ……………………………………… (176)
123. 黑白乌群斗 …………………………………… (177)
124. 牛足出背 ……………………………………… (177)
125. 内外蛇斗 ……………………………………… (178)
126. 鼠舞端门 ……………………………………… (178)
127. 泰山石自立 …………………………………… (179)
128. 虫叶成文 ……………………………………… (179)
129. 狗冠出朝门 …………………………………… (179)
130. 雌鸡化雄 ……………………………………… (180)
131. 范延寿断讼 …………………………………… (180)
132. 天雨草 ………………………………………… (181)
133. 断槐复立 ……………………………………… (181)
134. 鼠巢树上 ……………………………………… (181)

135. 犬祸室中 …………………………… (182)

136. 鸢焚其巢 …………………………… (182)

137. 信都雨鱼 …………………………… (183)

138. 木生人状 …………………………… (183)

139. 厩马生角 …………………………… (183)

140. 燕生雀 ……………………………… (184)

141. 三足驹 ……………………………… (184)

142. 僵树自立 …………………………… (184)

143. 儿啼腹中 …………………………… (185)

144. 西王母传书 ………………………… (185)

145. 男子化女 …………………………… (185)

146. 人死复生 …………………………… (185)

147. 生儿两头 …………………………… (186)

148. 三足乌 ……………………………… (186)

149. 德阳殿蛇 …………………………… (187)

150. 北地雨肉 …………………………… (187)

151. 梁冀妻妆 …………………………… (187)

152. 牛生鸡 ……………………………… (188)

153. 赤厄三七 …………………………… (188)

154. 长短衣裙 …………………………… (189)

155. 夫妇相食 …………………………… (189)

156. 寺壁黄人 …………………………… (190)

157. 木不曲直 …………………………… (190)

158. 雌鸡欲化雄 ………………………… (191)

159. 洛阳女生儿两头 …………………… (191)

160. 梁伯夏之后 ………………………… (191)

161. 草作人状 …………………………… (192)

162. 两头共身 …………………………………………… (192)

163. 怀陵雀 ……………………………………………… (193)

164. 魁櫑挽歌 …………………………………………… (193)

165. 京师谣言 …………………………………………… (193)

166. 桓氏复生 …………………………………………… (194)

167. 建安人妖 …………………………………………… (194)

168. 荆州童谣 …………………………………………… (194)

169. 伐树出血 …………………………………………… (195)

170. 燕巢生鹰 …………………………………………… (195)

171. 白马河妖马 ………………………………………… (196)

172. 燕生巨鷇 …………………………………………… (196)

173. 谯周书柱 …………………………………………… (196)

174. 孙权死征 …………………………………………… (197)

175. 孙亮草妖 …………………………………………… (197)

176. 大石自立 …………………………………………… (197)

177. 陈焦复生 …………………………………………… (198)

178. 孙休服制 …………………………………………… (198)

卷七 …………………………………………………………… (199)

179. 开石文字 …………………………………………… (199)

180. 西晋服妖 …………………………………………… (200)

181. 翟器翟食 …………………………………………… (200)

182. 蝘蚑化鼠 …………………………………………… (200)

183. 太康二龙 …………………………………………… (201)

184. 两足虎 ……………………………………………… (201)

185. 死牛头语 …………………………………………… (202)

186. 武库飞鱼 …………………………………………… (202)

187. 方头屐 ……………………………………………… (202)

188. 撷子髻 …………………………………… (203)

189. 晋世宁舞 ………………………………… (203)

190. 毡绲头 …………………………………… (203)

191. 折杨柳歌 ………………………………… (204)

192. 辽东马生角 ……………………………… (204)

193. 妇人兵饰 ………………………………… (204)

194. 六钟出涕 ………………………………… (205)

195. 一身二体 ………………………………… (205)

196. 安丰女子 ………………………………… (205)

197. 临淄大蛇 ………………………………… (205)

198. 吕县流血 ………………………………… (206)

199. 霹雳破高禖石 …………………………… (206)

200. 乌杖柱掖 ………………………………… (206)

201. 贵游保身 ………………………………… (207)

202. 浮石登岸 ………………………………… (207)

203. 贱人入禁庭 ……………………………… (207)

204. 牛能言 …………………………………… (208)

205. 败屩聚道 ………………………………… (208)

206. 戟锋火光 ………………………………… (209)

207. 万详婢生怪子 …………………………… (209)

208. 严根婢产异物 …………………………… (209)

209. 狗作人言 ………………………………… (210)

210. 延陵蝘鼠 ………………………………… (210)

211. 徐馥作乱 ………………………………… (210)

212. 豕生人两头 ……………………………… (210)

213. 生笺单衣 ………………………………… (211)

214. 无颜帢 …………………………………… (211)

215. 二女连体 …………………………………… (212)
216. 淳于伯冤死 ………………………………… (212)
217. 牛生犊两头 ………………………………… (213)
218. 地震涌水 …………………………………… (213)
219. 牛生怪胎 …………………………………… (213)
220. 马生驹两头 ………………………………… (214)
221. 女阴在腹 …………………………………… (214)
222. 武昌火灾 …………………………………… (214)
223. 绛囊缚纻 …………………………………… (215)
224. 仪仗生花 …………………………………… (215)
225. 长柄羽扇 …………………………………… (215)
226. 武昌大蛇 …………………………………… (216)

卷八 ……………………………………………… (217)
227. 舜手握褒 …………………………………… (217)
228. 汤祷桑林 …………………………………… (217)
229. 吕望钓于渭阳 ……………………………… (218)
230. 武王定风波 ………………………………… (218)
231. 孔子夜梦 …………………………………… (218)
232. 赤虹化玉 …………………………………… (219)
233. 陈仓祠 ……………………………………… (220)
234. 郏王天下 …………………………………… (220)
235. 荧惑星 ……………………………………… (221)
236. 戴洋梦神 …………………………………… (221)

卷九 ……………………………………………… (223)
237. 应妪见神光 ………………………………… (223)
238. 冯绲绶笥有蛇 ……………………………… (223)
239. 张颢得金印 ………………………………… (224)

240. 张氏传钩 …………………………………（224）

241. 何比干得符策 ……………………………（225）

242. 魏舒诣野王 ………………………………（225）

243. 贾谊《鹏鸟赋》 …………………………（226）

244. 狗啮群鹅 …………………………………（226）

245. 公孙渊家数怪 ……………………………（226）

246. 诸葛恪被杀 ………………………………（227）

247. 邓喜射人头 ………………………………（227）

248. 贾充见府公 ………………………………（227）

249. 庾亮受罚 …………………………………（229）

250. 刘宠军败 …………………………………（229）

卷十 ……………………………………………（230）

251. 梦登梯扪天 ………………………………（230）

252. 梦日月入怀 ………………………………（230）

253. 梦禾三穗 …………………………………（231）

254. 周擥啧梦 …………………………………（231）

255. 梦入蚁穴 …………………………………（232）

256. 火浣单衫 …………………………………（232）

257. 刘雅腹痛 …………………………………（232）

258. 张奂妻梦 …………………………………（232）

259. 汉灵帝梦 …………………………………（233）

260. 吕石梦死期 ………………………………（233）

261. 谢郭同梦 …………………………………（234）

262. 徐泰梦 ……………………………………（234）

卷十一 …………………………………………（235）

263. 熊渠子射石 ………………………………（235）

264. 养由基射猿 ………………………………（235）

265. 古冶子杀鼋 …………………………………… (236)

266. 三王墓 ………………………………………… (236)

267. 贾雍失头 ……………………………………… (238)

268. 断头能语 ……………………………………… (238)

269. 苌弘血化碧 …………………………………… (238)

270. 东方朔消患 …………………………………… (239)

271. 谅辅祈雨 ……………………………………… (239)

272. 何敞消灾 ……………………………………… (240)

273. 蝗虫避徐栩 …………………………………… (240)

274. 白虎墓 ………………………………………… (240)

275. 葛祚碑 ………………………………………… (241)

276. 曾子孝感万里 ………………………………… (241)

277. 周畅仁孝 ……………………………………… (241)

278. 王祥剖冰求鲤 ………………………………… (242)

279. 王延叩凌 ……………………………………… (242)

280. 楚僚卧冰 ……………………………………… (243)

281. 盛母眼复明 …………………………………… (243)

282. 蚺蛇胆 ………………………………………… (243)

283. 郭巨埋儿 ……………………………………… (244)

284. 刘殷居丧 ……………………………………… (244)

285. 杨伯雍种玉 …………………………………… (245)

286. 梦虎啮足 ……………………………………… (245)

287. 罗威温席 ……………………………………… (246)

288. 王裒守墓 ……………………………………… (246)

289. 白鸠郎 ………………………………………… (246)

290. 东海孝妇 ……………………………………… (246)

291. 犍为孝女 ……………………………………… (247)

292. 乐羊子妻 …………………………………… (248)

293. 庾衮不畏疫 ………………………………… (248)

294. 相思树 ……………………………………… (248)

295. 饮水生儿 …………………………………… (249)

296. 望夫冈 ……………………………………… (250)

297. 邓元义妻改嫁 ……………………………… (250)

298. 严遵破案 …………………………………… (251)

299. 死友 ………………………………………… (251)

卷十二 ……………………………………………… (253)

300. 五气变化 …………………………………… (253)

301. 穿井获羊 …………………………………… (255)

302. 掘地得犬 …………………………………… (255)

303. 山精倏囊 …………………………………… (256)

304. 池阳小人 …………………………………… (257)

305. 霹雳落地 …………………………………… (257)

306. 落头民 ……………………………………… (258)

307. 貙人化虎 …………………………………… (258)

308. 猳国马化 …………………………………… (259)

309. 刀劳鬼 ……………………………………… (259)

310. 越地冶鸟 …………………………………… (260)

311. 南海鲛人 …………………………………… (260)

312. 大青小青 …………………………………… (261)

313. 裸身山都 …………………………………… (261)

314. 含沙射人 …………………………………… (261)

315. 禁水鬼弹 …………………………………… (262)

316. 张小小 ……………………………………… (262)

317. 赵寿犬蛊 …………………………………… (263)

318. 廖姓蛇蛊 …………………………………………（263）

卷十三 ……………………………………………………（264）
 319. 泰山澧泉 …………………………………………（264）
 320. 河神巨灵 …………………………………………（264）
 321. 霍山镬 ……………………………………………（265）
 322. 樊山火 ……………………………………………（265）
 323. 孔窦清泉 …………………………………………（265）
 324. 湘穴 ………………………………………………（266）
 325. 龟化城 ……………………………………………（266）
 326. 城陷为湖 …………………………………………（266）
 327. 马邑城 ……………………………………………（267）
 328. 天地劫灰 …………………………………………（267）
 329. 丹砂井 ……………………………………………（267）
 330. 江东余腹 …………………………………………（268）
 331. 蟛蟣长卿 …………………………………………（268）
 332. 青蚨还钱 …………………………………………（268）
 333. 果蠃育子 …………………………………………（269）
 334. 木蠹 ………………………………………………（269）
 335. 刺猬 ………………………………………………（269）
 336. 火浣布 ……………………………………………（269）
 337. 金燧 ………………………………………………（270）
 338. 焦尾琴 ……………………………………………（270）
 339. 柯亭竹笛 …………………………………………（271）

卷十四 ……………………………………………………（272）
 340. 蒙双氏 ……………………………………………（272）
 341. 盘瓠子孙 …………………………………………（272）
 342. 夫余王 ……………………………………………（274）

343. 鹊苍衔卵 …………………………………… (274)

344. 谷乌茏 ………………………………………… (274)

345. 齐顷公无野 …………………………………… (275)

346. 羌豪袁钶 ……………………………………… (275)

347. 窦氏蛇 ………………………………………… (275)

348. 金龙池 ………………………………………… (276)

349. 羽衣人 ………………………………………… (276)

350. 马皮蚕女 ……………………………………… (276)

351. 嫦娥奔月 ……………………………………… (278)

352. 帝女怪草 ……………………………………… (278)

353. 兰岩双鹤 ……………………………………… (278)

354. 羽衣女 ………………………………………… (279)

355. 黄母化鼋 ……………………………………… (279)

356. 宋母化鳖 ……………………………………… (279)

357. 宣母化鼋 ……………………………………… (280)

358. 老翁作怪 ……………………………………… (280)

卷十五 ………………………………………………… (282)

359. 王道平妻 ……………………………………… (282)

360. 河间郡男女 …………………………………… (283)

361. 贾文合 ………………………………………… (284)

362. 李娥 …………………………………………… (284)

363. 史姁 …………………………………………… (286)

364. 贺瑀得疾 ……………………………………… (287)

365. 戴洋复生 ……………………………………… (287)

366. 柳荣张悌 ……………………………………… (288)

367. 马势妇 ………………………………………… (288)

368. 颜畿托梦 ……………………………………… (289)

369. 羊祜取金镮 …………………………………… (289)

370. 汉宫人冢 ……………………………………… (290)

371. 棺中活妇 ……………………………………… (290)

372. 杜锡婢 ………………………………………… (290)

373. 冯贵人 ………………………………………… (291)

374. 广陵大冢 ……………………………………… (291)

375. 栾书冢 ………………………………………… (292)

卷十六 ……………………………………………… (293)

376. 三疫鬼 ………………………………………… (293)

377. 挽歌 …………………………………………… (293)

378. 阮瞻与鬼客 …………………………………… (294)

379. 黑衣客 ………………………………………… (294)

380. 蒋济亡儿 ……………………………………… (295)

381. 辽水浮棺 ……………………………………… (296)

382. 温序死节 ……………………………………… (297)

383. 文颖移棺 ……………………………………… (297)

384. 鹄奔亭 ………………………………………… (298)

385. 曹公船 ………………………………………… (299)

386. 苟奴见鬼 ……………………………………… (299)

387. 产亡点面 ……………………………………… (300)

388. 弓弩射鬼 ……………………………………… (300)

389. 杨度遇鬼 ……………………………………… (300)

390. 秦巨伯斗鬼 …………………………………… (301)

391. 三鬼醉酒 ……………………………………… (301)

392. 钱小小 ………………………………………… (302)

393. 宗定伯卖鬼 …………………………………… (302)

394. 紫玉 …………………………………………… (303)

395. 驸马都尉 …………………………………… (304)

396. 谈生妻鬼 …………………………………… (305)

397. 卢充幽婚 …………………………………… (306)

398. 西门亭鬼魅 ………………………………… (308)

399. 钟繇杀女鬼 ………………………………… (309)

卷十七 …………………………………………… (310)

400. 鬼骗张汉直家 ……………………………… (310)

401. 范丹贞节 …………………………………… (311)

402. 费季客楚 …………………………………… (311)

403. 鬼扮虞定国 ………………………………… (312)

404. 朱诞给使 …………………………………… (312)

405. 倪彦思家鬼魅 ……………………………… (313)

406. 顿丘鬼魅 …………………………………… (314)

407. 度朔君 ……………………………………… (314)

408. 筋竹长人 …………………………………… (315)

409. 釜中白头公 ………………………………… (316)

410. 服留鸟 ……………………………………… (316)

411. 南康甘子 …………………………………… (317)

412. 秦瞻脑入蛇 ………………………………… (317)

卷十八 …………………………………………… (318)

413. 饭臿怪 ……………………………………… (318)

414. 细腰杵 ……………………………………… (318)

415. 怒特祠梓树 ………………………………… (319)

416. 树神黄祖 …………………………………… (320)

417. 张辽杀树怪 ………………………………… (320)

418. 陆敬叔烹怪 ………………………………… (321)

419. 船自飞下水 ………………………………… (321)

420. 董仲舒戏老狸 …………………………………… (322)
421. 斑狐书生 ………………………………………… (322)
422. 吴兴老狸 ………………………………………… (324)
423. 句容狸婢 ………………………………………… (324)
424. 刘伯祖与狸神 …………………………………… (325)
425. 山魅阿紫 ………………………………………… (325)
426. 宋大贤杀鬼 ……………………………………… (326)
427. 郅伯夷击魅 ……………………………………… (326)
428. 胡博士讲书 ……………………………………… (327)
429. 谢鲲捉鹿怪 ……………………………………… (328)
430. 猪臂金铃 ………………………………………… (328)
431. 高山君 …………………………………………… (328)
432. 田琰杀狗魅 ……………………………………… (329)
433. 酒家老狗 ………………………………………… (329)
434. 白衣吏 …………………………………………… (330)
435. 李叔坚见怪不怪 ………………………………… (330)
436. 苍獭化妇 ………………………………………… (330)
437. 王周南克鼠 ……………………………………… (331)
438. 安阳亭三怪 ……………………………………… (331)
439. 汤应斫二怪 ……………………………………… (332)

卷十九 ……………………………………………………… (334)

440. 李寄斩蛇 ………………………………………… (334)
441. 司徒府蛇怪 ……………………………………… (335)
442. 扬州蛇翁 ………………………………………… (336)
443. 野水鼍妇 ………………………………………… (336)
444. 丹阳道士 ………………………………………… (336)
445. 孔子论五酉 ……………………………………… (337)

446. 鼠妇迎丧 …………………………………… (338)

447. 千日酒 ……………………………………… (338)

448. 陈仲举相命 ………………………………… (339)

卷二十 ……………………………………………… (340)

449. 病龙求医 …………………………………… (340)

450. 苏易助虎产 ………………………………… (340)

451. 玄鹤衔珠 …………………………………… (341)

452. 黄雀报恩 …………………………………… (341)

453. 隋侯珠 ……………………………………… (341)

454. 孔愉放龟 …………………………………… (342)

455. 古巢老姥 …………………………………… (342)

456. 蚁王报恩 …………………………………… (343)

457. 义犬救主 …………………………………… (343)

458. 华隆家犬 …………………………………… (344)

459. 蝼蛄神 ……………………………………… (344)

460. 猿母猿子 …………………………………… (345)

461. 虞荡猎麈 …………………………………… (345)

462. 华亭大蛇 …………………………………… (346)

463. 邛都陷湖 …………………………………… (346)

464. 建业妇人 …………………………………… (347)

附　　录 …………………………………………… (348)

参考书目 …………………………………………… (352)

序

最近一些年来,一股"国学热"的思潮强劲涌动,在文化学界以至于整个社会上,引起了强烈反响。为什么在这样一个社会的大变革时代,在从传统社会向现代社会的转型期,最为传统的国学,却能引起国人的极大兴趣,这的确是一个值得思考和研究的问题。

"国学"作为一个学术文化概念,产生于近代。从渊源上讲,"国学"概念的产生,与"国粹"有些关联,并且是从对抗西学侵入的角度提出来的。今天,中华民族早已是一个独立于世界民族之林的自立自强的民族,全球经济一体化所带来的世界文化的汇合与交融,也早已是历史发展的必然趋势,而在这样的历史大势中,却会有"国学热"的产生,乍一看来,确有不可思议之处。但实际上,国学的当代走红,则与我们今天所处的历史时代有着一定的关系。

随着改革开放的迅速推进,随着市场经济的强劲发展,传统道德受到了强烈冲击,传统文化与现代文化观念的碰撞也日益强烈。于是,如何看待传统文化的问题,就严峻地提到了国人的面前。传统文化的出路何在,它从何而来,要走向何方,如何对之进行价值重估,一切关心文化问题、有着强烈历史责任感的人们,无不把关注的目光投向中国的传统学术。当然,也不排除一些对改革开放和市场经济所带来的冲击无法理解和接受,对现代经济发展对传统道德的亵渎强烈抗议的人们,自然而然地发出向传统文化复归而倡导国学的呼声。总之,不论是出于积极的思考,还是抱着一种向后看的心态,对国学的重视则成了最近十多年来一种普遍的文化选择。

于是,对待"国学热"就需要有一个分析的态度。对于任何一个民族的发展来说,传统文化都是其牢固的根基,是其一切历史的出发点,摒弃传统,甚至全盘否定传统文化,都是幼稚可笑的,不可取的。但一遇到问题就求助于传统,甚至一味狂热地提倡向传统复归,也是走不通的,过去那句常说的"倒退是没有出路的"话,虽说不是什么至理名言,却也还是有些道理的。这些年来,一些地方出现的中小学生,甚至幼儿园小朋友的读经热,就是一种值得注意的倾向。国学,毕竟是一种学术,需要有一定的文化基础,有一定的分析批判能力,才能对之进行识读、鉴别而决定其取舍。所以,严格地说,对于国学,尤其是经学,在当代中国,需要的是研究以及在此基础上的批判继承,而不是再像传统社会中那样采取唱诗班的方式,对青少年一代进行无分析地灌输。因此,如何弘扬传统文化,就是一个需要思考的问题。

正是基于以上考虑,为着弘扬优秀传统文化的需要,也为着对社会上盲目崇尚读经的风气有所引导,我们组织了这套"国学新读本"丛书,选择一些在中国传统文化中影响较大的国学典籍,对之进行简明扼要的注释,然后在读本前边,用较大篇幅解读该典籍的基本思想文化内涵,评述其在中国文化史上的地位和影响,并对如何阅读该典籍做出读书方法上的引导。通过这样一个较为翔实的导读内容,以批判分析的态度,给青年人的国学典籍阅读提供一个健康的思想导向。根据这样的宗旨,这套丛书,在大的结构上,每本都分为"通说"和"简注"两个部分,"通说"是导读的性质,"简注"在于疏通文字,希望这样的安排,能够为青年朋友和一般社会读者提供一个国学入门的向导。果能如此,也就实现了撰著者和出版者的愿望。

国学所以是国学,就在于它是我们祖国优秀民族文化和民族精神的载体。在这些国学典籍中,包含着民族文化的基因,蕴藏着民族精神的范型。衷心期待这套丛书能够成为广大读者学习国学精华、体认民族精神、继承祖国优秀文化遗产的良师益友。

李振宏

2008 年 2 月 28 日

《搜神记》通说

　　干宝是东晋初年著名的史学家和文学家。房玄龄等修《晋书》,把干宝与当时著名的史学家陈寿、司马彪、王隐、虞预、孙盛、邓粲、习凿齿等同卷并列,说明在初唐史臣的心目中,干宝是以史学成就名世的。干宝曾编撰编年体史书《晋纪》二十二卷,起自晋宣帝司马懿,迄于晋愍帝司马邺,比较详细地记录了西晋社会53年历史的变迁,是有关西晋一代历史的重要著述。初唐著名史学评论家刘知幾在《史通·外篇·古今正史》中就曾称赞干宝的《晋纪》"其书简略,直而能婉,甚为当时所称"①,充分肯定了干宝的史学成就。不过,从文化接受史的角度看,干宝能够广为后人所知,在文化史上留下英名,似乎靠的并不是他的史学成就,而是他的文学贡献,是他撰集的《搜神记》为他赢得了比《晋纪》更为广博久远的声誉。今天的人们提到干宝,首先想到的是他的《搜神记》,至于他的《晋纪》反而有点湮没不闻了。在历史文化流变的长河中,由于时代价值、精神追求和文化接受观念的变化,一个人的声名地位发生起伏升降和区位漂移,也是非常正常的事情。即以干宝生活的魏晋六朝时期的文学家而论,陶渊明和颜延之就是突出的例子。

---

① 李振宏注说:《史通》,河南大学出版社2011年版,第359页。

在魏晋六朝时期,陶渊明基本是以"隐逸"者的身份出现的。尽管他的诗歌开创了文学史上独具特色的田园诗创作新领域,但在他生活的六朝时期,他的平淡自然、真淳清雅的诗歌风格并没有得到当时追求骈偶靡丽之风的士人的广泛认可。陶渊明的声名是从盛唐以后开始崛起,至宋代而如日中天,才被人们广泛认同和肯定的,其文学大家地位因而确立。相反,颜延之在他生活的刘宋时代则被视为声名显赫的文学大家,与谢灵运并称"颜谢",是"方轨前秀,垂范后昆"①的英才楷模,但随着文学观念的发展和审美风尚的变化,颜延之的灵光逐渐黯然失色,悄然退出了文学大家的行列。干宝文化史身份的区位漂移,也是历史文化选择的自然结果。在史学家与文学家的考量中,虽然我们不敢说干宝的文名掩盖了他的史名,但至少可以说,他的文名要远远超过他的史名。而这一切,都不能不归功于他编撰的《搜神记》。《搜神记》是六朝志怪小说的代表作,也是我国小说史上志怪小说类型的经典,无论是研究我国古代神怪文化观念,还是研究我国古代文言小说尤其是志怪小说的发展演变,《搜神记》都是一座无法绕开的高峰。从这个角度讲,可以说,是《搜神记》成就了干宝,使干宝得以万古流芳。

一 干宝的生平和思想

孟子说:"颂其诗,读其书,不知其人,可乎?是以论其世也,是尚友也。"②因此,在叙说《搜神记》之前,有必要先对其撰集者干宝的生平和思想进行简单的介绍。

---

① 《宋书·谢灵运传论》。
② 《孟子·万章章句下》。

(一) 干宝的生平仕历

关于干宝生平事迹,虽然刘宋何法盛《晋中兴书》、唐人许嵩《建康实录》等史籍中都曾有所记述,但内容均相当简略,相对而言,记述较翔实丰富的是唐人房玄龄等编撰的《晋书》。《晋书》卷八二《干宝传》尽管篇幅不大,但基本描述了干宝生平的大致轮廓,能给人以整体印象。为了论述方便,这里不妨将《晋书·干宝传》的主体部分移录于下:

> 干宝,字令升,新蔡人也。祖统,吴奋武将军、都亭侯。父莹,丹杨丞。宝少勤学,博览书记,以才器召为著作郎。平杜弢有功,赐爵关内侯。中兴草创,未置史官,中书监王导上疏曰:"夫帝王之迹,莫不必书,著为令典,垂之无穷。宣皇帝廓定四海,武皇帝受禅于魏,至德大勋,等踪上圣,而纪传不存于王府,德音未被乎管弦。陛下圣明,当中兴之盛,宜建立国史,撰集帝纪,上敷祖宗之烈,下纪佐命之勋,务以实录,为后代之准,厌率土之望,悦人神之心,斯诚雍熙之至美,王者之弘基也。宜备史官,敕佐著作郎干宝等渐就撰集。"元帝纳焉。宝于是始领国史。以家贫,求补山阴令,迁始安太守。王导请为司徒右长史,迁散骑常侍。著《晋纪》,自宣帝迄于愍帝五十三年,凡二十卷,奏之。其书简略,直而能婉,咸称良史。
>
> 性好阴阳术数,留思京房、夏侯胜等传。宝父先有所宠侍婢,母甚妒忌,及父亡,母乃生推婢于墓中。宝兄弟年小,不之审也。后十余年,母丧,开墓,而婢伏棺如生,载还,经日乃苏。言其父常取饮食与之,恩情如生,在家中吉凶辄语之,考校悉验,地中亦不觉为恶。既而嫁之,生子。又宝兄尝病气绝,积日不冷,后遂悟,云见天地间鬼神事,如梦觉,不自知死。宝以此遂撰集古今神祇灵异人物变化,名为《搜神记》,凡三十卷。

以示刘惔,惔曰:"卿可谓鬼之董狐。"宝既博采异同,遂混虚实,因作序以陈其志曰……宝又为《春秋左氏义外传》,注《周易》、《周官》凡数十篇,及杂文集皆行于世。

《晋书·干宝传》对干宝生平轮廓的叙述基本是清晰的,但也毋庸置疑又存在很多遗憾。如,干宝具体的生活情状、干宝的师承交游,甚至干宝的生卒年代都没有详细的交代。因此,为了搞清干宝具体的生平仕历和生活思想情状,研究者曾结合相关史料对此进行过许多有益的探索。较早对干宝生平事迹进行勾勒的是葛兆光的《干宝事迹材料稽录》①。葛文通过对《晋书》中干宝相关材料的排比考订,对干宝的生平经历进行了初步的探查,迈出了干宝生平研究的重要一步。针对葛兆光对干宝生平的"稽录",蒋方又发表《关于干宝——读〈干宝事迹材料稽录〉后》②一文进行考订补正,提出了自己不同的看法。与此同时,曹道衡《晋代作家六考》"干宝"条也对干宝生平和干宝写作《搜神记》的动机进行了比较细致的分析。③ 这些成果都能够结合相关材料,围绕干宝生平的重要细节进行讨论,为干宝生平研究打下了坚实基础,也使干宝的生活轮廓逐渐清晰起来。不过,从学术研究的深度和广度看,对干宝生平进行细致爬梳、深入考辨,并取得令人瞩目成就的应当属李剑国和张庆民二位先生。李剑国倾力于志怪小说研究,曾出版《唐前志怪小说史》、《唐前志怪小说辑释》、《新辑搜神记 新辑搜神后记》等有关六朝志怪小说研究专著,成绩斐然,其《干宝考》④一文也是研究干宝生平的力作。该文以翔实的材料,深入具体地考辨了干

---

① 葛兆光:《干宝事迹材料稽录》,《文史》第7辑。
② 蒋方:《关于干宝——读〈干宝事迹材料稽录〉后》,《湘潭大学社会科学学报》1984年第3期。
③ 曹道衡:《中古文学史论文集》,中华书局1986年版。
④ 李剑国:《干宝考》,《文学遗产》2001年第2期。

宝的籍贯、家世、生平经历、《搜神记》的编撰过程等问题,解决了许多干宝和《搜神记》研究中悬而未决的问题,将干宝和《搜神记》研究推向了一个新的高度。张庆民《〈搜神记〉研究二题》①、《干宝生平事迹新考》②二文,在学界研究的基础上,又就对干宝生平史料理解的分歧,进行了深入细致的辨析,提出了自己新的看法,观点颇值得重视。下面,谨依据学界关于干宝生平研究已取得的这些重要成果,结合自己的一得之见,以《晋书·干宝传》为基本线索,对干宝的生平仕历进行简括的叙述。

1. 干宝的家世籍贯

《晋书·干宝传》说:"干宝,字令升,新蔡人也。祖统,吴奋武将军、都亭侯。父莹,丹杨丞。"新蔡,两汉时属汝南郡,西晋惠帝时新置新蔡郡,治新蔡,《汉书·地理志》、《晋书·地理志》、《宋书·州郡志》对此均有明确记载。因此,此处所说的"新蔡",应当指的是西晋新置的新蔡郡。《晋书》明确说干宝的祖、父都是在三国时的吴国任职的,这说明干宝家族至少在其祖父一代即已南徙至吴地了。新蔡很可能不是他的出生地,而是他的原籍。至于干氏家族具体何时迁徙吴地,史料没有明确记载。明清地志中说,干宝家族南徙始自其父干莹,"典午南渡,徙家海盐"③,但这一说法显然与干宝祖、父在吴地任职的经历有矛盾,恐不足信。所以,李剑国《干宝考》推断"干宝祖上当亦于汉末避黄巾而南渡。从中平元年到吴亡(280年)已近百年……对干氏来说,到干宝也至少是四世了"。汉末社会动荡,中原士民为避免战祸大量南迁,史籍对此多有记载。干氏家族生活的汝南地区是汉末军阀混战的重要区域,

---

① 张庆民:《〈搜神记〉研究二题》,《文学遗产》2008年第4期。
② 张庆民:《干宝生平事迹新考》,《文学遗产》2009年第5期。
③ [明]胡震亨、樊维城:《海盐县图经》卷十四《人物篇·流寓》,转引自李剑国《干宝考》。

干氏家族很可能是为了躲避当时的战祸,在南迁风潮中徙居吴地的。李剑国先生的推断应该有一定道理。

干氏家族南徙之地,史料记载也不一致,或以为在浙江海盐,或以为在浙江海宁。现存较早的史料均认为干宝家族徙居地是在海盐。唐释道宣《续高僧传》卷一三《唐京师大庄严寺释慧因传》载:"释慧因,俗姓于(干)氏,吴郡海盐人也。晋太常宝之后裔,祖朴,梁散骑常侍,父元显,梁中书舍人,并硕学英才,世济其美。"释慧因是干宝的后裔,其父祖属吴郡海盐,那么,作为他们先祖的干宝自然也应该是海盐人。南宋王象之《舆地纪胜》卷三《嘉兴府·古迹》也记载:"干莹墓,干宝之父也。墓在海盐。"干宝父墓地在海盐,也说明其家族居住地应该在海盐一带。所以,李剑国《干宝考》经过细致的史料排比,通过对海盐、海宁历史地理沿革的辨析,证实上述史料的记载"必有所据,是则干宝为吴郡海盐人确凿无疑"。要之,史书记载干宝的籍贯是新蔡,其实新蔡是干宝的原籍郡望,他一生未必在此地生活过。干宝的出生地很可能是海盐,因为至少从其祖父辈开始,干氏家族就已南徙至浙江海盐了。浙江海盐当时属东吴,故他的祖父干统、父亲干莹才能在东吴任职。干宝的青少年时代也应该是在浙江海盐一带度过的。

2. 干宝的生年

干宝生于何年,《晋书·干宝传》没有明确记载,所以,学界的看法也颇不一致。概要而言,主要有 276 年、280 年、283 年、286 年、289 年、306 年等几种说法。

276 年说由李剑国《干宝考》提出。《北堂书钞》卷一三六引《搜神记》"败屩聚道"条记载,元康之末,败屩自聚于道,干宝曾使人散之;沈约《宋书·五行志》亦记载此事,时间在元康末至太安间(299~303)。李剑国《干宝考》据此认为干宝此时应在江淮一带,而且已成人,"以元康末二十岁记,则至晚生于吴末帝孙皓天纪四年(晋太康元年,280)";又据《干宝传》记载,其父干莹仕吴为丹杨丞,当卒于吴,当时干宝兄弟年幼,"若以干莹卒于吴亡之年,干宝时五岁来计算,则干宝生在天玺元年(276),卒时享年 61 岁"。针对这一推断,李剑国甚至认为"这个估计恐怕还是比较保守的,生年还可以往前提一些时间"。

280 年说由张庆民《干宝生平事迹新考》提出。其依据材料与李剑国基本相同,不同的是他认为"干莹是否卒于吴,史书未明确交代,似难确定",因此,他根据干宝散败廪时年当 20 岁,定干宝生年在吴末帝天纪四年(晋武帝太康元年,280)。

王尽忠《干宝生平略考》、《干宝年谱》则依据《干氏宗谱》中干宝五世孙干朴《灵泉乡真如寺碑亭记》,推断干宝当生于太康四年(283)①。

张忱石先生在《建康实录·点校说明》中推断干宝生于 286 年。张忱石主要根据干宝参加平定杜弢事来进行推断。杜弢反于永嘉五年(311),"干宝参加平定杜弢时年龄至少在二十五以上,往上推溯二十五年,干宝生于晋武帝太康七年(二八六)左右"②。张忱石先生的看法,得到了许逸民先生③、曹道衡先生④的支持。曹道衡还据《晋书·郭璞传》记载郭璞"嗜酒好色,时或过度",干宝曾劝诫郭璞"此非适性之道也",补充论证说:"(干宝劝诫郭璞)说明两人年辈应该比较接近。否则在封建社会中,一个年轻人去告诫

---

① 王尽忠:《干宝研究全书》,中州古籍出版社 2009 年,第 5 页、第 38 页。

② [唐]许嵩撰,张忱石点校:《建康实录》,中华书局 1986 年版,第 12 页。

③ 参见刘世德主编:《中国古代小说百科全书》"干宝"条,中国大百科全书出版社 1998 年版,第 103 页。

④ 曹道衡:《晋代作家六考》,《中古文学史论文集》,中华书局 1986 年版,第 287 页。

长者,并指出其比较严重的缺点,是不合礼节的。郭璞的生卒年史有明文,他卒于晋明帝太宁二年(324),年四十九,则当生于晋武帝咸宁二年(276)。从干宝在杜弢之乱前已任著作郎及他能直言劝诫郭璞来看,那么他比郭璞至多小十岁。如果说小十岁的话,那就应生于晋武帝太康七年(286)。下推至永嘉五年当为二十六岁左右,和当时一般士人出仕的年龄比较符合。"

此外,干宝的生年还有李颖科《干宝及其〈晋纪〉》提出的289年说和孙俍工《中国文艺辞典》提出的306年说。① 但此两种说法并没有提出重要的史料依据。

综观上述诸说可以发现,虽然他们看法不同,但都将干宝的生年大致限定在276～286年之间,而判断干宝生年的主要材料依据不外乎以下几点:《搜神记》、《宋书·五行志》中所记干宝散败屦事,《晋书·干宝传》记干宝参与平杜弢事、干宝劝诫郭璞事,干朴《灵泉乡真如寺碑亭记》。有鉴于此,我们有必要对上述材料进行一番辨析。

首先,关于《搜神记》、《宋书·五行志》记干宝散败屦事。据今本《搜神记》卷七记载:

> 元康、太安之间,江、淮之域,有败屦自聚于道,多者至四五十量。人或散去之,投林草中,明日视之,悉复如故。或云见狸衔而聚之。世之所说:"屦者,人之贱服。而当劳辱,下民之象也。败者,疲弊之象也。道者,地理,四方所以交通,王命所由往来也。今败屦聚于道者,象下民疲病,将相聚为乱,绝四方而壅王命也。"

此段文字中,"人或散去之"一句,《北堂书钞》卷一三六引《搜神记》

---

① 参见王尽忠:《干宝生平略考》引,《干宝研究全书》,中州古籍出版社2009年版,第5页。

作"余常亲将人散之";《宋书·五行志》作"干宝尝使人散而去之"。如果《北堂书钞》所引真的是从《搜神记》中摘出,那么,沈约《宋书·五行志》的记述应当也是从《搜神记》化用而来,只是转述《搜神记》中干宝的话而已。如此,散败屦事就应该是干宝的亲身经历,自然也是判断干宝生平的第一手重要资料。李剑国、张庆民即是据此来推断干宝生年的。但《北堂书钞》所引和《宋书·五行志》的文字是否为《搜神记》原文,是非常值得怀疑的。第一,干宝《搜神记序》明确说:"虽考先志于载籍,收遗逸于当时,盖非一耳一目之所亲闻睹也,又安敢谓无失实者哉。……今之所集,设有承于前载者,则非余之罪也。若使采访近世之事,苟有虚错,愿与先贤前儒分其讥谤。"依干宝之说,《搜神记》所记故事主要有两个来源,即"承于前载"和"采访近世之事"。这些故事均非干宝本人"一耳一目之所亲闻睹",即诸故事没有一件是他自己亲身经历的,所以,很难保证没有"失实"和"虚错"。如果《搜神记》中的故事有干宝自己亲身经历的,他就没有必要强调这些故事"非一耳一目之所亲闻睹"这一事实。将散败屦事视为干宝的亲身经历,首先就同干宝《搜神记序》的这一说法显然矛盾。面对如此矛盾,我们只能相信干宝的话,即《搜神记》中所记故事"非一耳一目之所亲闻睹"。既然这样,《北堂书钞》所引和《宋书·五行志》所记干宝散败屦事自然就值得怀疑了。第二,假若《北堂书钞》所引《搜神记》散败屦故事确实属于干宝亲身经历,那说明《搜神记》中的故事干宝亲身经历的恐怕应该不只此一件事,还应该有其他事,但事实是,根据现存《搜神记》的文字,我们确实很难推论还有哪些故事是他能亲身经历的。干宝与郭璞是同时代人,二人有过密切交往,《搜神记》中也记有郭璞卜筮的故事,但从叙述语境看,郭璞卜筮之事,干宝不是现场亲历者,这都是他道听途说"采访"得来的。对于自己的同僚或朋友的故事,干宝都是"采访"而来,那么,其他的故事可想而知。由此推断,干宝在《搜神记》中自述自己亲历散败屩事的说法自然也不可靠。同时,我们也可以进一步假设,如果干宝可以把自己亲身经历的散败屩事记录进来,那他为何不把《晋书》所记其父婢死而复生事也记录进来?而事实上,这个故事是更具有说服力的,但干宝《搜神记》并没有记载。这说明,干宝所说的"非一耳一目之所亲闻睹"确实是事实。第三,此段文字,先叙述"有败屩自聚于道,多者至四五十量。人或散去之,投林草中,明日视之,悉复如故",接着又说"或云见狸衔而聚之"。依文意,干宝是作为局外人在叙述当时民间传说的败屩为何而"聚"的,至于是何原因,干宝自己也搞不清楚,所以才有"或云"之说。如果此事是干宝亲身经历,他自然就没有必要这样故弄玄虚,先说"败屩自聚于道",再绕弯子说"见狸衔而聚之"。总之,无论是从干宝《搜神记序》的编撰说明,还是从《搜神记》故事的著录和叙事看,把散败屩事作为干宝的亲身经历并以此推断干宝的生年,都恐不足完全信凭,还需要再进一步斟酌。

其次,关于干宝参与平杜弢事。这应该是判断干宝生年的重要依据。史书明确记载,杜弢反于永嘉五年(311)。干宝既然能够参与此事而且还因"平杜弢有功,赐爵关内侯",说明他已经是一个成年人,而且可以独当一面地应对紧急情况和复杂形势,年龄至少应在25~30岁之间,那么,他的生年应该在281~286年之间。

再次,关于干宝劝诫郭璞事。曹道衡先生对干宝与郭璞关系的分析是值得肯定的。干宝能够直言不讳地劝诫郭璞,说明他们二人年龄相若,至少干宝不会比郭璞小太多。郭璞生于276年,以干宝小郭璞5~10岁计,干宝也应该生于281~286年。

最后,关于《干氏宗谱》中干宝五世孙干朴《灵泉乡真如寺碑亭记》。此条材料不见其他文献记载,其真伪性质很难判断。至于干宝父干莹的卒年,史书没有明确记载,他可能去世于吴亡前,也可能去世于吴亡后。所以,干莹的仕历可以作为推断干宝生年的参考,但并非重要的判断依据。

综合考量上述诸种说法,我们认为,干宝的生年当在吴末帝天纪四年即280年左右。以下对干宝人生的叙述即是以此为基础的。

3. 初仕为佐著作郎

《晋书》本传:"宝少勤学,博览书记,以才器召为著作郎。平杜弢有功,赐爵关内侯。"中华书局校点本《晋书》之《校勘记》曰:"周校:'著作'上脱'佐'字。按:下文王导疏可证。"所谓王导疏,即指《干宝传》中所引的王导上疏,此中明确说:"王者之弘基也。宜备史官,敕佐著作郎干宝等渐就撰集。"所以,干宝初仕的职官应为佐著作郎。

那么,干宝是何时担任此官职的呢?《晋书》卷五二《华谭传》说:"建兴初,元帝命为镇东军谘祭酒……转丞相军谘祭酒,领郡大中正。谭荐干宝、范珧于朝……"据此可知,干宝是在"建兴初"因得到华谭的举荐而出仕的。但华谭举荐干宝为何职,学界看法并不一致。李剑国认为干宝在永嘉五年(311)即已任佐著作郎,"建兴初"华谭举荐的"绝对和佐著作郎无涉,很可能是代己之职,即丞相府军谘祭酒"。对此,张庆民在《干宝生平事迹新考》中提出了质疑。他结合《晋书》相关史料进行排比辨析,认为"华谭荐干宝当在建兴元年五月至建兴三年间,所荐之职,当为佐著作郎"。据《资治通鉴》卷八九记载:"(愍帝建兴三年二月)以琅琊王睿为丞相、大都督,督中外诸军事。"华谭任丞相军谘祭酒应该在此时。又据《华谭传》,华谭应是在任丞相军谘祭酒时举荐干宝的。所以,蒋方《关于干宝——读〈干宝事迹材料稽录〉后》一文认为"华谭荐干宝是在建兴三年(公元315年),而不是在建兴元年(公元313年)",其时干宝年约35岁。我们认为这一推断是可以信从的。

据晋书之《怀帝纪》《愍帝纪》记载,晋怀帝永嘉五年,湘州流人杜弢据长沙反。晋愍帝建兴元年,杜弢寇武昌,焚烧城邑。杜弢别将王真袭沌阳,荆州刺史周顗兵败,奔于建康。建兴三年二月,荆州刺史陶侃破杜弢别将王真于巴陵。八月,陶侃进攻杜弢。杜弢战败,死于道中,湘州平。干宝在此期间参与了平定杜弢叛乱的军事活动,并立下了战功。建兴三年八月,杜弢平定后,干宝因为有功被赐爵关内侯。从时间上看,干宝的初仕与赐爵,应该间隔不远,甚至可能是同时发生的。

4. 任著作郎,领国史,开始修撰《晋纪》

《晋书》本传载:

> 中兴草创,未置史官,中书监王导上疏曰:"夫帝王之迹,莫不必书,著为令典,垂之无穷。……当中兴之盛,宜建立国史,撰集帝纪……宜备史官,敕佐著作郎干宝等渐就撰集。"元帝纳焉。宝于是始领国史。

《晋书·元帝纪》:"(建武元年)十一月……置史官,立太学。"《建康实录》卷五亦记载:"(建武元年)十一月……初置史官,立太学。以干宝、王隐领国史。"建武元年即公元 317 年,在王导的倡议下,朝廷设立史官,负责撰集"国史"的工作。干宝应该是在此时经王导的举荐,由佐著作郎擢升为著作郎,领国史修撰工作的。与干宝差不多同时进入秘书省担任国史修撰工作的,还有王隐、郭璞等人。《晋书·王隐传》:"太兴初,典章稍备,乃召隐及郭璞俱为著作郎,令撰晋史。"《晋书·郭璞传》:"太兴初……璞著《江赋》,其辞甚伟,为世所称。后复作《南郊赋》,帝见而嘉之,以为著作佐郎。……顷之,迁尚书郎。……然性轻易,不修威仪,嗜酒好色,时或过度。著作郎干宝常诫之曰:'此非适性之道也。'"据《晋书·职官志》,著作郎隶属秘书省,"著作郎一人,谓之大著作郎,专掌史任,又置佐著作郎八人"。由此我们知道,著作郎是负责"国史"修撰的主官,由一人担任,其属下有八位佐官即"佐著作郎"。既然太兴初"隐及郭璞俱为著作郎",那么,他们担任的"著作郎"肯定不是"专掌史任"的"大著作郎",而是《郭璞传》中所谓的"著作佐郎",亦即"佐著作郎"。这说明,至少在建武、太兴年间(317~321),干宝一直担任著作郎,王隐、郭璞等都是在干宝领导下进行晋史修撰工作的。干宝与郭璞交往始于何时,不能详考,但干宝劝诫郭璞之事,应该即在他们同在秘书省供职期间。干宝之所以能够劝诫郭璞,也与他们之间的这一上下级工作关系密切相关。干宝著名的史学著作《晋纪》也是在此时开始撰作的。

5. 以家贫,求补山阴令,后迁始安太守

干宝何时由著作郎"求补山阴令",《干宝传》也没有明确记述。张可礼《东晋文艺系年》定此事发生在太宁元年(323),李剑国《干宝考》定在咸和元年(326),张庆民《干宝生平事迹新考》则定在太宁二年(324)。我们同意张庆民先生的推断。

干宝"求补山阴令",《干宝传》说是因为"家贫"。但"家贫"为什么就一定要外任,史籍没有明确说明。张庆民先生结合晋代社会生活情势对此进行了深入分析。他指出,东晋时期,品级不高的内官,因家贫而求外任,与东晋草创之初饥荒不断、政局不稳、经济凋敝有很大关系,也与当时官场流行的迎来送往之风脱不开干系。东晋时期,虽然地方县令与作为内官的著作郎均为第六品,但就实际生活状况而言,地方官吏因得迎送之风的"赠遗",生活要相对充裕得多。所以,许多下级官吏因生活贫困常常求任县令,这在《晋书》中多有记载。例如,《王述传》:"述家贫,求试宛陵令,颇受赠遗,而修家具。"《孙盛传》:"起家佐著作郎,以家贫亲老,求为小邑,出补浏阳令。"《李充传》:"充以家贫,苦求外出,(褚)裒将许之为县……乃除剡县令。"陶渊明也是因为"亲老家贫,起为州祭酒"的。尽管这一社会风气在当时即受到不少士人的抨击,如《晋书·虞预传》记载,虞预上书陈时政得失时就指出:"自顷长吏轻多去来,送故迎新,交错道路。受迎者惟恐船马之不多,见送者惟恨吏卒之常少。穷奢竭费谓之忠义,省烦从简呼为薄俗,转相放效,流而不反,虽有常防,莫肯遵修。"但在当时,它确实是许多官吏用来养家糊口进行谋生的重要手段。干宝"求补山阴令"应该也是这一流俗使然。至于干宝何时又由山阴令迁为始安太守,因史料匮乏已不可确考,估计不会太长,最多二三年时间,很可能是在晋成帝咸和元年(326)左右。

6. 任王导司徒府右长史,与刘惔"叙"《搜神记》

王导是东晋初年著名的政治家和谋略家,当时的朝廷重臣,在稳定东晋初年政局的过程中具有举足轻重的地位和作用。据《晋书·王导传》记载,晋元帝时,王导曾任骠骑大将军、侍中、司空、领中书监;明帝即位,王导又受遗诏辅政,迁司徒;晋成帝即位,王导又与庾亮同受遗诏,共辅幼主,加大司马;咸康四年(338),"进位太傅,又拜丞相,依汉制罢司徒官以并之"。由此可知,王导任司徒从明帝太宁元年(323)一直至晋成帝咸康四年(338)。王导对干宝的才能是非常了解的,早在建武元年朝廷初置史官时,干宝由佐著作郎擢升为著作郎,就是经由王导举荐的。所以,王导司徒府笼络人才,自然也会首先想到干宝。但干宝何时任司徒府右长史,史无明文。《晋书·庾冰传》记载:"司徒辟,不就,征秘书郎。预讨华轶功,封都乡侯。王导请为司徒右长史,出补吴国内史。"《资治通鉴》卷九三明确系庾冰由司徒右长史出补吴国内史事在咸和二年(327)。这说明在咸和二年之前,王导司徒府已有司徒右长史之职。又据《南齐书·百官志》"司徒府领天下州郡名数户口簿籍……常置左右长史、左西曹掾属、主簿、祭酒、令史以下"的记载,司徒府右长史常置为一人。庾冰由司徒右长史出补吴国内史,自然造成司徒右长史位置的空缺,也必然需要有人替补。干宝很可能是在此时被王导请为司徒右长史的。张庆民认为，干宝任司徒右长史，当在庾冰离任之后，时间即咸和二年，基本合于事理。《隋书·经籍志》曾著录有干宝《司徒仪》一卷，这应该即是他在司徒右长史任上完成的。

干宝在任司徒右长史期间，曾与刘惔共事，刘惔当时正担任司徒左长史。也应该是在两人共事期间，干宝向刘惔谈到了自己正在写作的《搜神记》。《世说新语·排调》记载：

> 干宝向刘真长叙其《搜神记》，刘曰："卿可谓鬼之董狐。"①

刘真长即刘惔，东晋著名清流谈士。《世说新语·德行》"刘尹在郡"条刘孝标注引《刘尹别传》说：

> 惔字真长，沛国萧人也，汉氏之后。真长有雅裁，虽荜门陋巷，晏如也。历司徒左长史、侍中、丹阳尹。②

据《晋书·刘惔传》："惔少清远，有标奇……人未之识，惟王导深器之。……年三十六，卒官。"曹道衡、沈玉成先生《中古文学史料丛考》推定刘惔卒年在永和五年(349)③，那么，刘惔当生于晋愍帝建兴二年(314)。刘惔得王导器辟为司徒左长史应该在咸和九年(334)刘惔20岁左右。其时，干宝正任司徒右长史，他们是同僚，所以，才会有"干宝向刘真长叙其《搜神记》"之事。关于此条史料，研究者的看法颇不一致。有的论者根据此记载，推断说此时干宝的《搜神记》可能已经完成。我们认为事实恐未必如此。《世说新语》明确记载干宝只是向刘惔"叙"《搜神记》，所谓"叙"，未必是将成书拿给刘惔看，很可能是他们作为同僚，谈到了有关《搜神记》的

---

① 余嘉锡：《世说新语笺疏》，上海古籍出版社1993年版，第798页。
② 同上，第35页。
③ 曹道衡、沈玉成：《中古文学史料丛考》，中华书局2003年版，第184页。

内容，刘惔针对干宝的"叙"进行评论。认定《搜神记》完成于此时，主要是囿于干宝卒于咸康二年(336)的说法(详下)。如果干宝咸康二年并未去世，那么，干宝与刘惔"叙"《搜神记》，就不能成为判定《搜神记》成书时间的基本依据。对此，我们下文再进行辨析。但此条材料向我们传递了一个重要信息，即此时的干宝可能正热衷于《搜神记》故事的搜集和编撰，所以，才会和同僚谈到自己写作《搜神记》的情况并得到刘惔的评论。

7. 任散骑常侍

干宝何时转任散骑常侍，《晋书》本传也没有明确记载。张庆民推断在咸和九年(334)；李剑国认为应在咸康元、二年(335～336)。前已叙述，王导担任司徒从明帝太宁元年(323)一直到晋成帝咸康四年(338)，后由司徒进位太傅，拜丞相，并罢司徒府官。既然司徒府官被罢，干宝自然就不能再留任司徒府。所以，干宝、刘惔应该是在此时被罢司徒府官，离开司徒府的。刘惔或由此转任侍中，而干宝则迁任散骑常侍。《北堂书钞》卷五七引《晋中兴书·太康(原)孙录》说"干宝以散骑常侍，领著作"；《册府元龟》卷六〇五《学校部·注释一》亦有"干宝为散骑常侍，领著作"的记载。如果上述材料所记不虚，说明干宝迁任散骑常侍时，同时还兼任著作郎，可以说又干起了自己的老本行。东晋时期，散骑常侍是一个无日常值守的闲官，掌规谏，没有具体工作任务，以散骑常侍领著作，似乎是朝廷的一个通例，如葛洪、孙绰、徐广、庾阐等，均曾"为散骑常侍，领著作"[①]。所以，干宝任散骑常侍领著作，应该也是符合当时任职惯例的。不过需要指出的是，尽管干宝此时任散骑常侍，领著作，但其主要工作应是领著作，所以，领著作恐怕才应该是干宝

---

① 参见《晋书》之《葛洪传》、《孙绰传》、《徐广传》、《庾阐传》中有关记载。

最后的实际职守。

8. 干宝的卒年

干宝卒于何年,《晋书·干宝传》没有记载,学界目前的看法也不一致,其中影响较大的是晋成帝咸康二年即336年说。明确记载干宝卒于咸康二年的是唐人许嵩的《建康实录》。其卷七说:"(咸康二年)三月,散骑常侍干宝卒。"张忱石、曹道衡、许逸民、李剑国、张庆民诸先生均同意《建康实录》的这一说法,并认为此记载弥足珍贵,弥补了《晋书》的不足。但《建康实录》的这一记载是否可靠,学界还有不同的认识。因此,关于干宝的卒年,除咸康二年说之外,学界还有干宝卒于晋穆帝永和年间(345~356)的说法。如果结合其他史料综合考虑,我们认为,干宝卒于晋穆帝永和年间的说法或许更值得重视。

唐前史料中,没有明确记述干宝卒年的。许嵩《建康实录》虽有记述,但许嵩乃中唐人,其依据是什么,今天已无从得知。如果从唐前史料中能够发现可以推知干宝卒年的材料,相对而言较许嵩的说法会更可信。而唐前史料中也确实有可以帮助推断干宝卒年的一则材料,只是在考订干宝卒年过程中,研究者似乎并没有注意这一则重要材料。这条重要材料保存在《世说新语》的刘孝标注中。刘孝标《世说新语·伤逝》注曾引录《搜神记》曰:

> 初,庾亮病,术士戴洋曰:"昔苏峻事,公于白石祠中许赛车下牛,从来未解,此为鬼所考,不可救也。"明年,亮果亡。①

此故事亦见今本《搜神记》卷九,只是文字稍异:

> 庾亮字文康,鄢陵人,镇荆州。登厕,忽见厕中一物,如方相,两眼尽赤,身有光耀,渐渐从土中出。乃攘臂以拳击之,应手有声,缩入地。因而寝疾。术士戴洋曰:"昔苏峻事,公于白

---

① 余嘉锡:《世说新语笺疏》,上海古籍出版社1993年版,第640页。

石祠中祈福,许赛其牛,从来未解,故为此鬼所考,不可救也。"

明年,亮果亡。

刘峻(462~521),字孝标,梁代著名学者和文学家。据《梁书·刘峻传》,刘孝标一生"好学",曾"寄人庑下,自课读书,常燃麻炬,从夕达旦",甚有"高才",被人称为"书淫"。刘孝标学识广博,给宋临川王刘义庆编撰的《世说新语》作注,引书达四百余种,向以宏富著称,与裴松之《三国志》注、郦道元《水经》注、李善《文选》注并称四大古注,历来被文献辑佚家视为鸿宝。干宝《搜神记》撰成后即广为流传。据《宋书·氐胡·蒙逊传》记载,宋文帝元嘉三年(426),北魏世子兴国遣使到刘宋求书,曾"就司徒王弘求《搜神记》,弘写与之"。在南北文化交流不畅的当时,《搜神记》即为北朝人所知,可见其在当时已广泛流传。刘孝标生活的年代距干宝的时代不过百余年时间,以他的博学,是应该可以看到干宝《搜神记》原本的。如果将上述两则资料进行比较,可以发现,《世说新语》注所引文字只是对今本《搜神记》的文字进行了必要删减,但故事基本母题并没有变化。这至少说明两点:第一,刘孝标注《世说新语》时,不仅见到过《搜神记》,而且也直接引录过《搜神记》;第二,刘孝标引录《搜神记》时,是根据需要对原材料进行过删减的。事实上,刘孝标处理其他材料的方法也是如此。如《世说新语·文学》"支道林造《即色论》"条注引《论语》曰:"默而识之,诲人不倦,何有于我哉?"验诸《论语》,"诲人不倦"上删去"学而不厌"一语;《世说新语·忿狷》"桓宣武与袁彦道樗蒲"条注引《论语》曰:"哀公问弟子孰为好学?孔子曰:'有颜回者,好学,不迁怒,不贰过,不幸短命死矣。'"验诸《论语》,下省"今也则亡,未闻好学者也"一语。可见,刘孝标注《世说新语》,常根据需要对原文进行必要的删减,所以,刘孝标引用的庾亮故事虽然与今本文字有差异,但不能说它不出自《搜神记》。刘孝标注明确说此材料引自《搜神记》,而今本《搜神记》中又确实有此材料，两相印证，我们可以说，根据刘孝标《世说新语》注，干宝《搜神记》确实记载过庾亮死事。庾亮是东晋前期著名的政治家，《晋书·庾亮传》明确记载他死于晋成帝咸康六年（340）。既然《搜神记》能够记载庾亮死事，那至少说明它的成书时间应该在咸康六年庾亮死之后。如此再来看《建康实录》卷七"（咸康二年）三月，散骑常侍干宝卒"的说法，自然也就不攻自破了。主张干宝卒于咸康二年的学者，没有注意到此条材料的重要性，也没有将此条材料纳入观照干宝卒年的视野，不能不说是一个遗憾。

假若干宝《搜神记》成书在庾亮死后两三年，干宝又在《搜神记》成书后两三年去世，那么，干宝去世的时间就已至晋穆帝永和初了。退一步讲，即使干宝在庾亮死后第二年完成《搜神记》并去世，他也不可能死于咸康二年。一句话，只要我们承认刘孝标注引的庾亮死事确实出自《搜神记》，而不是刘孝标的随意编造或误引他书，那么，干宝去世的时间就应该是在咸康六年之后，而不是咸康二年。蒋方《关于干宝——读〈干宝事迹材料稽录〉后》、卫绍生《〈搜神记〉成书年代考论》①均主张干宝去世于穆帝永和初，应该说不是没有道理的。

总之，根据以上辨析，我们认为，干宝《搜神记》的成书至少在咸康六年庾亮去世之后，干宝很可能是在晋穆帝永和二、三年间（346～347）去世的。干宝的一生大概活了六十七八岁。至于具体的去世时间，因为史料匮乏，不可确考。

干宝一生著述颇丰。《晋书·干宝传》除提到其《晋纪》、《搜神记》外，还提到他的《春秋左氏义外传》、《周易注》、《周官礼注》等著作，可惜干宝的这些著作大多已经散佚。关于干宝的著述情况，罗

---

① 卫绍生：《〈搜神记〉成书年代考论》，《河南教育学院学报》，2009年第4期。

蔷薇《干宝著述考》①一文曾有比较翔实的考订,可以参看。关于干宝著作的辑佚,明清以来的学者曾作出过不少努力,如清人马国翰《玉函山房辑佚书》、王仁俊《玉函山房辑佚书续编》、黄奭《黄氏逸书考》、汤球《众家编年体晋史》等都有关于干宝著作的辑佚。干宝的乡党、今人王尽忠先生有感干宝研究资料的零散,曾依据历代学者关于干宝著作的重要辑佚成果,整理成《干宝研究全书》,由中州古籍出版社2009年出版,便于阅读。

(二)干宝思想的基本特点

汉代以来,阴阳五行天人感应学说十分盛行。阴阳五行观念在我国文化史上具有悠久的历史,最早可追溯到殷周时期。在殷周时期,阴阳观念就已经被人用来解释社会生活中发生的一些奇特现象。到了战国时期,齐人邹衍开始把阴阳五行观念运用于社会政治领域,创立"五德终始"说,以此来解释朝代政治兴衰更替和变迁,认为帝王兴衰是按照金、木、水、火、土五行相胜相克的关系,周而复始发展的,"凡帝王者之将兴也,天必先见祥乎下民"②。西汉景帝、武帝时期,著名思想家、儒家经学大师董仲舒"始推阴阳,为儒者宗"③,把阴阳五行观念与儒家思想进一步结合,来论述现实社会政治,建立了一套完整的天人感应的思想理论体系。董仲舒把"天"作为一切运动变化的最终主宰者,认为"天者,群物之祖也",在宇宙社会万物中居于支配地位。落实到社会生活中,就是"天子受命于天,天下受命于天子,一国则受命于君。君命顺,则民

---

① 罗蔷薇:《干宝著述考》,《华中师范大学研究生学报》,2011年第3期。
② 《吕氏春秋·应同篇》。
③ 《汉书·五行志第七上》。

有顺命;君命逆,则民有逆命。故曰一人有庆,万民赖之"。① 这样,董仲舒就把天——天子(君)——民纳入一个严密的系统中,形成相辅相成又相感相应的统属关系。在这个统属关系中,"人不仅和天具有相同的精神意志、道德属性,就连人的生理构造也是天的模式的复制品"②,"人之形体,化天数而成;人之血气,化天志而仁;人之德行,化天理而义;人之好恶,化天之暖清;人之喜怒,化天之寒暑;人之受命,化天之四时;人生有喜怒哀乐之答,春秋冬夏之类也"③。正因为人与自然界之间是一种交感互动、同类相应的关系,所以,人类社会政治人事的变化,都能够从自然界的阴阳五行怪异现象中体察出来;而自然界的怪异现象的出现,实际也就是国家政治休咎的反映和表征,"凡灾异之本,尽生于国家之失。国家之失,乃始萌芽,而天出灾害以谴告之。谴告之而不知变,乃见怪异以惊骇之"④。董仲舒建立的以阴阳五行为框架的天人感应思想体系,实际是儒学发展到汉代,为适应和迎合时代需要而形成的"新儒家体系",是试图"利用当时自然科学的成果,借用自然现象来论证当时的政治制度、社会秩序,为当时的大一统封建宗法专制制度"提供理论基础的。尽管这套理论充满宗教神学的神秘色彩,但在当时,是具有其自身的"历史必然性和合理性"的。⑤ 董仲舒之后,经两汉学者的不断演绎,阴阳五行天人感应思想学说成为汉代社会政治生活中占统治地位的指导思想。

干宝"性好阴阳术数,留思京房、夏侯胜等传",继承了这一份

---

① 《春秋繁露·为人者天》。
② 任继愈主编:《中国哲学发展史》(秦汉卷),人民出版社1985年版,第335页。
③ 《春秋繁露·为人者天》。
④ 《春秋繁露·必仁且知》。
⑤ 参阅任继愈主编:《中国哲学发展史》(秦汉卷),人民出版社1985年版。

思想遗产。在看待社会兴衰更替发展变化时,干宝基本是以此理论为指导来解释现实社会政治,观照自然万物与人类社会关系的。在《搜神记》卷十二《五气变化》中,干宝比较详细地阐述了他的这一思想观念:

天有五气,万物化成。木清则仁,火清则礼,金清则义,水清则智,土清则思,五气尽纯,圣德备也。木浊则弱,火浊则淫,金浊则暴,水浊则贪,土浊则顽,五气尽浊,民之下也。中土多圣人,和气所交也。绝域多怪物,异气所产也。苟禀此气,必有此形;苟有此形,必生此性。故食谷者智慧而文,食草者多力而愚,食桑者有丝而蛾,食肉者勇憨而悍,食土者无心而不息,食气者神明而长寿,不食者不死而神。大腰无雄,细腰无雌;无雄外接,无雌外育。三化之虫,先孕后交;兼爱之兽,自为牝牡。寄生因夫高木,女萝托乎茯苓。木株于土,萍植于水。鸟排虚而飞,兽跖实而走,虫土闭而蛰,鱼渊潜而处。本乎天者亲上,本乎地者亲下,本乎时者亲旁:各从其类也。千岁之雉,入海为蜃;百年之雀,入海为蛤;千岁龟鼋,能与人语;千岁之狐,起为美女;千岁之蛇,断而复续;百年之鼠,而能相卜:数之至也。春分之日,鹰变为鸠;秋分之日,鸠变为鹰:时之化也。故腐草之为萤也,朽苇之为蛬也,稻之为𪉢也,麦之为蝴蝶也;羽翼生焉,眼目成焉,心智在焉。此自无知化为有知,而气易也。雀之为蛤也,蛇之为鳖也,蚕之为虾也,不失其血气,而形性变也。若此之类,不可胜论。应变而动,是为顺常;苟错其方,则为妖眚。故下体生于上,上体生于下,气之反者也。人生兽,兽生人,气之乱者也。男化为女,女化为男,气之贸者也。鲁牛哀得疾,七日化而为虎,形体变易,爪牙施张,其兄启户而入,搏而食之。方其为人,不知其将为虎也;方其为虎,不知其常为人也。故晋太康中,陈留阮士瑀伤于虺,不忍其痛,数嗅其疮,已而双虺成于鼻中。元康中,历阳纪元载,客食道龟,已而成瘕,医以药攻之,下龟子数升,大如小钱,头足壳备,文甲皆具,惟中药已死。夫妻非化育之气,鼻非胎孕之所,享道非下物之具。从此观之,万物之生死也,与其变化也,非通神之思,虽求诸己,恶识所自来?然朽草之为萤,由乎腐也;麦之为蝴蝶,由乎湿也。尔则万物之变,皆有由也。农夫止麦之化者,沤之以灰;圣人理万物之化者,济之以道。其与不然乎?

干宝认为,天下万物皆由气化而生,所禀之气不同,形、性自然也不尽相同,都是"各从其类"的,如果气有异变,类有异形,就会导致形、性异常,异常之变即为妖眚。所谓的灵怪妖异,就是气、类异变的结果。所以,在卷六《论山徙》中,他又指出:

> 善言天者,必质于人;善言人者,必本于天。故天有四时,日月相推,寒暑迭代。其转运也,和而为雨,怒而为风,散而为露,乱而为雾,凝而为霜雪,张而为虹霓。此天之常数也。人有四肢五脏,一觉一寐,呼吸吐纳,精气往来,流而为荣卫,彰而为气色,发而为声音。此亦人之常数也。若四时失运,寒暑乖违,则五纬盈缩,星辰错行,日月薄蚀,彗孛流飞,此天地之危诊也。寒暑不时,此天地之蒸否也。石立土踊,此天地之瘤赘也。山崩地陷,此天地之痈疽也。冲风暴雨,此天地之奔气也。雨泽不降,川渎涸竭,此天地之焦枯也。

人有常数,自然亦有常数。自然四时的失运,必然导致怪异现象的出现;人类社会如果失去常数,出现异常,也会发生妖异变化。因为,人类社会与自然界之间是互感相应、感发并生的。在此基本思想观念指导下,干宝在《搜神记》中记载了许多灵验感应、物魅精怪故事,以证明"万物化成"过程中天人感应的必然。要之,阴阳五行天人感应学说,是干宝观察社会政治人事变化的基本观念,也是干宝结撰《搜神记》的基本指导思想。这是干宝思想表现的重要特点。

不过,需要注意的是,尽管干宝思想观念中具有浓厚的天人感应思想意识,在对社会政治变化的认知上,特别强调"帝王之兴,必俟天命,苟有代谢,非人事也"①,但在具体考察社会现实的实际情状时,干宝又能够推本溯源、综合考察,结合时代现实存在深入挖掘政治兴废背后的"人事"因素,而不是简单地将一切现象的发生都归属为"天命",又具有鲜明的现实精神。这典型体现在他对西晋社会的认知和灭亡原因的分析上。西晋社会动荡,政治腐败,追根溯源,晋武帝司马炎难辞其咎,是因为他在选择接班人方面出现了最大失误和偏差,最终酿成贾后乱政之祸。而西晋社会的灭亡,贾后乱政是直接诱因。贾后为人嫉妒成性,阴险歹毒,又擅权贪欲,无恶不作,其所作所为直接刺激了八王之乱的发生。正是由于八王之乱,导致五胡乱华,最终促使西晋王朝走向灭亡。所以,无论从哪方面看,西晋的灭亡,贾后都负有不可推卸的责任。那么,如此残暴阴毒的贾后,为何能够"肆虐于六宫",把政治搞得乌烟瘴气,并使西晋王朝变本加厉地走向灭亡呢?干宝在《晋纪·总论》中分析说:

> 国之将亡,本必先颠,其此之谓乎?故观阮籍之行,而觉礼教崩驰之所由;察庾纯贾充之事,而见师尹之多僻。考平吴之功,而知将帅之不让;思郭钦之谋,而悟戎狄之有衅。览傅玄刘毅之言,而得百官之邪;核傅咸之奏,钱神之论,而睹宠赂之彰。民风国势如此,虽以中庸之才、守文之主治之,辛有必见于祭祀,季札必得之于声乐,范燮必为之请死,贾谊必为之

---

① 《晋纪·论晋武帝革命》,见《文选》第5册,上海古籍出版社1986年版,第2174页。

痛哭。又况我惠帝以荡荡之德临之哉！故贾后肆虐于六宫，韩午助乱于外内，其所由来者渐矣，岂特系一妇人之恶乎？

在干宝看来，贾后之所以能够专权乱政，固然有贾后自身的问题，但如果从社会情状看，贾后能够乱政，是与当时"民风国势"即整个社会风气的发展变化密切相关的，责任不能简单地归咎于贾后一人。事实确乎如此。西晋中后期，"风俗淫僻，耻尚失所。学者以庄老为宗而黜六经，谈者以虚薄为辩而贱名检，行身者以放浊为通而狭节信，进仕者以苟得为贵而鄙居正，当官者以望空为高而笑勤恪"①，在如此的社会风气下，贾后能够擅权乱政也就不足为奇了。可以说，干宝的这一认识是相当深刻的，他既考虑到了晋惠帝时期特殊的政治情势，又注意到当时"风俗淫僻，耻尚失所"的社会风气对人心变化的作用，呈现出清醒的理性思辨，充分显示了他体察入微的现实观察力。这说明，作为史学家的干宝虽然其思想深处深受阴阳五行天人感应思想所支配，但在具体思考现实社会政治如贾后乱政、西晋灭亡的深刻原因时，他并没有完全受"帝王之兴，必俟天命"的思想观念的拘制，而是能够从现实"人事"即社会文化心理入手来进行观察，突出挖掘其背后存在的"人事"因素。干宝对社会现实问题这一思考，体现的正是从现实出发思考问题，综合考察、推本溯源、体察入微的现实精神。可以说，这也是认知干宝思想观念时所不能忽视的。

总之，干宝"性好阴阳术数"，其观察社会生活的基本思想观念是汉代以来流行的阴阳五行天人感应学说，表现出浓厚的神学色彩；但在对现实社会政治问题进行考量时，干宝又能够超脱天人感应观念的拘制，试图从"人事"层面去解释各种社会政治现象发生

---

① 《晋纪·总论》，见《文选》第 5 册，上海古籍出版社 1986 年版，第 2186 页。

的深刻复杂性,又体现出鲜明的现实精神。这既是干宝思想自身的矛盾性,也是当时时代文化矛盾性的反映和体现。

二 《搜神记》的编撰流传

(一)《搜神记》的编撰动机

干宝为什么要撰集《搜神记》?其撰集《搜神记》的目的是什么?阅读《搜神记》,不能不关注这个问题。

关于干宝编撰《搜神记》的缘由,《晋书·干宝传》说主要是干宝家里发生的两件奇异之事触动了他的心弦,让他有所感发。其一是,他幼年时,父亲去世,埋葬父亲时,其生性嫉妒的母亲乘机将他父亲宠爱的一个侍婢推入墓中埋掉。十余年之后,其母亲去世,家人开墓与其父亲合葬,结果发现那个侍婢并没有死。后将此侍婢载还回家,还嫁人生了孩子。其二是,他的兄长突然病死,但几天之内尸体不冷,最后又活了过来,并向人叙说许多天地间鬼神事,仿佛做梦一样。因为这些事情都非常奇特,匪夷所思,于是,干宝有所感焉,"遂撰集古今神祇灵异人物变化,名为《搜神记》"。

古人常常以宗教迷信观念来看待世间万物,把人世发生的许多无法解释的神秘事件归咎于鬼神。不过,尽管古人思想迷信,承认神鬼存在,认为冥界实有,但在看待个体生命生死问题时,他们还是比较理性的,对生死的界限和区别还是很清楚的。如司马迁之父、西汉著名史学家司马谈在《论六家要指》中就说:"凡人所生者神也,所托者形也。神大用则竭,形大劳则敝,形神离则死。死者不可复生,离者不可复反,故圣人重之。"[①]认为人的生命只有一

[①] 《史记·太史公自序》。

次,人死是不可能复生的,所以,圣人非常重视人的生命存在。道教重要经典《太平经》也说:"凡天下人死亡,非小事也。一死,终古不得复见天地日月也,脉骨成途土。死命,重事也。人居天地之间,人人得一生,不得重生也。"①也认为人只有一生,不能重生,人死不得复生。可以说,这样的认识是古人的一种普遍观念。正因为人死不能复生,而人的生命又是那么的短暂,所以,汉代文人五言诗的经典代表《古诗十九首》就一再哀叹:"生年不满百,常怀千岁忧"、"浩浩阴阳移,年命如朝露。人生忽如寄,寿无金石固"、"人生天地间,忽如远行客"、"人生寄一世,奄忽若飚尘"、"人生非金石,岂能长寿考"。② 人死不能复生,对古人而言,是一个无须经验的事实,更何况埋葬地下十余年的人还能够活下来。所以,《晋书·干宝传》的这一说法,不要说今人不会相信,就是古人也未必相信。显然,这一说法不过是故弄玄虚罢了,因此学者多不信从。至多说,这怪异事件可能是引发干宝编撰《搜神记》的生活诱因,但并不是干宝编撰《搜神记》的真正动因。

那么,干宝编撰《搜神记》的真正原因是什么呢?

其实,干宝在《搜神记序》中已经明言,那就是为了"发明神道之不诬",让世人相信,所谓的鬼神怪异,世间是确实存在的。言外之意,即使干宝家里不发生这些怪异事件,干宝也会编撰《搜神记》来倡明自己的观念立场。

那么,干宝为什么要以《搜神记》这样一部著作来"发明神道之不诬"?其真实的思想动机又是什么呢?

对此,学界的看法并不完全一致。有的学者曾指出,这与魏晋

---

① 《太平经·不用大言无效诀》,上海古籍出版社1993年版,第309页。
② 郑文:《汉诗选笺》,上海古籍出版社1986年版,第154~160页。

思想界有鬼论与无鬼论的争论思潮有直接关系,认为干宝的思想经历了由无鬼论向有鬼论的转变,所以,他要通过编撰《搜神记》来证实鬼神的存在。干宝思想是否确实经历了由有鬼论向无鬼论的转变,单凭一条材料是无法完全证实的,因此,有的学者针对此看法提出了质疑。如张庆民在《〈搜神记〉研究二题》一文中就认为探寻干宝编撰《搜神记》的真正动因,应该从干宝的思想观念和史官身份找寻答案。他指出:

> 作为史官,干宝受命撰《晋纪》,必然对西晋衰亡的历史作深刻反省、系统考察,而按照阴阳五行天人感应学说,上天对于西晋之衰亡,其实是早有征兆、预示的:武帝世、尤其是惠帝世发生的一系列再生事件,就是上天昭告人君"不极"、"不建",或"至阴为阳,下人为上"之行将发生!——而至建武中,征兆、预示,终于一一应验!在干宝看来,现实再次证实了神道的"不诬"!那么,联系家中发生的父婢及兄再生之事,面对建武中的时政格局,干宝如何能不"有所感起"?而由此,引发干宝"欲撰记古今怪异非常之事"以"明神道之不诬"!当然,干宝编纂《搜神记》"明神道之不诬",不仅仅是"证实有鬼论有神论的正确和无鬼论无神论的荒谬",更是欲借"古今神祇灵异人物变化"以见吉凶、察时变,大可见国家政治之得失,小可明个人祸福休咎之所起。

张庆民先生的这一分析是值得肯定和认同的。前文已经指出,干宝的思想既深受汉代以来阴阳五行天人感应学说的影响,又具有善于从现实出发思考问题,综合认知、推本溯源、体察入微的现实精神。在干宝看来,现实发生的任何怪异现象的背后,都包蕴着深刻的现实政治内容,通过对这些怪异现象的记录,可以考察现实政治的得失,也可以给当下执政者提供足以借鉴的历史教训。所以,干宝以《搜神记》"明神道之不诬",固然是在为鬼神真实存在这一思想意识张本,但同时也应该看到,其真正的思想动机依然是关注现实政治,是希望通过对怪异现象的破解,找寻导致社会政治得失的"根体",只是他采取了一种特别的形式和方法罢了。

总之,干宝编撰《搜神记》,一方面,是要以此证明"神道之不诬",让世人知道,任何鬼怪神异都不是空穴来风,都有其必然的发生根源;另一方面,就是他在《搜神记序》中所特别强调的,"幸将来好事之士录其根体,有以游心寓目而无尤焉",让世人借此了解鬼怪神异现象的"根体",知道任何怪异现象的背后,都包蕴着深刻的现实政治内容,通过这些怪异现象,可以考察现实政治的得失,令人引以为戒。应该说,这才是干宝编撰《搜神记》的真实动机和目的。

(二)《搜神记》的著录流传

《搜神记》成书后不久,很快就在社会上广泛流传,成为一部名副其实的"畅销书"。据《宋书·氏胡·蒙逊传》记载,宋文帝元嘉三年(魏太武帝始光三年,公元 426 年),北魏世子兴国遣使奉表,到刘宋求书,宋太祖刘义隆赐给《周易》及子集诸书,合四百七十五卷。蒙逊时任车骑将军,"就司徒王弘求《搜神记》,弘写与之"。此时,距《搜神记》成书也不过百余年时间。在南北文化交流不畅的当时,《搜神记》能够被北朝人所知,而且"求"之,可以想见它在当时的流传之广和影响之大。

从现存有关文献看,《搜神记》原书应该是按类分卷的,其中有"感应"、"神化"、"变化"、"妖怪"等类目,每类之前可能还有关于此类内容的基本介绍。如今本卷六"论妖怪"条:"妖怪者,盖精气之依物者也。气乱于中,物变于外。形神气质,表里之用也。本于五行,通于五事。虽消息升降,化动万端,其于休咎之征,皆可得域而论矣。"很可能即是原书"妖怪"篇的序论。由此推断,《搜神记》原书的体例应该是分门别类编辑同一题材内容的故事,每类中又基本按时代先后顺序进行排列,体例大体与《世说新语》相仿。但《搜神记》具体分多少类目,编排的基本原则和根据是什么,因为原本已佚,今天已无法准确推知。今通行的二十卷本乃明人所辑,虽然在内容安排上也大体遵从以类相从的编排方法,但已不是原本的原貌了。

目录学著作最早著录干宝《搜神记》的是《隋书·经籍志》。其史部"杂传类"说:"《搜神记》三十卷,干宝撰。"此后,《晋书·干宝传》、许嵩《建康实录》卷七、《旧唐书·经籍志》、《新唐书·艺文志》等皆提到此书,均作《搜神记》三十卷。但至宋代,重要藏书家的目录著作如晁公武《郡斋读书志》、陈振孙《直斋书录解题》等均无《搜神记》的著录。其间,虽然有的书目著作如郑樵《通志·艺文略》也著录有《搜神记》三十卷,但学者研究认为"郑氏《艺文略》乃综合前代书目史志而成,并非其藏书目录"①,也就是说,郑樵虽然著录了三十卷本的干宝《搜神记》,但三十卷本的《搜神记》他未必过目。其他宋代书目如《崇文总目》、《中兴馆阁书目》、《宋史·艺文志》等,也有《搜神记》的著录,但书名卷数多与干宝《搜神记》不合,而且《崇文总目》明确说:"不著撰人名氏,或题干宝撰,非也。"这些情况的存在,说明宋代学者已很少目睹干宝《搜神记》的真容了。所以,余嘉锡先生《四库提要辨证》说:"晁、陈书目皆不著录,则宝书在南宋似已不传。"②认为干宝《搜神记》至迟在南宋时就已散佚。余嘉锡先生的这一推断,基本被《搜神记》版本研究者所认可和接受。

今天流行的《搜神记》共二十卷,最早见载于明代胡震亨、姚士

---

① 李剑国:《唐前志怪小说史》,天津教育出版社2005年版,第284页。
② 余嘉锡:《四库提要辨证》,中华书局1980年版,第1138页。

牪于万历年间刊刻的《秘册汇函》中,后毛晋又将胡刻本二十卷《搜神记》收入其所编《津逮秘书》中。清嘉庆年间,张海鹏又将此本辑入《学津讨原》中。其他的《四库全书》本、《百子全书》本、《丛书集成初编》本等,基本都是由胡刻本衍生而来的。从此,二十卷本《搜神记》流行始广,成为阅读、研究《搜神记》的重要版本。

关于此二十卷本《搜神记》的由来,明人胡应麟《甲乙剩言·知己传》曾有记载:

> 余尝于潞河道中,与嘉禾姚叔祥(即姚士粦)评论古今四部书。姚见余家藏书目中,有干宝《搜神记》,大骇,曰:"果有是书乎?"余应之曰:"此不过从《法苑》、《御览》、《艺文》、《初学》、《书钞》诸书中录出耳,岂从金函石箧、幽岩土窟掘得邪?"

胡应麟的话,在姚士粦的《见只编》中也可得以印证,其卷中云:"江南藏书,胡元瑞号为最富。余尝见其书目,较之馆阁藏本,目有加益,然经学训注,稍有不及。有《搜神记》,余欣然索看,胡云不敢以诒知者,率从《法苑珠林》及诸类书抄出者。"①根据这些材料,学界推断,二十卷本《搜神记》应是明人辑录而成,非干宝原书。纪昀《四库全书总目·搜神记提要》即指出:

> 考《太平广记》所引,一一与此本相同。以古书所引证之,裴松之《三国志》注《魏志·明帝纪》引其《柳谷石》一条,《齐王芳纪》引其《火浣布》一条,《蜀志·糜竺传》引其《妇人寄载》一条,《吴志·孙策传》引其《于吉》一条,《吴夫人传》引其《梦月》一条,《朱夫人传》引其《朱主》一条,皆具在此本中。……似乎此本即宝原书。惟《太平寰宇记》"青陵台"条下引其《韩凭化蛱蝶》一条,此本乃作化鸳鸯。郭忠恕《佩觿》上篇称干宝《搜神记》以"琵琶"为"频婆",此本《吴赤乌三年豫章民杨度》一

---

① 引自范宁:《关于〈搜神记〉》一文,《文学评论》,1964年第1期。

条,凡三见"琵琶"字,《安阳城南亭》一条亦有"琵琶"字,均不作"频婆"。……李善《蜀都赋》注引其《澹台子羽》一条,陆机《皇太子宴玄圃》诗引其《程猗说石图》一条,此本亦皆无之。至于六卷、七卷,全录两《汉书·五行志》。司马彪虽在宝前,《续汉书》宝应及见,似决无连篇抄录,一字不更之理,殊为可疑。……疑其即诸书所引,缀合残文,傅以他说,亦与《博物志》、《述异记》等。但辑二书者,耳目隘陋,故舛漏百出。辑此书者,则多见古籍,颇明体例,故其文斐然可观,非细核之,不能辨耳。

鲁迅先生在《中国小说的历史的变迁·六朝时之志怪与志人》中也指出:"《搜神记》多已佚失,现在所存的,乃是明人辑各书引用的话,再加别的志怪书而成,是一部半真半假的书籍。"这样,二十卷本《搜神记》乃明人辑本为学界所认同并形成共识。

不过,四库馆臣和鲁迅先生均没有指出是明代何人所辑。首先对此进行论述的是范宁先生。他在《论魏晋中国小说的传播和知识分子思想分化的关系》一文中说,《搜神记》"原书佚散,今通行本乃明人胡元瑞(即胡应麟)辑录"①。后来,他又发表《关于〈搜神记〉》一文②,对此作了进一步的论证。李剑国《唐前志怪小说史》对此又作了进一步的申论和考证。于是,二十卷本《搜神记》的辑录者为明人胡应麟的说法已基本成为定论。

胡应麟辑本虽然"颇明体例",但存在的问题不少。汪绍楹先生校注《搜神记》时,已指出其中许多讹误。上世纪九十年代,李剑国先生对胡应麟辑本进行了深入细致的考辨,具体分析了胡辑本的优劣得失和存在问题,决定重新辑录《搜神记》。2007 年,李剑

---

① 文见《北京大学学报》1957 年第 2 期。
② 文见《文学评论》1964 年第 1 期。

国先生《新辑搜神记》由中华书局出版。《新辑搜神记》与胡应麟辑本相比,虽然体例、条目存在很大差异,但它代表了新世纪《搜神记》版本文献研究的最新成果,可以说是继胡应麟之后《搜神记》研究的又一重要里程碑。在《搜神记》的版本、文献整理和辑佚,以及《搜神记》研究史上,李剑国先生可谓厥功甚伟,其壮举令人敬佩。

三 《搜神记》的故事题材类型

《搜神记》是一部"撰记古今怪异非常之事"的书,是周秦汉晋以来志怪故事的集大成之作,也是六朝志怪小说的代表作,取材宏富,内容广博。《搜神记》究竟记述了哪些类型的志怪故事,因为原书已散佚,今天已不可具体推考。学界曾根据通行的胡应麟辑二十卷本,对《搜神记》的基本题材内容进行过比较细致的概括。李剑国《唐前志怪小说史》将其分为九大类[①]:

1. 卷一至卷三,记述神仙术士及其法术变化之事;
2. 卷四至卷五,记录神灵感应之事;
3. 卷六至卷十,记录妖祥卜梦之事;
4. 卷十一,记录历史传说;
5. 卷十二至卷十三,记录物怪变化及灵奇之物;
6. 卷十四,记述神话传说;
7. 卷十五至卷十六,记叙鬼事及还魂事;
8. 卷十七至卷十九,记录精怪故事;
9. 卷二十,记录报应故事。

---

① 参见李剑国:《唐前志怪小说史》,天津教育出版社2005年版,第303~326页。

王枝忠《汉魏六朝小说史》将其分为十一大类①：

  1. 卷一至卷三，描写神仙方术之事；

  2. 卷四至卷五，记叙神灵感应之事；

  3. 卷六至卷七，记述妖怪灾异之事；

  4. 卷八至卷十，记叙妖梦祯祥之事；

  5. 卷十一，记录历史传说；

  6. 卷十二，概括物怪变化之事；

  7. 卷十三，记录各种灵奇之物；

  8. 卷十四，记述各种怪异传说；

  9. 卷十五至卷十六，记述鬼魂之事；

  10. 卷十七至卷十九，记录各种精怪故事；

  11. 卷二十，记录各类报应故事。

新近出版的马银琴译注《搜神记》，尽管没有对《搜神记》题材内容进行具体的合并归类，但其每卷前均有"题解"，根据其"题解"，《搜神记》各卷主要内容又可概括如下②：

  卷一，记晋代以前的神仙术士及其神通变化的奇闻异事；

  卷二，记述汉晋时期巫人术士降伏鬼魅、沟通人鬼的奇异事迹；

  卷三，记述汉晋时期通易善卜，能为人预知吉凶、消灾祛魅的法术之士；

  卷四，记与星宿河岳诸神有关的灵异故事；

  卷五，记神灵感应故事；

  卷六，记晋以前各种妖孽怪异故事；

---

  ① 王枝忠：《汉魏六朝小说史》，浙江古籍出版社1997年版，第82～83页。

  ② 马银琴译注：《搜神记》，中华书局2012年版。

卷七，记述与符瑞灾异有关的各类奇闻异事；

卷八，记述与历代王朝兴替有关的符命谶纬之事；

卷九，记与瑞应灾异相关的故事；

卷十，记与梦的解析与占卜相关的故事；

卷十一，记录具有卓绝之才识、至诚之情义的仁人义士、孝子贤妇的传奇故事；

卷十二，记录因元气变化感应而发生的种种奇异故事；

卷十三，记录各种具有灵性的奇异物产；

卷十四，记述有关的神话传说；

卷十五，记叙能够跨越生死界限，死而复生的传奇人物；

卷十六，记述与鬼魂相关的离奇故事；

卷十七，记录发生在人与各种精怪之间的有趣的故事；

卷十八，记述各种精怪故事；

卷十九，记述各种降妖除怪的故事；

卷二十，记述因果报应故事。

上述各家对《搜神记》题材内容的概括，尽管不完全一致，但基本大同小异，对读者了解《搜神记》一书的基本特点大有裨益，可以参看。不过，若从题材类型学角度看，如此罗列《搜神记》的故事题材，尽管非常详细，但未免又显得有些杂乱，还是不能把《搜神记》故事题材的基本类型简明扼要地呈现出来。《搜神记》作为一部志怪小说经典，摄取范围非常广博，涉及内容非常丰富，学术层面的研究与细化固然重要，但对于今天一般的读者来说，需要的是更加简洁明快地把握《搜神记》题材内容的基本类型特点。从此角度考虑，我们认为，《搜神记》的题材内容还可以再进一步地进行提炼概括。《搜神记》一书所记故事虽然都是神神鬼鬼的怪异之事，但其基本题材无非是"非人之耳目所经见的非常之人、非常之物、非常之事,都是志怪反映的对象,具体说,乃神、仙、鬼、怪、妖、异之类是也"①。根据李剑国先生的这一判断,从题材类型学角度出发,我们将《搜神记》的故事题材类型整合概括为六大类,即:神话故事、仙话故事、鬼话故事、物魅精怪故事、灵验感应故事、奇异怪诞故事。下面结合具体篇目对此六大类内容简单进行介绍。

(一) 神话故事

神话是远古先民在思维能力和生产生活水平还不发达的情况下,试图对与自己生存关系密切的宇宙自然、民族起源、人类繁衍、万事万物、生产技艺等问题,本着万物有灵的观念作出的充满虚幻性和想象性的解释。神话在社会历史发展中常常与民间传说纠缠在一起,让人分不清哪是远古先人的固有观念,哪是后人杂糅进去的思想意识。但有一点又是非常清楚的,那就是,神话创造是远古先民以固有的神话思维观念和探寻的心态对与日常生活密切相关的事物的由来和成因作出的无意识回答,它与人们后来为了自身的需要或愿望而有意编造的仙话故事、鬼话故事是不同的。

从时代看,神话主要产生在原始社会后期,因为当时没有文字,神话主要是通过口耳相传的方式,在部族部落中世代流传的。掌握其话语权的应该是部族部落的酋长和巫师。神话包含了一个部族或民族的起源、繁衍、发展、流迁的重要信息,既是这个部族或民族最早的文化知识的载体,也是其历史记忆和史诗记录。在长期的社会历史发展中,这些神话伴随民间传说而潜存滋长,被后世的文化典籍记录保存下来,成为考察远古先民思想观念、生活习俗和禁忌的活化石。我国古代神话资源相当丰富,《山海经》、《庄

---

① 李剑国:《唐前志怪小说史·志怪叙略》,天津教育出版社2005年版,第13页。

子》《楚辞》《淮南子》等典籍中,都记录有大量的神话传说;女娲补天、女娲造人、精卫填海、夸父逐日、后羿射日、刑天与帝争神等,都是我国古代著名的神话传说。但由于诸多原因,这些神话传说并没有被系统地梳理和整理,显得非常零散。袁珂先生《中国古代神话》系统勾勒了我国古代神话的概貌,对读者了解我国古代神话大有裨益。

进入封建社会后,伴随社会文明的进步和人类理性精神的高涨,神话产生的土壤已基本消失,但长期流传在民间的大量传说中,仍富含着丰富的神话因子。这些神话因子自然会被关注神道思想的学者作为重要资源记录下来。《搜神记》就是这样一部书。袁珂先生在《中国神话史》中曾指出:"如果说《山海经》是保存中国神话材料最丰富的一部书,那么,晋代干宝的《搜神记》,其保存神话材料的丰富,就要算是第二了。"[①]

干宝《搜神记》中,许多故事都充满浓郁的神话传说色彩。如卷十三中的《河神巨灵》:

> 二华之山,本一山也。当河,河水过之而曲行。河神巨灵,以手擘开其上,以足蹈离其下,中分为两,以利河流。今观手迹于华岳上,指掌之形具在。脚迹在首阳山下,至今犹存。

华山又名太华山,古称西岳,在今陕西华阴市境内,其西边的山峰称少华山,两峰对峙,蔚为壮观。华山山脉是由于地壳活动发生挤压褶裂,岩浆沿着裂缝向表层地壳上升凝结成岩而形成的,但古人不懂得地壳活动的这些知识,又看到太华山、少华山双峰对峙,如刀劈斧削,便以为是巨灵神力的作用,于是对华山地貌作出了如此的神话性解释。此解释当然没有任何的科学依据,但它却赋予了华山浓烈的神秘色彩和强烈的人文意识。层峦叠翠、雄伟壮观的

[①] 袁珂:《中国神话史》,重庆出版社2007年版,第161页。

华山,自然会让登临其上的人产生无限丰富的想象和遐思。

再如卷十四中的《盘瓠子孙》:

> 高辛氏,有老妇人居于王宫,得耳疾历时。医为挑治,出顶虫,大如茧。妇人去后,置以瓠篱,覆之以盘。俄尔顶虫乃化为犬,其文五色,因名盘瓠,遂畜之。时戎吴强盛,数侵边境。遣将征讨,不能擒胜。乃募天下有能得戎吴将军首者,购金千斤,封邑万户,又赐以少女。后盘瓠衔得一头,将造王阙。王诊视之,即是戎吴。为之奈何?群臣皆曰:"盘瓠是畜,不可官秩,又不可妻。虽有功,无施也。"少女闻之,启王曰:"大王既以我许天下矣。盘瓠衔首而来,为国除害,此天命使然,岂狗之智力哉。王者重言,伯者重信,不可以女子微躯,而负明约于天下,国之祸也。"王惧而从之。令少女从盘瓠。盘瓠将女上南山,草木茂盛,无人行迹。于是女解去衣裳,为仆竖之结,着独力之衣,随盘瓠升山入谷,止于石室之中。王悲思之,遣往视觅,天辄风雨,岭震云晦,往者莫至。盖经三年,产六男六女。盘瓠死后,自相配偶,因为夫妇。织绩木皮,染以草实。好五色衣服,裁制皆有尾形。后母归,以语王,王遣使迎诸男女,天不复雨。衣服褊褳,言语侏僸,饮食蹲踞,好山恶都。王顺其意,赐以名山广泽,号曰蛮夷。蛮夷者,外痴内黠,安土重旧,以其受异气于天命,故待以不常之律。田作贾贩,无关繻、符传、租税之赋,有邑君长,皆赐印绶。冠用獭皮,取其游食于水。今即梁、汉、巴、蜀、武陵、长沙、庐江郡夷是也。用糁杂鱼肉,叩槽而号,以祭盘瓠,其俗至今。故世称"赤髀横裙,盘瓠子孙"。

我国古代把居住在西南地区的土著民族通称为蛮夷。这些蛮夷民族在中原文明发达的华夏族人看来,是非常野蛮的;而蛮夷民族自己也认为他们与中原华夏民族身份不同,血缘各异。盘瓠故事就是"古时蛮族关于自己始祖及民族起源的推原神话",集中表现了他们"对狗图腾的崇拜和兄弟姊妹自相婚配的血婚制度"和习俗。① 整个故事想象奇特怪诞,情节描写既充满离奇性,又富有情趣性,在似真性描写的背后笼罩着浓郁的神话意味。

卷十四中的《马皮蚕女》融神话推原与民间传说于一体,以情趣演绎来解释桑蚕起源,也是《搜神记》中著名的神话传说故事。故事说,远古之时,一位父亲远征他方,留女儿在家,让一匹公马与她相伴。女儿思念父亲,就和马开玩笑说:"你如果能把父亲迎接回来,我就嫁给你。"不料,马听了这话,立刻挣脱缰绳,奔赴边疆,找到她的父亲,望着家乡的方向,仰头悲鸣。父亲理解这匹公马的用意,立刻乘马回家。可到家之后,马就再也不吃草料,一看见他女儿就表现出兴高采烈的样子。父亲觉得奇怪,就询问女儿详情,女儿不得已就把与这匹公马开玩笑的事告诉父亲。父亲感到此事羞辱门风,不要女儿声张,并设计把这匹公马射杀,将马皮晾晒在院子里。一日,女儿和邻居女孩在马皮前游戏,用脚踢着马皮戏谑说:"你是畜生,还想娶人为妻,结果被剥皮吃肉,这不是自讨苦吃吗?"谁知女儿话刚刚说完,那张马皮突然飞起,将此女孩卷走。邻居女孩惊恐受怕,赶快去告诉她父亲。父亲四处寻找,不见踪影,最后在一棵大树上找到,看见女儿和马皮已化成蚕,正在吐丝作茧。其茧又厚又大,丝又长又绵,与普通蚕茧不同。邻居妇女就把它取来饲养,收获颇丰。于是,人们把这棵树取名桑。桑就是丧的意思。现在人们养的桑蚕,就是她遗留的种类,所以,人们常称蚕为蚕姑娘、蚕宝宝。这个故事情节曲折离奇,一波三折,不仅神话性地解释了桑蚕的来历,而且也赋予桑蚕人文性的价值,蕴藏着深刻的原始图腾崇拜观念,其中蕴含的神话色彩是非常鲜明的。

---

① 李剑国:《唐前志怪小说史》,天津教育出版社 2005 年版,第 318 页。

其他如卷四中的《灌坛令》、卷八中的《陈仓祠》、卷十四中的《蒙双氏》等等，也是《搜神记》中具有浓郁神话传说色彩的作品，对考察古代神话遗留具有重要意义。

（二）仙话故事

从时间看，仙话的产生要比神话晚得多。如果说神话是远古先民在无意识思想的支配下，试图对自己生活的社会自然环境及日常生活存在进行探源性的解释，那么，仙话则发生在人们对自我生命的感知和意义确认之后，是人们渴望穿越生死大限，为现实生命永驻，借以安慰自我心灵而想象出来的理想世界。远古先民由于生存环境的恶劣，时常面对死亡的威胁，对死亡产生无限的恐惧，但他们的自我生命意识又很朦胧，还意识不到生命对自我的真正意义。伴随人类智慧的增长和对自我价值的确认，人们的生命意识开始觉醒，对自我的生命价值有了确实的感知，于是，对生命的渴望、对长生的追求，在基本生存得以保障的情况下，就成了他们梦寐以求的事情。神仙世界即是在此背景下幻生出来的。神仙观念在我国文化史上具有久远的传统，从春秋战国之际就开始流行。到战国中期，随着空间地理观念的不断拓展和对异方殊俗的不断了解，人们的思维空间和想象力得到了极大的开拓，神仙观念、神仙传说、求仙活动便骤然兴起，蓬勃发展。《山海经》是我国比较早的一部充满神秘色彩的博物地理著作，其中就有大量的不死国、不死民、不死山、不死树、不死药的记载，这些记载都与神仙观念的流行有密切关系。在我国文化史上，把神仙观念实践化，甚至影响其政治行为的著名帝王是秦始皇和汉武帝。秦始皇和汉武帝都是众所周知的热衷求仙、追求长生的帝王。汉代神仙观念和巫术迷信非常流行，神仙方士、巫鬼法术大量涌现。尤其是东汉中期以后，随着道教的产生，羽化成仙的神仙思想和通过炼丹修行、服食采补可以长生不死的观念更加广泛流布和深入人心。在这样的社会文化心理背景下，神仙方士自然就成为人们津津乐道的话题，仙话故事自然就应运而生，蔚为大观。西汉末年，著名学者刘向编撰《列仙传》，这是我国文化史上现存最早的一部记录神仙人物的传记，其中记述的神仙人物有七十余人，许多故事成为《搜神记》的蓝本。晋代与干宝同时的著名道教学者葛洪，也撰有《神仙传》。这些仙传故事都记述了那些传说中的神仙方士，宣扬他们法术方术的神奇，记录他们长生久视的绝招，成为仙传文学的重要代表。

《搜神记》作为志怪小说的经典之作，其中也汇集了大量的仙话故事。从一定意义上说，它也是魏晋时期仙道文学的杰出代表。《搜神记》的卷一至卷三中，记录的基本都是神仙方士及其法术变化之事，基本可以归为仙话故事的范畴。其中描写的神农、赤松子、宁封子、彭祖、偓佺、王子乔、陶安公、介琰，都是传说中的古仙人；淮南八老公、王乔、李少翁、左慈、于吉、华佗、管辂、葛玄、郭璞，则是汉代以来著名的方术之士。这些故事有的描写他们法术的神通，有的表现他们生活的逍遥自在，有的展现他们预知吉凶祸福、沟通阴阳两界的神奇本领，有的则记述他们羽化飞升、腾挪变幻的奇异功夫，让人眼花缭乱，目不暇接。

《搜神记》中的仙话故事，篇幅都非常短小，大多是三言两语概括叙述，既没有什么生动的故事情节，也缺乏具体的人物描写。如卷一《偓佺采药》：

　　偓佺者，槐山采药父也。好食松实。形体生毛，长七寸，两目更方。能飞行，逐走马。以松子遗尧，尧不暇服。松者，简松也。时受服者，皆三百岁。

但其中有的仙话故事已呈现出明显的小说化倾向，不仅情节离奇，设置巧妙，出人意料，而且极富有情趣性和传奇性，具有相当的文

学价值。如卷一《刘根召鬼》:

> 刘根字君安,京兆长安人也。汉成帝时,入嵩山学道。遇异人,授以秘诀,遂得仙,能召鬼。颍川太守史祈以为妖,遣人召根,欲戮之。至府,语曰:"君能使人见鬼,可使形见;不者,加戮。"根曰:"甚易。借府君前笔砚书符。"因以叩几。须臾,忽见五六鬼,缚二囚于祈前。祈熟视,乃父母也。向根叩头曰:"小儿无状,分当万死。"叱祈曰:"汝子孙不能光荣先祖,何得罪神仙,乃累亲如此!"祈哀惊悲泣,顿首请罪。根默然忽去,不知所之。

这是一则富有宣道色彩又充满调侃意味的仙话故事。颍川太守史祈听说刘根成仙后能召鬼,将其召来,本打算当众对其羞辱,没想到刘根召来的鬼竟是自己死去的父母,结果却被父母的鬼魂辱骂了一通。故事既展现了刘根的幽默风趣,又表现了颍川太守史祈聪明还被聪明误的尴尬,具有浓郁的调侃色彩和趣味性。

《搜神记》中有的仙话故事,不仅情节结构离奇曲折,而且也开始注重对人物性格进行鲜明生动的刻画,可以作为微型的仙道小说来阅读。如卷一《左慈神通》:

> 左慈字元放,庐江人也。少有神通。尝在曹公座,公笑顾众宾曰:"今日高会,珍羞略备。所少者,吴松江鲈鱼为脍。"放云:"此易得耳。"因求铜盘贮水,以竹竿饵钓于盘中。须臾,引一鲈鱼出。公大拊掌,会者皆惊。公曰:"一鱼不周坐客,得两为佳。"放乃复饵钓之。须臾,引出。皆三尺余,生鲜可爱。公便自前脍之,周赐座席。公曰:"今既得鲈,恨无蜀中生姜耳。"放曰:"亦可得也。"公恐其近道买,因曰:"吾昔使人至蜀买锦,可敕人告吾使,使增市二端。"人去,须臾还,得生姜。又云:"于锦肆下见公使,已敕增市二端。"后经岁余,公使还,果增二端。问之,云:"昔某月某日,见人于肆下,以公敕敕之。"后公

出近郊,士人从者百数。放乃赍酒一罂,脯一片,手自倾罂,行酒百官,百官莫不醉饱。公怪,使寻其故。行视沽酒家,昨悉亡其酒脯矣。公怒,阴欲杀放。放在公座,将收之,却入壁中,霍然不见。乃募取之。或见于市,欲捕之,而市人皆放同形,莫知谁是。后人遇放于阳城山头,因复逐之,遂走入羊群。公知不可得,乃令就羊中告之,曰:"曹公不复相杀,本试君术耳。今既验,但欲与相见。"忽有一老羝,屈前两膝,人立而言,曰:"遽如许。"人即云:"此羊是。"竞往赴之。而群羊数百,皆变为羝,并屈前膝,人立,云:"遽如许。"于是遂莫知所取焉。

左慈是东汉末年著名的方术之士,葛洪《神仙传》、范晔《后汉书·方术传》均有记载。此则故事生动传神地表现了左慈的神通法术,既有生动的细节刻画,又有细微的心理描写,很富有传奇性和小说意味,其生动的描写后来就曾经被《三国演义》化用,成为《三国演义》描写的重要情节。

其他如《王乔飞舄》、《营陵道人》、《汉阴生乞市》等,也都是仙味十足的著名仙话故事。

(三) 鬼话故事

从表现形态的丰富性和文学审美的价值趣味性看,《搜神记》中最丰富多彩,最富有传奇性和人情味,又最引人入胜、妙趣横生的,当属其中描写的鬼故事。

《搜神记》中的鬼故事主要集中在卷十五和卷十六中。这些故事把幽冥鬼魂世界想象为世间实有的存在来描写,赋予鬼魂和人一样的思想情感和精神追求、心理活动和生活行为,让他们自由穿越阴阳两界,与人沟通,并与人发生和常人一样的情感纠葛、缠绵相思、生理交欢。可以说,人与人之间可能交流的方式、可能发生的奇遇、可能产生的情感,甚至可能作出的行为,在《搜神记》展示的幽冥世界中都有尽情的描写。其中有人鬼恋爱的,有死而复生的,有鬼魂作祟的,有冤鬼复仇的,也有人鬼辩论的、人鬼相戏的,真可谓异彩纷呈、情态各异。这些故事,基本以阴阳两界的自由穿越为叙述模式,通过巧妙的幻设和入情入理的臆想,展现阴阳两界的人鬼未了情。更重要的是,它们情节虽然荒诞离奇但又不阴森恐怖,角色描写虽然身披鬼魂面纱但又富有人情味,故事叙述既有身临其境之感,又有虚幻缥缈之美,形成了瑰丽多姿、奇幻诡谲的审美情趣和艺术风味,读之,令人产生无限的审美遐思。

《搜神记》中的鬼故事丰富多彩,大体而言,又可细分人鬼恋故事、死而复生故事、鬼魂请托故事、戏鬼故事等几种类型。

第一,人鬼恋故事。如卷十六《谈生妻鬼》:

> 汉谈生者,年四十,无妇,常感激读《诗经》。夜半,有女子年可十五六,姿颜服饰,天下无双,来就生,为夫妇。乃言曰:"我与人不同,勿以火照我也。三年之后,方可照耳。"与为夫妇。生一儿,已二岁,不能忍,夜伺其寝后,盗照视之。其腰已上,生肉如人;腰已下,但有枯骨。妇觉,遂言曰:"君负我。我垂生矣,何不能忍一岁,而竟相照也?"生辞谢。涕泣不可复止,云:"与君虽大义永离,然顾念我儿,若贫不能自偕活者,暂随我去,方遗君物。"生随之去,入华堂,室宇器物不凡。以一珠袍与之,曰:"可以自给。"裂取生衣裾,留之而去。后生持袍诣市,睢阳王家买之,得钱千万。王识之曰:"是我女袍,那得在市?此必发冢。"乃取拷之。生具以实对,王犹不信。乃视女冢,冢完如故。发视之,棺盖下果得衣裾。呼其儿视,正类王女。王乃信之。即召谈生,复赐遗之,以为女婿。表其儿为郎中。

此故事已见传于曹丕所撰《列异传》,后被干宝录入《搜神记》。故事幻设巧妙,想象奇特,写一个女鬼渴望人间夫妻情事,与谈生幽会。因担心自己"与人不同",故先与谈生约法三章。没有想到谈生情不可禁,急不可耐,不到如约时间偷偷窥伺,结果破坏了一段美满婚缘。其中描写谈生"不能忍,夜伺其寝后,盗照视之。其腰已上,生肉如人;腰已下,但有枯骨"尤为精彩,既细腻地表现了谈生渴望及早知道真相的幽微心理,又形象地描绘出此女鬼的形貌特征,但读来并无恐怖之感,反而让人生出有情人难成眷属的无限唏嘘。

其他如卷十六中的《紫玉》、《驸马都尉》也是将人鬼之恋演绎得如泣如诉、情意绵绵,读之让人顿生人世无情鬼有情的无限感慨。

第二,死而复生故事。如卷十五《王道平妻》:

> 秦始皇时,有王道平,长安人也。少时,与同村人唐叔偕女,小名父喻,容色俱美,誓为夫妇。寻王道平被差征伐,落堕南国,九年不归。父母见女长成,即聘与刘祥为妻。女与道平,言誓甚重,不肯改事。父母逼迫,不免,出嫁刘祥。经三年,忽忽不乐,常思道平,忿怨之深,悒悒而死。死经三年,平还家,乃诘邻人:"此女安在?"邻人云:"此女意在于君,被父母凌逼,嫁与刘祥。今已死矣。"平问:"墓在何处?"邻人引往墓所。平悲号哽咽,三呼女名,绕墓悲苦,不能自止。平乃祝曰:"我与汝立誓天地,保其终身。岂料官有牵缠,致令乖隔。使汝父母与刘祥。既不契于初心,生死永诀。然汝有灵圣,使我见汝生平之面。若无神灵,从兹而别。"言讫,又复哀泣。逡巡,其女魂自墓出,问平:"何处而来?良久契阔。与君誓为夫妇,以结终身。父母强逼,乃出聘刘祥,已经三年,日夕忆君,结恨致死,乖隔幽途。然念君宿念不忘,再求相慰,妾身未损,可以再生,还为夫妇。且速开冢破棺,出我即活。"平审言,乃启墓门,扣看其女,果活。乃结束随平还家。其夫刘祥闻之,

惊怪，申诉于州县。检律断之，无条，乃录状奏王。王断归道平为妻。寿一百三十岁。实谓精诚贯于天地，而获感应如此。

与上一故事恰恰相反，这是一个精诚所至，金石为开，爱情感动天地，最终人死复生，有情人终成眷属的凄美故事。王道平墓前祝愿，情动天地，父喻女忠贞爱情，死而更生。虽然此奇特之事世间不可能发生，但它张扬的爱情力量的伟大则是人人渴望和向往的。故事叙事平实又富有抒情色彩，以人事之实无来演绎人情之实有，充满了对人间大爱的强烈呼唤，恐怕已不能仅仅从"明神道之不诬"来观之。

第三，鬼魂请托故事。如卷十六《蒋济亡儿》：

蒋济字子通，楚国平阿人也。仕魏，为领军将军。其妇梦见亡儿涕泣曰："死生异路。我生时为卿相子孙，今在地下，为泰山伍伯，憔悴困苦，不可复言。今太庙西讴士孙阿，见召为泰山令，愿母为白侯，属阿令转我得乐处。"言讫，母忽然惊寤。明日以白济。济曰："梦为虚耳，不足怪也。"日暮，复梦曰："我来迎新君，止在庙下。未发之顷，暂得来归。新君明日日中当发。临发多事，不复得归。永辞于此。侯气强，难感悟，故自诉于母。愿重启侯，何惜不一试验之！"遂道阿之形状，言甚备悉。天明，母重启济："虽云梦不足怪，此何太适适。亦何惜不一验之？"济乃遣人诣太庙下，推问孙阿，果得之，形状证验，悉如儿言。济涕泣曰："几负吾儿。"于是乃见孙阿，具语其事。阿不惧当死，而喜得为泰山令，惟恐济言不信也，曰："若如节下言，阿之愿也。不知贤子欲得何职？"济曰："随地下乐者与之。"阿曰："辄当奉教。"乃厚赏之。言讫，遣还。济欲速知其验，从领军门至庙下，十步安一人，以传消息。辰时，传阿心痛；巳时，传阿剧；日中，传阿亡。济曰："虽哀吾儿之不幸，且喜亡者有知。"后月余，儿复来，语母曰："已得转为录事矣。"

在世俗想象中，人鬼两界，阴阳两隔，分属两个不同的世界。但在搜神世界里，冥界与人间的界限相当模糊，它们不仅可以相通，而且也和人间一样，什么人情关系都可以请托，可以靠迎来送往满足自己的欲望。鬼魂的生活状况如果不满意，可以通过活着的至亲向将死之人请托得以解决，这则故事就表现了这样的思想观念。蒋济儿子活着的时候，贵为卿相子孙，享受荣华富贵，是典型的花花公子、官二代，没想到死后到阴间，却无法延续生前的奢华，生活憔悴困苦。恰好此时太庙西讴士孙阿死后将被召为泰山令。于是，他就托梦给母亲，希望其父动用关系为其在冥界谋得一个好差事，结果其父利用自己的威望权力，使他如愿以偿。世间常不如意者七八，看来冥界也是如此。俗语常言，有钱能使鬼推磨，此故事则形象地宣示了有权可向鬼请托。所以，反过来看，此故事演绎描写的背景是冥界，但又何尝不可以理解为是对现实社会世态人情请托关系的折射。

第四，戏鬼故事。《搜神记》主要是为了宣扬"神道之不诬"，所以，其中所记鬼魅故事在情节描述上，大多是表现鬼比人厉害，如卷十七中的《鬼骗张汉直家》、《鬼扮虞定国》、《倪彦思家鬼魅》、《顿丘鬼魅》等，都表现了人在鬼怪面前的无可奈何和力量的渺小。但《搜神记》中也描写了一些不怕鬼、戏弄鬼的故事，这是非常值得注意的。其中最经典的当然是《宗定伯卖鬼》：

> 南阳宗定伯，年少时，夜行逢鬼。问之，鬼言："我是鬼。"鬼问："汝复谁？"定伯诳之，言："我亦鬼。"鬼问："欲至何所？"答曰："欲至宛市。"鬼言："我亦欲至宛市。"遂行数里。鬼言："步行太迟，可共递相担，何如？"定伯曰："大善。"鬼便先担定伯数里。鬼言："卿太重，将非鬼也。"定伯言："我新鬼，故身重耳。"定伯因复担鬼，鬼略无重。如是再三。定伯复言："我新鬼，不知有何所畏忌？"鬼答言："惟不喜人唾。"于是共行。道

遇水,定伯令鬼先渡,听之,了然无声音。定伯自渡,漕漼作声。鬼复言:"何以有声?"定伯曰:"新死,不习渡水故耳。勿怪吾也。"行欲至宛市,定伯便担鬼着肩上,急执之。鬼大呼,声咋咋然,索下,不复听之。径至宛市中,下着地,化为一羊,便卖之。恐其变化,唾之。得钱千五百,乃去。当时石崇有言:"定伯卖鬼,得钱千五。"

此故事首见《列异传》,后被干宝《搜神记》录入。故事写宗定伯与一鬼相遇,经过反复的对话和较量,把握了鬼的生活特点和习性,最终制服了鬼。故事以生动的对话和调侃的语言把宗定伯戏鬼的心态和盘托出,通过讲述宗定伯对鬼的戏弄,使鬼的愚蠢和人的聪明跃然展现于纸上,读后令人忍俊不禁。

以上只是为了便于说明故事内容而进行的勉强的划分,其实,《搜神记》的鬼故事许多是几种形态交织在一起,既可以作为人鬼恋故事去读,也可以作为死而复生故事来看的。《搜神记》的鬼故事与神话故事、仙话故事相比,更具有生活气息,也更充满幻设色彩,当然也更具有人情味和文学意味。《搜神记》中的鬼故事表面上写的是鬼,而鬼的背后寄托和表现的则是人。这些鬼故事既具有深刻的社会现实精神,又具有独特巧妙的运思,是《搜神记》中最富有文学审美价值的艺术精品。

(四)物魅精怪故事

物魅精怪就是日常生活中人们通俗说的妖怪、妖精。王充《论衡·订鬼》说:"夫物之老者,其精为人;亦有未老,性能变化,象人之形。……故妖怪之动,象人之形,或象人之声为应,故其妖动不离人形。天地之间,妖怪非一,言有妖,声有妖,文有妖,或妖气象人之形,或人含气为妖。"《搜神记》卷六《论妖怪》也说:

妖怪者,盖精气之依物者也。气乱于中,物变于外。形神气质,表里之用也。本于五行,通于五事。虽消息升降,化动万端,其于休咎之征,皆可得域而论矣。

在卷十九《孔子论五酉》中,干宝又借孔子之言说,妖怪"何为来哉?吾闻物老则群精依之,因衰而至。……夫六畜之物,及龟、蛇、鱼、鳖、草木之属,久者神皆凭依,能为妖怪,故谓之'五酉'。'五酉'者,五行之方,皆有其物。酉者,老也。物老则为怪"。可见,在古人看来,世间万物皆秉气而生,秉气不同,形貌各异。一旦一种事物积久成性,神而通灵,就可能发生变化,由此物变为他物。这些发生变化而具有灵性的"六畜之物,及龟、蛇、鱼、鳖、草木之属",就是妖怪。一句话,妖怪都是物老成精所致。它们或化为人形,捉弄世人;或暗中行事,悠游世间,祸害生活;或修炼功夫,与人交通,满足自己的欲望;或作出异怪响动,以惊扰他人来取得快乐。总之,妖怪是"天地之间,异类之物"①,是干扰、破坏人的正常生活秩序,扰乱、迷惑人的精神、心理、意志的一种祸祟行为。

《搜神记》中描写的物魅精怪千奇百怪,五花八门,千变万化,惊悚怪异。按其原始属性,这些物魅精怪又可分为植物、动物、器物、风物等几大类。

植物方面的,有松树、樟树、槔树、杨树、柳树、木桩、丛草、稗草、腐草、茱萸、浮萍、麦、稻、瓜等各种花卉草木,稼禾瓜果,可以说,任何物种都可以成精作怪。如卷六《僵树自立》,写汉哀帝时,湖南零陵有棵树,被砍断多年,已经腐朽,突然有一天,自己站立起来,接续在一起,又蓬勃生长。卷十八《陆敬叔烹怪》也记载,三国时,有一棵大樟树成精,陆敬叔派人砍伐它,树干浑身流血,忽然有一个"人面狗身"的怪物从树中跑出来,原来是树精。把它抓住烹食,味道和狗肉味一样。这是老树成精的故事。

---

① 《论衡·奇怪》。

动物方面的，有鸡、羊、猪、狗、牛、马、鼠、兔、鹅、龟、蛇、鳖、鱼、燕、雀、鹤、虎、猿、蚕、虫、狐狸、鹍鸟、刺猬、蝼蛄等日常生活中人们可以接触的所有鸟兽虫鱼。如卷十八中的《吴兴老狸》：

> 晋时，吴兴一人有二男，田中作时，尝见父来骂詈赶打之。儿以告母，母问其父，父大惊，知是鬼魅，便令儿斫之。鬼便寂不复往。父忧，恐儿为鬼所困，便自往看。儿谓是鬼，便杀而埋之。鬼便遂归，作其父形，且语其家："二儿已杀妖矣。"儿暮归，共相庆贺，积年不觉。后有一法师过其家，语二儿云："君尊候有大邪气。"儿以白父，父大怒。儿出，以语师，令速去。师遂作声入，父即成大老狸，入床下，遂擒杀之。向所杀者，乃真父也。改殡治服。一儿遂自杀，一儿忿懊，亦死。

一只老狸成精，变成他人之父，还巧施计谋让人家儿子把自己父亲杀死。从此老狸变成人家父亲模样，在家里喧宾夺主，无恶不作，这家人竟多年没有识破。后经法师作法，老狸才现出原形。最后两个儿子也因此而亡。老狸精作怪，致使人家破人亡，自己最后也被擒杀，真可谓害人害己。又如卷十八《田琰杀狗魅》、《酒家老狗》，这是两则狗成精作怪的故事。它们的共同特点都是化作人形，让人难识真假。更可恨的是，狗怪不仅具有人的形貌特征、行为举止，而且还有人的基本情感和生理需求，利用人的亲情伦理道德关系，来满足自己可恶的欲望。虽然这两个狗怪最终都被人打杀，但它们给人生活带来的负面效应和心理阴影是不言而喻的。

器物方面的，有雕梁画栋、车马仪仗、板凳桌椅、服饰衣冠、酒器、筷子、饭甑等生活日用品。如卷十八《饭甑怪》：

> 魏景初中，咸阳县吏王臣家有怪。无故闻拍手相呼，伺，无所见。其母夜作，倦，就枕寝息。有顷，复闻灶下有呼声曰："文约，何以不来？"头下枕应曰："我见枕，不能往。汝可来就我饮。"至明，乃饭甑也。即聚烧之，其怪遂绝。

夜深人静之时，家有响动异常，怪事迭迭，后发现原来是家里的饭甑和枕头成精作怪，对语交往。无识之物被想象为有识之态，赋予人情灵性，也可谓设想出奇、想象丰富了。

风物方面的，有风雨雷电、赤虹岩石、江河湖泊等自然界现象。如卷十二《霹雳落地》：

> 晋扶风杨道和，夏于田中，值雨，至桑树下。霹雳下击之，道和以锄格，折其股，遂落地，不得去。唇如丹，目如镜，毛角长三寸余，状似六畜，头似猕猴。

霹雳即又急又响的雷，俗说的炸雷，乃云与地面发生强烈摩擦而产生的雷电，本是自然界一种常见的自然现象，但在这里，霹雳却被人格化、生命形态化，被想象成有意识、有形有貌，"唇如丹，目如镜，毛角长三寸余，状似六畜，头似猕猴"的一种生物。这种离奇的设计、大胆的想象，与日常生活行为相交织，如果没有怪诞的思维是无论如何也做不到的。

总之，阅读《搜神记》，仿佛浏览一幅幅畸形怪诞的物魅精怪的连环画，游弋于物魅精怪编织的怪异荒诞世界中。那诡诞怪异的描写，真幻交织，虚实相映，其描写的似真性让人觉得在情理之中，其表现的怪诞性又出人意料，无不激发人产生无穷无尽的想象，令人对干宝鬼神世界的建构拍案叫绝。

（五）灵验感应故事

《搜神记》中的灵验感应故事从性质看，可以分为两大类：一是灾异性灵验感应故事，一是精诚性灵验感应故事。

先看灾异性灵验感应故事。这类故事主要收录在卷六至卷十中。此类故事的主要特点是，先叙述怪异事件现象的具体呈现，然后以京房《易传》阴阳五行天人感应观念推演说明此现象蕴含的社会政治寓意和文化指向。如：

汉景帝元年九月,胶东下密人年七十余,生角。角有毛。京房《易传》曰:"冢宰专政,厥妖人生角。"《五行志》以为人不当生角,犹诸侯不敢举兵以向京师也。其后遂有七国之难。至晋武帝泰始五年,元城人年七十,生角。殆赵王伦篡乱之应也。(卷六《人生角》)

　　汉景帝三年,邯郸有狗与彘交。是时赵王悖乱,遂与六国反,外结匈奴以为援。《五行志》以为,犬,兵革失众之占,豕,北方匈奴之象。逆言失听,交于异类,以生害也。京房《易传》曰:"夫妇不严,厥妖狗与豕交。兹谓反德,国有兵革。"(卷六《狗与彘交》)

　　汉桓帝即位,有大蛇见德阳殿上。洛阳市令淳于翼曰:"蛇有鳞,甲兵之象也。见于省中,将有椒房大臣受甲兵之象也。"乃弃官遁去。到延熹二年,诛大将军梁冀,捕治家属,扬兵京师也。(卷六《德阳殿蛇》)

　　胡床、貊盘、翟之器也;羌煮、貊炙,翟之食也。自太始以来,中国尚之。贵人富室,必畜其器,吉享嘉宾,皆以为先。戎翟侵中国之前兆也。(卷七《翟器翟食》)

　　初作屐者,妇人圆头,男子方头。盖作意欲别男女也。至太康中,妇人皆方头屐,与男无异。此贾后专妒之征也。(卷七《方头屐》)

　　晋惠帝元康中,妇人之饰有五兵佩。又以金、银、象角、玳瑁之属,为斧、钺、戈、戟而载之,以当笄。男女之别,国之大节,故服食异等。今妇人而以兵器为饰,盖妖之甚者也。于是遂有贾后之事。(卷七《妇人兵饰》)

　　从内容看,这些故事的怪异现象分布在人体的病理现象、动物的怪异行为、社会的生活习惯风尚等各个领域,但它们的发生均包蕴明确的社会政治寓意,都意在说明其发生后可能产生的社会文化效果,将其作为一种社会灾异征兆来判断。从叙述看,这些故事涉及的怪异现象有的其实并不怪,在今天是可以给以科学解释的。如人头上生角,不过是人身体肌理的一种病变,今天我们也常见此病;再如服饰怪异,不过是一个时期人们生活风尚的不同追求而已,犹如20世纪八十年代初,社会上流行喇叭裤,今天流行牛仔裤一样,是一种时尚性的流行和时尚观念的表现,是很正常的一种社会生活习尚,没什么值得大惊小怪的。可用阴阳五行天人感应的思想观念看,这些身体肌理病变和奇装异服现象就不简单了,都是社会生活的怪异行为,是一种灾异性的符号预示和表征。所以,灾异性灵验感应故事,不仅仅是记述怪异,更重要的是为了说明大凡一次重大的社会政治动荡来临之前,社会人事天象必有妖祥怪异发生这样一个道理。尽管这一观念充满浓郁的天人感应的迷信色彩,并没有什么科学根据,但这些故事也不是完全没有现实文化意义。从文化蕴含看,它实际也客观上告诉我们这样一个道理:"冰冻三尺,非一日之寒",任何社会不良现象的发生,都是有其前因后果的,因此,我们在观察社会生活和社会文化心理走向时,不能忽视任何细枝末节的变化,只有防微杜渐,才能遏制不良现象的发生。从这方面讲,这些灾异性的灵验感应故事,还是有其一定的社会认识意义的。

  再说精诚性灵验感应故事。如果说灾异性灵验感应故事宣扬的是怪异现象的负面效应的话,那么,精诚性灵验感应故事表现的则是那些有情有义忠孝仁爱之士,因他们的善举美意感动天地而发生的奇异事件,彰显的是仁义忠孝的正能量。《搜神记》卷十一中就记录了许多这样的仁人志士、孝子贤妇精诚感动天地的故事。如《周畅仁孝》:

    周畅性仁慈,少至孝,独与母居。每出入,母欲呼之,常自啮其手,畅即觉手痛而至。治中从事未之信,候畅在田,使母

> 啮手,而畅即归。元初二年,为河南尹,时夏大旱,久祷无应。
> 畅收葬洛阳城旁客死骸骨万余,为立义冢,应时澍雨。

周畅为人仁慈至孝,与其母之间常有心灵感应。遇天下大旱,祈祷求雨没有结果,周畅就把因灾害而死的人收集起来进行埋葬,建立义冢。结果周畅的仁义之举感动天地,当即下雨,解除旱情。再如《王祥剖冰求鲤》:

> 王祥字休征,琅邪人,性至孝。早丧亲,继母朱氏不慈,数谮之。由是失爱于父,每使扫除牛下。父母有疾,衣不解带。母常欲生鱼,时天寒冰冻,祥解衣,将剖冰求之。冰忽自解,双鲤跃出,持之而归。母又思黄雀炙,复有黄雀数十入其幕,复以供母。乡里惊叹,以为孝感所致。

王祥常遭继母诋毁诬陷,但王祥依然对继母至孝。天寒地冻之时,继母想吃鱼,王祥就脱衣剖冰,为继母求鱼。结果冰层忽然裂开,两条鲤鱼从中跃出。这是王祥的精诚之心和舍身孝母之举感动天地的结果。王祥的这一孝举,后来被不断演绎并在民间流传,王祥"卧冰求鲤"也就成了孝子的典范,被收入著名的"二十四孝"中。《东海孝妇》故事也是这方面的一个典型:

> 汉时,东海孝妇,养姑甚谨。姑曰:"妇养我勤苦。我已老,何惜余年,久累年少。"遂自缢死。其女告官云:"妇杀我母。"官收系之,拷掠毒治。孝妇不堪苦楚,自诬服之。时于公为狱吏,曰:"此妇养姑十余年,以孝闻彻,必不杀也。"太守不听。于公争不得理,抱其狱词,哭于府而去。自后郡中枯旱,三年不雨。后太守至,于公曰:"孝妇不当死,前太守枉杀之,咎当在此。"太守即时身祭孝妇冢,因表其墓。天立雨,岁大熟。长老传云:"孝妇名周青。青将死,车载十丈竹竿,以悬五幡。立誓于众曰:'青若有罪,愿杀,血当顺下;青若枉死,血当逆流。'既行刑已,其血青黄,缘幡竹而上标,又缘幡而下云。"

与前两个故事所不同的是,孝妇一片孝心侍奉婆婆,结果却被冤枉,含冤而死。她的被杀,是对人类善良之心的毁灭,也是对人类崇高道德精神的亵渎。所以,孝妇之死,自然会引起天怒人怨,不仅令人扼腕痛惜,也会让天为之动容,"郡中枯旱,三年不雨"。这一故事突出表现了以孝为本,仁义礼智信至上的伦理道德观念,灵验感应的背后张扬的是"天道无亲,常与善人"、"精诚所至,金石为开"的人生信念,其价值精神是值得肯定的。当今社会,人情冷暖,亲情淡化,不仁不义者有之,虐待父母者有之,为了蝇头小利,兄弟反目成仇者有之,甚至杀人越货,无恶不作。世风日下,令人扼腕。这些故事传导的仁孝精神,比况当今社会,仍具有其现实意义。其他如曾子、王延、郭巨、刘殷的故事,也都是精诚可以感动天地的典型仁孝故事。

除此之外,《搜神记》卷十中还描写了许多梦验故事。如,刘雅晚上做梦,见房梁上一条蜥蜴掉下来,落进自己的肚子里。第二天,果然得病,腹痛难忍。又如,谢奉和郭伯猷是朋友,交情深厚。突然有一天,谢奉梦见郭伯猷与人赌博争钱,掉入水里淹死,是自己给他操办丧事。谢奉非常奇怪,赶快去看望郭伯猷,向他叙述自己的梦。郭伯猷犹豫良久,对谢奉说,他昨晚也做了这样一个梦。停了一会儿,郭伯猷上厕所,突然倒地死了。谢奉就为他筹办丧事,结果与梦境中的完全一样。"在古人看来,梦是鬼神对人的启示,是神人沟通的一种方式,因而通过梦境的解析以预言休咎,很早就成为一种占卜方式"[①]。所以,这类故事也可纳入灵验感应故事的范畴中来考察。

---

① 马银琴译注:《搜神记》卷十"题解",中华书局2012年版,第227页。

（六）奇异怪诞故事

所谓奇异怪诞故事，是指那些发生在宇宙自然社会中的超出寻常物理人情的超常规、超常态、超常识的怪异之事、怪异之物和怪异之人。与物魅精怪故事相比，这类故事的发生具有说不清道不明的缘由。它描写的虽然是怪异情况，但怪异只是事件本身的性质，还不能完全将其发生归属于妖怪妖精的范畴。所以，这些故事尽管充满荒诞不经的色彩，却没有那么多怪魅妖异的成分。

如卷十八《猪臂金铃》，写晋代吴郡有一王姓人，从曲阿乘船回家，晚上船靠岸，看见一个十七八岁的女子，他就招呼此女子与自己一起住宿。天亮后，女子离开，他把一只金铃系在女子的手臂上，派人跟随此女子。结果到女子家后，此女子人却不见了。靠近猪圈一看，发现猪圈里的母猪前腿上，系着那只金铃。从故事叙述中，读者可以隐隐感知，此女子乃母猪所变化，但故事本身并没有将此点破，只是客观冷静地将事实陈述出来，仿佛女子与母猪之间并没有什么必然联系。又如卷十二《落头民》，写秦朝时，南方有一个部落叫落头民，他们的头能够飞起来。三国东吴将军朱桓得到了这个部落的一个婢女，晚上睡觉时，婢女的头总是飞出去，天亮时再飞回来，夜夜如此。有人晚上偷窥，发现此女只有身子没有头，就用被子把身体盖上。结果天亮时其头回来，几次三番与身体接不上，掉在地上，唉声叹气。人把被子揭去，头立马就与身体接在一起。故事叙述的只是南方民族的一种生活存在形态，就像白种人看黑种人非常怪异一样，其实对黑种人本身而言，黑是再平常不过的事实。故事平实客观，没有任何怪异气氛的烘托点染，而所叙事件又呈现出明显的怪诞离奇色彩，给人一种似是而非、似非而是、模棱两可的奇特感受。

《搜神记》的奇异怪诞故事有的描写的实际是社会生活中人情

可以感知甚至是可以经历的事实,演绎和表现的是人与其他物事的一种特殊经历和情感。如卷二十《义犬救主》,写三国时,襄阳人李信纯家里养了一条狗,取名黑龙,非常喜爱,每次吃饭,与狗平分,日夜抱持。一次,李信纯去朋友家喝酒,归途中酩酊大醉,倒卧草丛,不省人事。恰遇太守打猎,放火烧荒,大火很快烧到李信纯身边。犬见火来,就拖拽李信纯,李信纯没有反应。无奈之下,犬跑到附近水溪旁,将自己身体濡湿,来把水洒在李信纯身上和附近的草丛中,如此反复,疲劳不堪,最后累死。李信纯醒来后,发现身旁大火的痕迹和犬浑身湿透的尸体,才明白刚才自己酒醉昏睡时身边发生了什么事情,禁不住失声痛哭。太守听说后,非常感动,为犬修义冢埋葬。在这里,狗的怪异行为其实是狗通人性,与人生活时间长后所产生的感情的本能反应,但在《搜神记》里,也将其作为一种怪异事件进行描写。

《搜神记》中有的奇异怪诞故事不仅描写生动传神,活灵活现,而且极富传奇性和幽默感,怪诞描写背后给人的感觉不是怪异而是可笑。如卷十四中的《黄母化鼋》、《宣母化鼋》就是这方面的代表:

> 汉灵帝时,江夏黄氏之母浴盘水中,久而不起,变为鼋矣。婢惊走告。比家人来,鼋转入深渊。其后时时出见。初浴,簪一银钗,犹在其首。于是黄氏累世不敢食鼋肉。(《黄母化鼋》)

> 吴孙皓宝鼎元年六月晦,丹阳宣骞母,年八十矣,亦因洗浴,化为鼋。其状如黄氏。骞兄弟四人,闭户卫之,掘堂上作大坎,泻水其中。鼋入坎游戏。一二日间,恒延颈外望。伺户小开,便轮转自跃,入于深渊。遂不复还。(《宣母化鼋》)

这两个怪诞故事具有非常浓郁的民间传说色彩和谐谑情调。人与鼋分属两个不同物种,从世俗常理看,人是不可能变为鼋的。令人意想不到的是,黄母、宣母活了大半辈子,没有想到洗个澡却把自己洗没了,居然变成了一只鼋。更富戏剧性的是,子女为了变成鼋的母亲能够生活,竟在堂屋中作大坎,泻水其中,供鼋游戏,而变为鼋的母亲还向外探望,似乎是恋恋不舍,又好似自得其乐。故事把人世间不可能发生的怪异事情和情境情态描绘得有鼻子有眼儿,如同真实经历和发生过一样,读之令人捧腹,啼笑皆非。这类故事荒诞不经,怪诞离奇,行文叙述没有任何神怪气氛,有的只是浓郁的世俗调侃意味,与魏晋文人生活中的谐谑排调之风遥相呼应,对了解当时的社会文化心理具有重要的参照意义。

从以上叙述可以看出,《搜神记》的故事题材类型极其丰富多彩,故事内容几乎涵盖人类社会生活的各个领域、各个层面和各个角落,凡是人迹所至之处、人思所到之地、人情所感之域、人力所触之物,都可以成为其描写的对象和题材,甚至人类渴望的世外仙境、虚幻的冥鬼世界也是其生动的表现对象。《搜神记》神怪故事包蕴着深刻丰富的幻化思维,对我国文学描写空间的拓展和想象力的培养都具有开拓性的价值和意义。

四 《搜神记》的思想文化意蕴

干宝编撰《搜神记》的动机,既是为了"明神道之不诬",欲借此实证神鬼世界的实有存在,也是希望通过对神鬼怪异之事的记录,探寻天人之间的互动关系,借此来考察社会政治之得失。《搜神记》编撰目的的二重性,决定了《搜神记》思想文化价值的复杂性和思想蕴含的丰富性。《搜神记》一方面在努力构建一个奇奇怪怪、神神秘秘、虚虚实实、真真幻幻的神鬼世界,以此宣示怪异现象的真实存在和神秘力量的辽阔强大,但另一方面,我们又可以真切地感受到,《搜神记》的神鬼妖异世界构建,并不是凭空杜撰和想象出来的,而是从魏晋社会文化的现实土壤中生长出来的,故事的演绎和运思、情节的想象与设置,甚至人物的行为动作、心理活动都有其深厚的现实生活基础、真实的生活凭借,许多故事又充满浓烈的魏晋社会文化的生活气息。这就告诉我们,《搜神记》既是一部"明神道"的著作,也是一部托载着干宝对现实社会生活情状深沉思考的著作。如果穿透《搜神记》搜神志怪的神秘幕帐,撩起它缥缈虚幻的怪诞面纱,去感知搜神故事的精神内核,我们会发现,搜神故事里其实都具有浓郁的现实精神,流溢着真实的生活情调。《搜神记》表现出来的这一现实精神和丰富的思想文化意蕴,对解读当时的社会文化心态、考察当时的世俗情感生活,均具有重要的认识价值。

《搜神记》的思想文化意蕴是深刻丰富的,在此,不可能全面深入地剖析,仅就其最突出的几个方面进行简要的介绍。

(一) 热情赞美青年男女对自由美好的爱情婚姻生活的追求

优秀的文学作品都非常善于表达情感、塑造形象,以此来感染读者,打动人心,使阅读文学作品的人产生心灵净化和精神愉悦。亲情、爱情、友情是人类社会生活必不可少的重要情感,也是人类维系生命精神的重要纽带,当然也是文学作品描写表现的永恒主题。没有亲情、爱情、友情的世界是冷酷的世界,没有亲情、爱情、友情的文学也是干瘪的缺乏生命力的文学。不管抒情文学还是叙事文学,诗歌还是小说,现实题材还是超现实题材的作品,优秀作品的共同特色就是能够寓情感于形象中,以形象运思情感,通过巧妙的言说方式,或隐或显地去表达作者对社会人生的体味与感知、认识和评判。《搜神记》作为搜神志怪之作,尽管描写的是神仙鬼怪灵异这些超自然超现实的题材,构建和塑造的是外在于人类社会生活的虚幻的神鬼意象,但这些故事的演绎与运思都具有广阔的现实土壤,其精神内核也都具有深刻的时代感,自然,其中也流溢着浓浓的世俗情感,含蕴着丰富的人间至爱。《搜神记》中有许多描写友情的故事,如卷十《谢郭同梦》,写谢奉与郭伯猷情谊笃厚,心心相印,同梦相连,精神互通;卷十一《死友》,写范巨卿与张劭,作为朋友,友情真挚,临死相托,朋友立即感发,千里命驾,赴丧挽灵。这些故事彰显的是人与人之间的至情至爱,表现了朋友情谊的重要。《搜神记》中也描写了许多亲情故事。如前面已经提到的《蒋济亡儿》,写蒋济面对儿子的请托,奔波忙碌,反复验证,最终使儿子在阴间得到一个好的归宿。蒋济为亡儿请托的故事虽然折射了现实生活中官场的裙带请托之风,但也不可否认,蒋济的所作所为,流露的正是父亲对子女的一片至爱之心。不过,若从情感表现形态的复杂性和艺术描写的精致性去看,《搜神记》中表现最为丰富多彩、最感人肺腑的还是其中大量的描写人鬼恋的爱情故事。

《搜神记》中的人鬼恋故事可分两大类型。一是青年男女本来生前有约,但因种种原因不能结合,女子为情所累,抑郁而死,后在爱情的感召和呼唤下,女子以鬼魂现形的方式续前世姻缘。二是女鬼渴盼爱情,主动寻找世间男子示爱,以满足自己的爱情需求。

《紫玉》、《王道平妻》是前一类型的代表。《紫玉》写吴王夫差的小女儿紫玉,爱慕青年男子韩重,"私交信问,许为之妻"。韩重外出游学,托父母向吴王求婚,却遭到吴王阻挠拒绝。紫玉忧伤而死。韩重游学归来后,到紫玉墓前哭泣哀告,诉说衷情,感动上苍,紫玉鬼魂乃显形,从墓中出与韩重相见,并约韩重至墓中留三日三夜,尽夫妻之礼,赠明珠寄情。韩重持明珠去见吴王,吴王反以为他"发冢取物","玷秽亡灵",欲治其罪。无奈何,紫玉鬼魂只好现形,至其家,直接向父母陈诉,为韩重辩护。小说通过对家长专制与人鬼阴阳两界都不能拆散恋人相守决心的描写,歌颂了紫玉对生死不渝爱情的执着追求,张扬了他们自由爱情的可贵。

《王道平妻》写王道平与同村女子父喻青梅竹马,自少相爱,誓为夫妇。后来,王道平被选调从军,九年不归,杳无信息。父喻父母逼迫她出嫁刘祥,但父喻与王道平情感难舍,常常思念,精神悒郁而死。王道平回家后,闻父喻死亡,痛彻心扉,至其墓冢,悲号连天。父喻为王道平的真诚感动,鬼魂从墓中出来,告诉王道平自己尸身未坏,赶快"开冢破棺",可以再生。王道平打开墓穴,父喻果然又活了过来。王道平将其领回家,两人结为夫妻。刘祥听说后,非常吃惊,到州县申诉,与王道平打官司,县官将父喻断给王道平。父喻能够死而复生,还魂人间,与王道平结为夫妻,再续姻缘,完全是被王道平的至真至情所感。是爱情的力量使父喻死而复生,达成了有情人终成眷属的美好愿望。故事以奇特的形式歌颂了爱情力量的伟大。

《驸马都尉》和《谈生妻鬼》则是后一类型的经典。关于《谈生妻鬼》,前已介绍,不再赘述。《驸马都尉》写陇西男子辛道度到雍州游学,路过一大宅,见其中有一青衣女子,辛道度就向她乞食。女子将其迎入,并为他治备饭食。饭后,女子向辛道度倾诉衷肠,希望结为夫妇。三天三夜后,此女子才向辛道度道出实情,说自己是鬼,本是秦闵王的女儿,原许配曹国,不幸没有出嫁就死了,在此孤独居住。女子又告诉辛道度,尽管他们已结为夫妇,但不能在此久留,否则会有祸灾。临别时,赠送辛道度一个金枕。辛道度到秦国,将金枕拿集市出售,恰巧遇到秦王夫人出游,看到金枕,以为是辛道度盗墓所得,便询问情况。辛道度一一诉说情由,秦王夫人怀疑,于是派人开冢查验,结果看到所有随葬品都在,唯不见金枕。于是秦王夫人相信了辛道度的话。感叹说:"我的女儿死了23年,居然还能与活人交往,真是太神奇了。"于是,就封辛道度为驸马都尉。

其他如《相思树》、《董永与织女》等也是搜神爱情故事的名作。

考察《搜神记》中的人鬼恋故事，可以发现，它们具有一些共同的特点：

第一，这些故事的主角基本都是女鬼，而且是女鬼主动向世间男子示爱，表达衷情。

第二，他们的爱情都不是一帆风顺的，要么受父母的阻挠，要么因权贵的干涉。为了追求爱情，他们付出了沉重代价，甚至牺牲了自己的生命。

第三，他们都具有深厚的情感基础，也是自愿结合的，而且态度坚定，忠贞不渝。

第四，他们爱情的实现也不是一帆风顺的，都经过了诸多波折和磨难，最终有情人终成眷属。

《搜神记》的人鬼恋故事属于鬼故事范畴，所以，这些故事的描写大都发生在超现实的虚幻世界里，包裹着厚厚的怪诞外壳，笼罩着奇奇怪怪的神秘色彩，个个虚虚实实，真真幻幻，云烟雾罩，奇幻朦胧。如果剥去其神秘奇幻的面纱，透过如泣如诉、似真似幻的描写，掘进故事的精神内核，我们可以真实地感知到，奇幻只是其运思表现的形式，对爱情的歌颂才是其真实的目的。这些故事演绎的实际是现实社会生活中青年男女追求爱情自由时可能遇到的共同经历，反映的也是现实生活世界中青年男女对爱情生活的一般愿望和追求，它们呈现的爱情追求的挫折、现实爱情的艰难，实际也是现实社会生活中一般青年男女对爱情生活的感知和体验。就此而言，《搜神记》的人鬼恋故事，尽管鬼味十足，但又人情浓烈。杨义先生曾指出，六朝志怪小说的重要特点是对鬼世界作了人间性情化的处理，在鬼的身上写出民性、人情、童趣，甚至哲理，使那些虚幻怪诞的鬼故事成为"意味深沉的世态寓言"。①《搜神记》中的人鬼恋故事就是其中"意味深沉的世态寓言"的代表。

总之,《搜神记》人鬼恋故事着力描写的不是鬼情,而是人性,是人对爱情、婚姻自由的期盼和渴望。它们通过超越幽明阻隔、穿越阴阳界限、自由大胆追求爱情的描写,彰显了爱情力量的伟大,歌颂了青年男女爱情的纯真,形象地诠释了爱情至上的观念,对了解当时社会对爱情真谛的认识是具有重要价值的。

(二) 揭露批判社会的丑恶现象,鞭挞暴君的残暴荒淫

《搜神记》的许多故事触及社会生活的政治层面,表现社会政治生活中统治者的腐败与荒淫。尽管这类故事并不多,暴君昏官也不是其着墨最多的描写对象,仅仅具有背景人物的效果,但其寄予的现实意义则是深刻的。

如卷五《蒋子文》,写秣陵尉蒋子文,生前"嗜酒好色,挑达无度",刚愎自用,荒淫残暴,贪图奢华,死后作威作福,卑鄙无耻,公然宣称:"我当为此土地神,以福尔下民。尔可宣告百姓,为我立祠。不尔,将有大咎。"当地百姓没有及时为其修祠建庙,他就大发淫威,行瘟疫,发大火,害得百姓惊恐万分,万般无奈。俗话云,为官一任,造福一方,而蒋子文则是为官一任,祸害一方。不仅如此,他还厚颜无耻让百姓为其立祠,认为自己是"福尔下民",真可谓既要当婊子,又想立牌坊,寡廉鲜耻,欲望贪婪。蒋子文所作所为,贪婪残暴,是一个十足的暴君形象。

再如卷十一《相思树》中的宋康王,他贪恋韩凭妻何氏的美色,为了达到霸占何氏的目的,将韩凭流放,逼迫韩凭自杀;后来百般调戏何氏,何氏不从,最后无奈只能阴腐其衣,投台自杀。何氏死

---

① 杨义:《中国古典小说史论》,人民出版社1998年版,第119页。

后，希望与丈夫韩凭合葬，但宋康王又无情地将两人的坟墓分开。宋康王不仅荒淫好色，而且冷酷无情。作品通过对宋康王所作所为的描写，批判了统治者丑恶的灵魂和丑陋的本质。《三王墓》中的楚王，也是一个为了自己的私欲，草菅人命，无恶不作的昏君形象。

又如卷十一《东海孝妇》中审讯孝妇的那个昏庸糊涂的太守。孝妇精心侍奉多年卧病在床的婆婆，非常仁孝，婆婆也心地善良，不愿拖累自己的儿媳，选择自杀。结果婆婆的女儿诬告说是孝妇杀了自己的婆婆。太守不问青红皂白，就对孝妇严施刑法。狱吏提醒他孝妇是冤枉的，他执拗不听，固执己见，最终酿成一桩冤案。

这些故事中的人物，要么是尊贵至极的最高统治者，要么是独霸一方的太守、无恶不作的地方下级官吏，他们共同的特点是残暴荒淫、冷酷无情、草菅人命、肆意妄为。他们身上集中体现了现实社会中为官者丑恶的一面。作品对他们残暴荒淫行径的描写，表现出爱憎分明的道德评判态度和惩恶扬善意识，具有深刻的思想价值。

（三）歌颂普通民众英勇顽强的反抗精神和机智勇敢的生活品质

《搜神记》中描写了许多复仇故事，有的复仇故事极富传奇色彩，实际是在歌颂普通民众英勇顽强的反抗精神。

如卷十一《三王墓》，写干将莫邪为楚王铸剑，三年才成，楚王怒而杀之。其子长大后，得知父死之因，日夜思念为父报仇。后遇一侠客，提出可以相助，不过需借其头颅。其子为了替父报仇，毫不犹豫，拔剑自刎，捧其头送上。侠客持干将莫邪之子的头颅去见楚王，借机杀死楚王，侠客也慷慨就义。故事采用的是善恶两元对立模式的表现方法，楚王是恶的象征，而干将莫邪之子、侠客则是义的化身。故事情节曲折离奇,过程描写惊心动魄,通过浪漫奇幻的叙述,鞭挞了暴君的残忍无道,也歌颂了抗击暴政的侠肝义胆,颇富英雄传奇色彩。

再如卷十一《古冶子杀鼋》,写齐景公渡河,突然坐骑被河中怪物吃掉。跟随齐景公的随从,个个惊恐失色,不知所措。只有古冶子拔剑相搏,与怪物在河中拼杀,最后将怪物杀死。原来怪物是一只巨龟所变。故事凸显的不是危害人的怪物的可怕,而是杀死怪物的古冶子的勇敢,张扬的是古冶子面对危难,临危不惧的品质。虽然故事只有三言两语,但古冶子的英勇气概已跃然纸上。

卷十六《宗定伯卖鬼》,更是通过宗定伯与鬼的巧妙周旋,将计就计,表现了人类的足智多谋、聪明机智,把鬼故事演绎成了不怕鬼的典范。故事中,鬼憨态可爱,幼稚天真,宗定伯老谋深算,体察入微,机智善辩。最后宗定伯凭借鬼的弱点将鬼制服。这虽然是一个鬼故事,但它演绎的不是鬼的可怕,恰恰相反,是在诠释人性高于鬼性,人智大于鬼智。宗定伯形象是人们希望见到的富有机智勇敢生活品质的人物典型。

这方面,描写最惊心动魄、最富有现实意义的,当属卷十九中的《李寄斩蛇》:

> 东越闽中有庸岭,高数十里。其西北隰中,有大蛇,长七八丈,大十余围,土俗常惧。东冶都尉及属城长吏,多有死者。祭以牛羊,故不得祸。或与人梦,或下谕巫祝,欲得啖童女年十二三者。都尉令长,并共患之。然气厉不息。共请求人家生婢子,兼有罪家女养之。至八月朝祭,送蛇穴口,蛇出吞啮之。累年如此,已用九女。尔时,预复募索,未得其女。将乐县李诞家,有六女,无男,其小女名寄,应募欲行,父母不听。寄曰:"父母无相,惟生六女,无有一男,虽有如无。女无缇萦济父母之功,既不能供养,徒费衣食,生无所益,不如早死。卖

寄之身，可得少钱，以供父母，岂不善耶！"父母慈怜，终不听去。寄自潜行，不可禁止。寄乃告请好剑及咋蛇犬，至八月朝，便诣庙中坐。怀剑，将犬。先将数石米糍，用蜜䴬灌之，以置穴口。蛇便出，头大如囷，目如二尺镜。闻糍香气，先啖食之。寄便放犬，犬就啮咋，寄从后斫得数创。疮痛急，蛇因踊出，至庭而死。寄入视穴，得其九女髑髅，悉举出，咤言曰："汝曹怯弱，为蛇所食，甚可哀愍。"于是寄女缓步而归。越王闻之，聘寄女为后，拜其父为将乐令，母及姊皆有赏赐。自是东冶无复妖邪之物。其歌谣至今存焉。

大蛇祸害百姓，连当地的都尉令长都没有办法，惊恐万状，不得已年年给蛇献女童供其享用。而李寄不过是一个十二三岁的女孩，却自愿请命，献身饲蛇。她精心准备，沉着应对，利用自己的智慧和勇敢，杀死了常年害人的毒蛇，解除了当地百姓的后顾之忧。故事描写一波三折，把小女孩李寄的机智勇敢细腻生动地呈现在读者面前，同时也衬托了当地官员的懦弱无能。李寄的行为折射的正是普通民众对待危难生活的基本态度，彰显了他们困难面前临危不惧的可贵品质。

（四）宣扬善恶果报，演绎劝善惩恶的道德精神

善有善报，恶有恶报，是我国古代社会普遍流行的思想观念。《周易·坤卦·文言》就说："积善之家必有余庆；积不善之家必有余殃"。所以，儒家经典、诸子著作自不用说，就是一般的稗官野史也都非常重视自身的教化功能。闲斋老人《儒林外史序》说："稗官为史之支流，善读稗官者，可进于史，故其为书，亦必善善恶恶，俾

读者有所观感戒惧,而风俗人心,庶以维持不坏也。"①静恬主人《金石缘序》也指出:"小说何为而作也?曰以劝善也,以惩恶也。夫书之足以劝惩者,莫过于经史,而义理艰深,难令家喻而户晓,反不若稗官野乘福善祸淫之理悉备,忠佞贞邪之报昭然,能使人触目儆心。"②《搜神记》的编撰自然也不例外。在《搜神记序》中,干宝明确指出,其编纂《搜神记》的重要动机,除"明神道之不诬"外,还希望"将来好事之士录其根体,有以游心寓目而无尤焉"。所谓"录其根体",就是呈现这些故事的本真,让读者了解故事发生的历史真相;所谓"游心寓目而无尤",就是希望读者在阅读这些故事时,内心能够有所"感发",有所领悟,不要对这些故事进行误读和错读,在审美体验的同时,不要忽略其真正的"根体"意义。而干宝宣示的"根体",在很大程度上,就是《搜神记》的教化功能。《搜神记》记录的许多灵验感应故事,都呈现出鲜明的劝善惩恶的道德意识,体现的正是这一精神。

俗话说,天道无亲,常与善人。《搜神记》中描写了许多孝子贤妇形象,他们的善行义举,感动天地,最终得到天的恩赐。如卷十一《郭巨埋儿》,写郭巨兄弟三人,父亲丧后,两个兄弟要求分家。家财共两千万,兄弟每人拿走一千万。郭巨夫妻只能靠打工来养奉老母亲。后生一男孩,郭巨担心抚养孩子会影响侍奉母亲,就打算将孩子带到野外挖坑埋掉,没有想到从坑中挖出一块石板,下面居然有一坛黄金。郭巨可谓因祸得福,善心得到善报。又如卷一《董永与织女》,写董永家贫,父亡无力丧葬,被迫卖身为奴,为父亲治备丧事。董永的至孝之心感动天地,天帝就派仙女下凡帮助他,

---

① 黄霖、韩同文:《中国历代小说论著选》上册,江西人民出版社2000年版,第467页。

② 同上,第436页。

董永的善行也得到了善报。其他如王祥剖冰求鲤、庾衮至爱侍兄等,都是宣扬善有善报的著名故事。

与此相应,《搜神记》中也写到了恶报。最著名的是卷十六中的《鹄奔亭》:

> 汉九江何敞,为交州刺史,行部到苍梧郡高要县,暮宿鹄奔亭。夜犹未半,有一女从楼下出,呼曰:"妾姓苏,名娥,字始珠,本居广信县,修里人。早失父母,又无兄弟,嫁与同县施氏。薄命夫死,有杂缯帛百二十匹,及婢一人,名致富。妾孤穷羸弱,不能自振,欲之旁县卖缯。从同县男子王伯,赁牛车一乘,直钱万二千,载妾并缯,令致富执辔,乃以前年四月十日,到此亭外。于时日已向暮,行人断绝,不敢复进,因即留止。致富暴得腹痛,妾之亭长舍,乞浆取火。亭长龚寿,操戈持戟,来至车旁,问妾曰:'夫人从何所来?车上所载何物?丈夫安在?何故独行?'妾应曰:'何劳问之?'寿因持妾臂曰:'少年爱有色,冀可乐也。'妾惧怖不从,寿即持刀刺胁下,一创立死。又刺致富,亦死。寿掘楼下,合埋,妾在下,婢在上。取财物去,杀牛,烧车。车釭及牛骨,贮亭东空井中。妾既冤死,痛感皇天,无所告诉,故来自归于明使君。"敞曰:"今欲发出汝尸,以何为验?"女曰:"妾上下著白衣,青丝履,犹未朽也。愿访乡里,以骸骨归死夫。"掘之,果然。敞乃驰还,遣吏捕捉,拷问,具服。下广信县验问,与娥语合。寿父母兄弟,悉捕系狱。敞表寿:"常律,杀人不至族诛。然寿为恶首,隐密数年,王法自所不免。令鬼神诉者,千载无一。请皆斩之,以明鬼神,以助阴诛。"上报听之。

苏娥是一个勤劳善良的普通少妇,经商经过鹄奔亭,被见财起欲的地方亭长龚寿所杀。命运多舛的苏娥又遭此飞来横祸,真可谓雪上加霜。苏娥的冤屈无处倾诉,只能以鬼魂现形的方式向路过此地的交州刺史何敞陈述。何敞经过勘验，洗刷了苏娥的冤屈，惩治了贪财害命的龚寿。俗话说，人在做，天在看；要想人不知，除非己莫为。又说，不是不报，时间不到；时间一到，一定要报。龚寿图财害命，杀人诡秘，自以为人不知，鬼不觉，没有想到最后事情败露，全家皆被捕杀。这个故事，从苏娥的角度来解读，彰显的是"神道之不诬"，是鬼神有灵；如果从龚寿的视角来观照，龚寿之死，正是恶报的结果。可以说，故事以怪诞的方式言说了一个严肃的民间话题：苍天有眼，万事有定；不可为恶，为恶必有报。

魏晋南北朝时期，宗教迷信思想十分流行，再加上社会生活环境动荡不定，生生死死之事，不断发生，善善恶恶之念，层出不穷。面对如此复杂的社会现实，如何拯救世道人心，弘扬社会正义，是每一个有良知的人需要深入思考的严肃问题。干宝作为一个史学家，不可能不对板荡沉沦的社会现实给予关注，也不可能没有自己的价值评判。从这些故事可以看出，正如干宝"性好阴阳术数"一样，他也是相信善恶果报的，不过，他的善恶果报思想的基本原则是惩恶扬善。干宝果报思想中贯彻和体现的这一宇宙原则和道德精神，在当时的社会环境下是具有深刻现实意义的，也是值得肯定的。

（五）直面当下社会，记录时代乱象

考量《搜神记》的思想文化价值，还有一个重要侧面是绝对不能忽视的，那就是它对当下社会生活中的怪异现象的记录。

《搜神记》中许多条目涉及干宝生活时代的两晋人物，如淳于智筮病、郭璞卜卦、王祥剖冰求鲤、王敦仪仗生花、刘宠被徐甕所杀、杜锡家婢被误埋、庾亮厕中遇鬼等等，其中有的人物甚至还与干宝有过密切的生活交往，如郭璞。作为真正的"当代史料"，这些人物的逸闻轶事弥足珍贵，对解读两晋人物的日常生活具有重要意义，是可以和《世说新语》中的两晋故事相提并论的。不过，从社会思想文化层面去考察，《搜神记》中真正最具时代意义的"当代史料"，还是那些反映两晋社会生活怪异风尚的内容。尽管这些内容并不多，却可以让读者深切感知两晋之际的时代乱象，体味干宝直面当下社会，记录时代乱象的史学意识和史家勇气。

《搜神记》记录的两晋社会时代乱象主要集中在卷七中，涉及当时社会生活的方方面面。这里不可能全面展开分析，仅以其中记录服饰装扮怪异现象为例，简单进行说明。其关涉服饰者有如下条目：

1. 晋武帝泰始初，衣服上俭下丰，着衣者皆厌腰。此君衰弱、臣放纵之象也。至元康末，妇人出两裆，加乎交领之上，此内出外也。为车乘者，苟贵轻细，又数变易其形，皆以白篾为纯，盖古丧车之遗象。晋之祸征也。（《西晋服妖》）

2. 初作屐者，妇人圆头，男子方头。盖作意欲别男女也。至太康中，妇人皆方头屐，与男无异。此贾后专妒之征也。（《方头屐》）

3. 晋时，妇人结发者，既成，以缯急束其环，名曰撷子髻。始自宫中，天下翕然化之也。其末年，遂有怀、愍之事。（《撷子髻》）

4. 太康中，天下以毡为绲头及络带、袴口。于是百姓咸相戏曰："中国其必为胡所破也。"夫毡，胡之所产者也，而天下以为绲头、带身、袴口。胡既三制之矣，能无败乎？（《毡绲头》）

5. 晋惠帝元康中，妇人之饰有五兵佩。又以金、银、象角、玳瑁之属，为斧、钺、戈、戟而载之，以当笄。男女之别，国之大节，故服食异等。今妇人而以兵器为饰，盖妖之甚者也。于是遂有贾后之事。（《妇人兵饰》）

6. 元康中,贵游子弟相与为散发倮身之饮,对弄婢妾。逆之者伤好,非之者负讥。希世之士,耻不与焉。胡、狄侵中国之萌也。其后遂有二胡之乱。(《贵游保身》)

衣、食、住、行,民之生存大焉。衣冠服饰是人类社会生活的日常必需品,是一个历史时期人们的物质文明、精神文明,乃至习俗好尚观念和社会文化心态的集中体现,故古人有"三世长者知被服,五世长者知饮食"①的说法。衣冠服饰在中国古代不仅仅是生活必需品,而且也是礼仪的象征和体现,如果服制不合礼仪,就是大不敬,甚至是可以治罪的;而奇装异服又常常被视为"妖服",暗示着社会生活层面观念的异变。所以,服饰文化不仅仅是穿衣戴帽这样简单,其中杂糅着政治、礼仪、个性爱好、时代风尚、观赏心理等等诸多文化观念要素,是了解、考察一个时代社会文化心理的晴雨表。

上述诸条材料从时间跨度看,主要反映了从晋武帝泰始初(265)至晋惠帝元康(291~299)年间约三十年的衣冠服饰观念的怪异变化。干宝约生于晋武帝太康元年(280),他的青少年时代是在晋惠帝时期度过的,作为当代人,这些社会怪异现象干宝是可以亲身经历和感知的。干宝将这些社会怪异现象作为西晋灭亡的"祸征"记录下来,就是希望通过对其乱象的描述,探寻西晋灭亡的"根体",其中蕴含着干宝深刻的史家意识和史学勇气。

从文献价值角度看,干宝记录的这些社会怪异现象,是考察两晋社会生活史、风俗史弥足珍贵的"当代史料"。两晋之际,社会生活观念混乱异常,思无定制,行无定检,虚无放荡盛行,整个社会生活层面弥漫着一股奢侈浮华、精神萎靡、贪图享乐之风。彼时士人唯念身名俱泰,及时行乐,鲜有志于道者。对此,《世说新语》和《搜

---

① 《艺文类聚》卷六七《衣裳》部引《魏书》。

神记》这两部反映汉晋社会文化生活的经典都具有特殊的价值和意义。如果说《世说新语》主要偏重对当时文人雅士生活的描写——如《世说新语》的《汰侈》、《俭啬》就形象生动地记录了这一时期文人雅士畸形的社会生活风气和日常生活行为表现,那么,《搜神记》则侧重于一般的民众世俗生活,上述材料就是从生活习俗的衣冠服饰层面记录了两晋社会生活中的奇装异服盛行,装饰打扮怪异,它们分别从不同视域共同反映了两晋社会生活的畸形特征。如果从此角度来审视《搜神记》,《搜神记》的价值就不仅仅体现在对搜神世界的建构上,从一定意义上讲,它也是一部广义的汉晋社会生活风俗史。

总之,《搜神记》蕴含着丰富深厚的思想文化价值,它既是六朝志怪小说的经典,也是我国古代神怪文化的经典,在我国古代志怪小说史、神怪文化史,乃至社会风俗史上均具有重要地位和贡献。

五 《搜神记》的文学价值

《搜神记》的文学价值是多方面的,其中,最主要体现在四方面,即:奇幻怪诞的想象、引人入胜的情节、诡异多彩的形象和丰富多变的叙事。

(一) 奇幻怪诞的想象

马克思说,想象力是人类的"伟大天赋";黑格尔也说,人类"最杰出的艺术本领就是想象力"。想象力是文学创作的重要前提,也是人类生命精神腾飞的重要凭借。没有想象和幻想,人类就无法创造奇幻缥缈的艺术世界;离开想象与幻想,文学创作就会失去生命的灵动,缺乏感人的魅力。在我国文学精神中,从来就不乏幻想与想象的艺术天分。后羿射日、夸父追日、女娲补天、刑天舞干戚……远古神话描写的一幅幅奇崛荒诞的生活世界无不是原始先民想象与幻想的产物,其中包蕴的浪漫精神和丰富想象成为我国文学艺术想象的重要因子。庄子散文神行万物之上,心游宇宙之表,处处充满荒唐的"谬悠之说":鲲鹏展翅三千里;大椿寿命五千年;任公子钓鱼,惊涛骇浪,波谲云诡;姑射山神人,吸风饮露,乘云御龙,游乎四海之外……庄子寓言世界的创造又何尝没有幻想与想象的艺术灵光!屈原楚辞乘长风,涉流沙,昆仑悬圃,上下遨游;羲和丰隆,荷衣霓裳,云旗回风,周游世界,境界寥廓,华丽诡奇,更是云蒸霞蔚,想象奇特。至于神仙观念影响下出现的虚幻缥缈的仙境描绘、神奇无穷的法术渲染、空灵清雅的游仙创作,无不令人意出尘外,想入非非。这些浪漫奇特的充满幻想与想象的艺术作品,包含着不凡的文学智慧,为我国文学世界开拓出一片片光怪陆离的艺术空间,自然也为志怪小说创作提供了足资借鉴的艺术经验,是志怪小说灵境建构可资借鉴的宝贵的精神财富。六朝志怪小说之所以能够蓬勃发展,蒸蒸日上,呈现出一派繁荣景象,与此文学精神传统的濡染是分不开的。

《搜神记》继承的正是文学史上的这一文学精神和传统。虽然《搜神记》以史家信实的态度来记述鬼神怪异之事,但它在记述这些神鬼故事时,又无不充满奇幻怪诞的想象。搜神故事奇幻怪诞的艺术想象,流光溢彩,波谲云诡,在我国文学史上开掘出神奇幽秘的艺术新境界。

如果我们抛开干宝"明神道之不诬"的思想观念,以一种观赏的心态走进他建构的"搜神"世界,我们可以惊奇地发现,《搜神记》故事个个都充满丰富奇幻的想象。一言以蔽之,奇幻怪诞的艺术想象赋予了搜神故事独异的艺术特质,也是《搜神记》之所以为《搜神记》的独特的审美特征。

阅读《搜神记》,奇幻怪诞的想象是搜神故事给我们的最突出最直觉的审美感受。在搜神世界里,一切怪诞的意象都可以产生,一切荒诞的人物都可以出现,一切超现实超常规的怪异之事都被视为当然。人、仙、鬼、怪,四境畅通,自由穿越,往来无碍;妖、异、精、魅,随性化形,无所不在,为所欲为,楚楚动人。人可以不知不觉走进幽冥世界,与鬼魂缠绵悱恻,合欢交礼,享受凡间得不到的人生欢乐;鬼魂也可以大摇大摆进入平凡人家,倾情致意,互诉衷肠。狗、猪、马、牛,六畜家禽可以千变万化,富有人类生活情状的一切要素;枕头、饭盆、桌椅、板凳,无情感意识的生活日用之物也可以具有生命情调,流露喜怒哀乐之情,饱含悲欢离合之心。枯死多年的树木,一夜之间可以花繁叶茂,生机勃勃;冰冷坚硬的山石,瞬息之内可以奔腾跳跃,热泪盈眶。千岁之雉,入海为蜃;百年之雀,入海为蛤。千岁龟鼋,能与人语;千岁之狐,起为美女。千岁之蛇,断而复续;百年之鼠,而能相卜。所有这一切,无不充满奇幻怪诞的艺术想象,无不是在幻想与想象的思维机制中发生的。

《搜神记》的想象和幻想常常建立在人生怪诞的思维之上,通过超越一般人情物理的诡异描写,将人生不可能发生的事情想象为自然可为的事实,赋予人生一种灵异的魔力。如,人人都知道,人的身体头颅是不可须臾分离的,分离即意味着死亡,但在搜神世界中,人的头颅完全可以游离人的身体而独立存在,仿佛是人随身携带的一个物件,既可以赠送他人,也可以自由游荡。《落头民》故事写南方有一个民族,他们的头颅可以自由离身,随意飞奔。人睡觉后,头颅就自己飞出去,到处游逛,只剩下身体在床上。头颅飞奔累了,又会自己飞回来,主动与身体相接。《贾雍失头》写汉武帝时豫章太守贾雍上阵杀敌,结果头颅被敌人所杀。他的身体居然能够在没有头颅的情况下,骑在马上回到营地。见到营中士兵,还自我进行调侃:"我的头颅被敌人砍掉了,你们看看,我是有头好看,还是无头好看?"《三王墓》写干将莫邪之子,为了给父母报仇,亲自将自己的头颅割下来，双手相捧，赠送他人，以作为报仇的凭借。这些身首两离、生命不死的幻想与想象是何等的丰富和奇特。

《搜神记》的想象和幻想还常常以生命交感的思维，以人情化的方式来处理非人情的事物，使其笔下的动物、植物、风物、器物都富有人的心理情感特征。在搜神世界里，人性、物性、神性是可以异质同构、相通无碍的。俗话说，狗通人性，但在搜神故事里，狗不仅通人性、懂人情，而且还会说人话、做人事。如《搜神记》中描写了许多狗怪故事，《搜神记》对狗怪的描写是以人的情感思维来想象和幻想狗的情感世界，赋予狗怪以人性的特征。这些狗怪不仅可以变成丈夫的模样与人妻通奸，也可以变成父亲的模样与子女周旋，更能够喝酒吃肉，穿衣读书，凡世间人类拥有的行为举止、心理意态，这些狗怪无不具备。更有甚者，《搜神记》中描写的妖怪有的不仅能够变成人形与人对话，而且还拥有人类的知识智慧，可以与人一较高下，让人在他们面前深感自惭形秽。如卷十八《斑狐书生》描写一只斑狐积年成精，变成一个书生，洁白如玉，举动容止，顾盼生姿。他去拜访西晋著名的博物学者张华，与张华纵论古今，"商略三史，探赜百家，谈老、庄之奥区，披风、雅之绝旨，包十圣，贯三才，箴八儒"，才华横溢，风流倜傥。斑狐形象之所以描写得如此形神毕现、形象生动，正是因为对其进行了人情化、人性化的处理。《搜神记》对人鬼互通、异质同构的描写，自然与干宝阴阳五行天人感应的思想观念有密切关系，但不可否认的是，这些怪诞故事的背后都充满了丰富奇特的艺术想象和幻想。正是其奇幻怪诞的艺术想象才使其描写的鬼怪意象充满无限的文学魅力。

总之，《搜神记》故事许多都是在奇特的想象和荒诞的幻想下虚构和幻设出来的。没有奇幻怪诞的艺术想象和幻想，《搜神记》的许多故事就无法构建起来，也不能产生神奇的感人魅力。《搜神记》奇幻怪诞的艺术想象为后世文学创作提供了丰富的营养，后世的神魔鬼怪小说就是在《搜神记》等志怪小说的直接催发下创作出来的。

（二）引人入胜的情节

英国小说评论家爱·缪尔按结构形态把小说分为情节小说、人物小说和戏剧性小说三大类型。情节小说又称故事小说，以故事情节描写的引人入胜为主，而不太注重对人物性格的刻画和主体精神的展示；人物小说突出描写人物性格心理的复杂性，不太注意情节描写的细腻和完整性；戏剧性小说则使人物与故事情节之间充满戏剧化效果，将人物放在特定的环境、场景下进行表现，人物所处的环境、场景决定了人物性格的变化，同时也决定了情节的发展，使人物与情节、环境融为一体，更加客观地描述出人物内在精神心理的变化发展。① 验诸爱·缪尔对小说形态的划分，我国六朝志怪小说作为小说发展史的初创阶段，基本是以叙述故事为本，讲究故事的奇特，注重荒诞奇幻、引人入胜的情节设置，而不太注意对人物形象的刻画描写，属于典型的情节小说这一类型。

六朝志怪小说之所以以情节描写取胜，与其刚刚脱胎于史传这一重要的机缘有很大关系。

我国具有悠久的史学传统，史官体制在殷周时期即已相当完备。史传也是我国最早成熟的叙事性文学作品。史传著作以真实记录历史事实、描写历史真相为主要目的，但史传作者无法进入历史现场，其所记录的社会生活早已消失在历史的天幕中，无影无踪。因此，史传作家要想真实再现鲜活的历史画面，就必须掺入自己的历史想象，通过对历史事实的想象来复原历史真实发生的生

---

① 参阅石昌渝：《中国小说源流论》，生活·读书·新知三联书店1994年版，第31页。

活细节,叙述历史波澜壮阔的场景。钱钟书先生就说:"史家追叙真人实事,每须遥体人情,悬想事势,设身局中,潜心腔内,忖之度之,以揣以摩,庶几入情合理"①。史传创作的这一运思机制,就要求史传著作要以事实情节记述的真实生动为前提。这样,史传作为叙事性文本,故事性描写自然就成了其书写历史的重要方法,故事也成了其叙述的重要对象。从《春秋》到《左传》,从《战国策》到司马迁的《史记》,我们可以明确地感受到历史叙述的故事性在不断增加,历史场景描写的细腻化在不断提高,生活细节描写的生动性形象性在不断加强。

从我国小说发展史看,汉魏六朝是小说发展的初创期和分化期。一方面,小说作为一种新的文学文体,开始逐渐受到文人的喜爱,创作小说的队伍越来越壮大;另一方面,小说作为一种新的文学形式还没有完全脱离其母体史传走向独立,还处处受到史传的掣肘和影响。但无论怎么说,六朝时期是小说文体从史部迈向说部的重要阶段,尽管它还处在故事化叙述阶段,但人物描写已经逐渐被提上重要日程。《搜神记》作为志怪小说的代表作,正处于小说文体从史部向说部分化的关键阶段,自然具有浓郁的史传色彩。志怪小说在叙述故事时,为了达到"入情合理"、生动逼真的艺术效果,在故事运演过程中往往借鉴史传作者对历史叙述注重情节演绎的这一特点,凸显情节描写的重要意义。这是《搜神记》故事以情节描写取胜的重要原因。

《搜神记》在叙述故事时,尽管故事框架常常采用史传的纪实笔法,但情节设置又有自身的独特之处。由于《搜神记》描写的故事并不是现实社会生活中真实发生的故事,而是幻设出来的,所以,《搜神记》的情节设置往往是"实实在在,而又渺渺茫茫,实中见

---

① 钱钟书:《管锥编》第一册,中华书局1986年版,第347页。

幻,平中见奇,给人一种虚幻性的现实感"①。

"虚幻性的现实感"是《搜神记》情节设置的重要方法,也是其情节叙述的主要特点。所谓虚幻性,是说《搜神记》的故事都不是现实社会生活中真实发生的,而是幻想和想象出来的,是人们无法在现实生活中直接经验的,所以,它的故事和人物本身都给人一种虚无缥缈的感觉;所谓现实感,是说《搜神记》在表现这些故事时,为了让人信以为真,为了让读者产生身临其境的认知感受,即使是虚幻情节也采用征实性的描写方法来处理,让读者不觉得是虚幻的。虚幻性与现实感表面看来是矛盾的,而《搜神记》故事正是通过对这一矛盾的巧妙处理,形成了意想不到的审美效果。

在《搜神记》中,鬼故事是最富有文学意味的故事,自然也是最典型的富有"虚幻性的现实感"的故事。这些故事所以能够成为《搜神记》的代表、志怪小说的经典,与其独特的情节描写和设置是分不开的。如《紫玉》描写吴王夫差小女紫玉与童子韩重情意相投,但因父母的阻隔,结果有情人难成眷属,紫玉抑郁而死。韩重归来,闻紫玉已死,就至墓前凭吊。紫玉鬼魂就与韩重相见,倾诉衷肠,并以"明珠"相赠。韩重携明珠至王府,倾吐真情,反被吴王误以为韩重开棺盗珠,污秽亡灵,派人捉拿韩重。情急之下,紫玉不得已又以鬼魂现身,向父母说明情由。其母见到紫玉鬼魂,以为女儿复活,想去拥抱,紫玉则"如烟然"飘忽而去。整个故事情节设置波澜层生,一波未平一波又起,引人入胜;情节描写真真幻幻,虚虚实实,既具有浓郁的生活气息,又充满鲜明的虚幻色彩。再如《斑狐书生》,也是通过对张华与斑狐书生的反复较量的叙述,将情节一步步推演下去,最后让斑狐显形,露出真相,让读者既觉得此事实有又觉得恍惚朦胧,从而达到独特的审美效果。

---

① 李剑国:《唐前志怪小说史》,天津教育出版社2005年版,第392页。

《搜神记》还非常善于寓真于幻,寓幻于真,真幻结合,水乳交融,营造一种真假难辨的生活氛围。随着故事情节的展开和推演,随着故事人物的所见所闻,读者不知不觉地由此境跳入彼境,又由彼境游弋于此境,出入真幻之间,往来虚实之内,去体验其虚幻朦胧的情节设置的奇妙。《搜神记》在讲述这些故事时,一般都没有事先的铺陈预叙,而是通过故事情节的推演让读者自己去感知。如《驸马都尉》写辛道度外出游学,至距离雍州四五里时,饥肠辘辘,饥饿难耐,忽然发现前面有一大宅,便进去求食。一个衣服华丽的年轻女子盛情款待他,同时,还向他倾诉衷肠。辛道度突然经历艳遇,自然兴奋异常,便与女子柔情缠绵。三日后,女子将其送出家门。辛道度蓦然回首,竟"不见舍宇,惟有一冢"。原来那大宅并不是世间普通人家,而是一座坟墓,日前与自己情意缠绵的可爱漂亮的女子居然是个女鬼。故事以纪实方式叙写辛道度的行踪,随着情节的发展,让读者不知不觉跟随辛道度进入幽冥,体验鬼域,惊悚之余又感觉入情入理。在这里,你分不清哪是真,哪是幻,哪是实,哪是虚,真、实、虚、幻完全交织在一起,鬼域与人间没有明确的临界点,也没有确定的指示牌,只有到辛道度蓦然回首那一刻,你才意识到先前的描写原来是幻设的场景,仿佛梦境醒来,回味无穷。如果说辛道度故事设置了一个由真入幻的情境,那么,《谈生妻鬼》则设置了一个由幻入真的情境。故事描写女鬼主动从幽冥来到人间与人沟通。谈生年过四十没有娶妻,夜半读书,突然,一个美丽女子走近他的身旁,与其情意缠绵。男女双方在一起生活三年,养育一子,可突然有一天,谈生发现与自己朝夕相伴的妻子居然是一个女鬼,"腰已上,生肉如人,腰已下,但有枯骨",最后不得已涕泣相别。在整个故事叙述中,女鬼进入人间没有异样场景的过度描写,女鬼真相败露是意外的发现所致,叙述真真幻幻,情节扑朔迷离,思维腾跃跳转,使人产生无限奇想。

《搜神记》故事还常常将两个毫无牵连、瓜葛的场景纠合在一起,通过蒙太奇式的切换方法,让读者在出人意料的表现中顿觉情节设置的离奇和叙述的巧妙。如《胡博士讲书》,写吴中一皓首书生,正在讲书,忽然不见。九月九日,大家登山游览,忽然听见山谷中有讲书声。走近一看,发现一个空冢旁一群小狐正在听皓首书生讲书。再如《猪臂金铃》,写一个男子与一女子幽会,将金铃系其臂上。可到女子家,女子却不见了,但见其家猪圈里的母猪前腿上系一金铃。这两个故事采用的是一样的笔法,叙述模式也完全相同,都是先描写世间的生活常态忽然发生变化,在另一个场景发生与此相对的诡异事情。读者通过两个镜头的叠合切换,进行联想,才发现两个场景下发生的奇异之事是相互关联的,原来皓首书生是一个老狐,女子却是母猪所变。

总之,《搜神记》的情节设置真幻交织,虚实相映,既入情入理,又虚幻朦胧,既具有浓郁的人间情味,又充满离奇的怪诞色彩和丰富想象,让人在引人入胜的情节推演中产生意想不到的阅读效果。《搜神记》情节设置常常为后世神魔志怪小说所借鉴,如《西游记》中描写孙悟空与妖魔鬼怪斗法的故事,很多手法就与《搜神记》异曲同工,由此可见《搜神记》在情节设置方面的艺术影响和贡献。

(三)诡异多彩的形象

《搜神记》故事虽以情节描写取胜,不太注重对人物形象的刻画,甚至有的故事仅仅具有怪异事件的叙述,根本就没有涉及人物,但这并不是说《搜神记》中就没有人物形象的塑造。前已指出,《搜神记》的故事题材主要分六大类,即神话故事、仙话故事、鬼话故事、物魅精怪故事、灵验感应故事、奇异怪诞故事,每类故事题材中,其实都有其核心的鬼怪意象,也都不同程度地涉及了人物形象。从这一角度来看《搜神记》,我们发现,《搜神记》的许多精彩故事不仅描写到了人物,而且人物形象刻画还相当鲜明生动;《搜神记》的许多鬼怪意象描写,也具有相当的形象性。这些人物形象和鬼怪意象是搜神世界形象序列的重要组成内容,统统可以纳入形象的范畴来观照,也完全可以纳入其形象序列来解读。这样,我们把《搜神记》中的人物形象(鬼怪意象)进行归纳,主要分为以下几个序列。

仙人形象:集中表现了神仙人物超凡脱俗的品质、羽化腾飞的本领和长生不死的神力。主要人物有赤松子、宁封子、偓佺、彭祖、师门、冠先、陶安公等。

方士形象:主要表现他们法术的魅力神奇,腾挪变化的奇妙。王乔、李少翁、阴生、刘根、左慈、于吉、葛玄、管辂、郭璞、淳于智等,是《搜神记》描写比较集中的方士人物。

女鬼形象:在《搜神记》人物形象序列中,女鬼是塑造得最成功、最生动,也最富有艺术魅力的一组人物群像。她们虽是女鬼,但没有鬼怪幽灵的狰狞面目,言谈举止,一颦一笑,都美丽可爱,楚楚动人。她们心地善良,柔情似水,有情有义,对爱情充满无限的憧憬和向往。她们为了爱情起死回生,鬼魂显形,主动倾诉,出入幽冥。紫玉、谈生妻、王道平妻、苏娥、父喻等是这些女鬼形象的经典代表。

暴君形象:《搜神记》中的暴君大都冷酷无情,贪婪成性,滥施淫威,草菅人命。他们或在人间无恶不作,或在阴间发号施令,以残害他人来满足自己的贪婪和私欲。他们是社会恶势力的代表,是有情人难成眷属的罪恶的制造者。蒋子文、《三王墓》中的楚王、《相思树》中的宋康王等即属于这一形象类型的代表。

精怪形象:《搜神记》中的精怪形象描写遍布人类社会生活的各个角落,举凡自然界的山石草木,社会生活中的衣食住行,生活环境中的六畜家禽等等,都可以成为精怪的主角。其中描写最生动的是狐魅、狗怪、树精、大鼋、苍獭等精怪形象。

孝子贤妇形象:《搜神记》不仅塑造了许多超现实的人物形象、鬼魅意象,也塑造了许多真实社会生活背景下的人物,如曾子、王祥、郭巨、周畅、楚僚、王延、东海孝妇、乐羊子妻等等。这些人物重情重义,才识卓绝,恪守人伦道德规范,信守社会道德操守,是仁、义、礼、智、信的楷模,孝顺父母的典范,他们是传统社会价值观正能量的代表和实践者。

除了以上几个主要的形象序列外,《搜神记》中还描写了许多其他奇奇怪怪的鬼魅意象。《搜神记》的形象塑造覆盖了仙界、人界、鬼界三大领域,触及社会生活的方方面面,呈现出诡异多彩的特点。当然,其中塑造最生动突出的还是那些鬼怪形象,它们成了搜神世界形象画廊最靓丽的一道风景线。《搜神记》鬼魅意象的塑造,拓宽了我国文学形象塑造的艺术领域,丰富了我国古典文学形象画廊,对古代文学形象塑造作出了重要的艺术贡献。

《搜神记》在人物形象塑造上也积累了相当的文学经验。首先,《搜神记》故事描写人物,非常善于通过人物对话来表现人物的心理、性格。如《宗定伯捉鬼》,主要是通过宗定伯与鬼之间的反复对话,来凸现鬼的愚蠢和宗定伯的机智,表现宗定伯面对鬼的不畏不惧、聪明智慧。再如《紫玉》,也是通过紫玉与韩重之间情深意长的对话来表现他们对爱情的坚守和忠贞不渝。

其次,《搜神记》也非常注意生动的细节描写。如《三王墓》描写干将莫邪之子听说"客"愿意为自己报仇,就"自刎,两手捧其头及剑奉之,立僵"。头掉汤镬中后,"三日三夕,不烂。头踔出汤中,踬目大怒"。前者以"两手捧其头及剑奉之"的细节描写,传达了他报仇心情的急切和信念的坚定,后者则通过"头踔出汤中,踬目大怒"的细节,表现了他仇恨满腔、死不瞑目的壮烈。寥寥几笔,为我们塑造了一个复仇心切又壮怀激烈的勇士形象。再如《谈生妻》

鬼》，写谈生对妻子的身份非常好奇，没有听从妻子的吩咐，不到三年就急不可耐地"伺其寝后，盗照视之"，结果发现妻子"其腰已上，生肉如人；腰已下，但有枯骨"。故事既形象生动地描写了谈生的动作，又写出谈生眼见的情景，把谈生的好奇与好奇之后看到的更奇的场面细腻地表现了出来，给人一种身临其境的真实感觉。可以说，细节描写不仅是《搜神记》表现人物形象的重要手段，也是《搜神记》故事营造情趣氛围的重要方法。正是得力于细节描写，《搜神记》的许多故事才显得意趣盎然，富有生活气息。这里，我们不妨以卷十四《宋母化鳖》为例进行分析：

> 魏黄初中，清河宋士宗母，夏天于浴室里浴，遣家中大小悉出，独在室中。良久，家人不解其意，于壁穿中窥之，不见人体，见盆水中有一大鳖。遂开户，大小悉入，了不与人相承。尝先着银钗，犹在头上。相与守之啼泣，无可奈何。意欲求去，永不可留。视之积日，转懈。自捉出户外。其去甚驶，逐之不及，遂便入水。后数日，忽还，巡行宅舍如平生，了无所言而去。时人谓士宗应行丧治服。士宗以母形虽变，而生理尚存，竟不治丧。

这是一个令人啼笑皆非的人物变形故事。这个故事中，就采用了许多细节描写。如宋士宗母变成鳖后，头上戴的银钗并没有消失，"尝先着银钗，犹在头上"，出走回来后，"巡行宅舍如平生，了无所言而去"，寥寥几笔，既点化了宋母变鳖后的形象特征，又表现了其变化后对家舍恋恋不舍的行为心理，相当传神。又如，写宋士宗家人感到母亲洗浴时间太长，非常纳闷，不解其意，就"于壁穿中窥之"，一个"窥之"的动作，活灵活现地传达了他们急不可耐的心情；而当发现母亲变鳖后，他们面对眼前的"大鳖"，只能"相与守之啼泣，无可奈何"，把他们的尴尬处境和无奈心理和盘托出。故事虽短，但描写却意趣盎然，生动活泼，既充满诙谐情调，又富有人情意味。

最后,《搜神记》还常常将人物置于特定的矛盾冲突中来表现人物的性格和命运。例如,《紫玉》将紫玉对爱情自由的追求和其父吴王粗暴干涉女儿婚姻自由形成一对矛盾,放在同一平面进行描写,通过紫玉的坚贞不渝,表现了她纯洁透明的心地和果敢无畏的叛逆精神。《相思树》把韩凭夫妇对爱情的坚守和宋康王为了一己私欲而企图拆散其夫妇形成一对矛盾,在爱情的坚守与破坏中表现韩凭夫妇誓死不渝的爱情,揭示宋康王冷酷无情的淫威与粗暴。《三王墓》则是把矛盾的焦点集中在复仇上,通过迫害与复仇的较量,彰显人性的光辉。

(四)丰富多变的叙事

小说的基本要素是故事,有故事就要有叙述者。叙述者的态度、视角不同,呈现的叙述审美效果自然也就不同,即使是叙述同一故事,传达的精神主题也会大异其趣。小说叙事可以形成复杂的叙述形态。从叙述人称看,故事叙述可以采用第一人称,也可以采用第三人称;从叙述态度看,可以采用主观叙述,也可以采用客观叙述;从叙述视角看,叙述者可选择全知视角,也可以选择限知视角。可以说,叙事模式的不同,决定了小说不同的叙事审美特征。所以,现代小说理论在观照小说文本时,非常重视小说的叙事模式。叙事模式主要指叙述者与叙述故事之间的关系,牵扯叙述视角、叙述情境、叙述态度和叙述结构等多重因素。因此,小说叙事学常常将叙事模式分析作为文本批评的第一要素。①

《搜神记》作为以情节取胜的志怪小说经典,主要以记述神怪

---

① 参阅石昌渝:《中国小说源流论》,生活·读书·新知三联书店1994年版,第42页。

故事为主，当然也存在叙事模式的选择和叙事视角的运用。《搜神记》故事所以能够呈现出五彩斑斓的艺术审美效果，令人百读不厌，原因固然很多，但其复杂多变的叙事视角应该说也是很重要的一个因素。关于搜神故事复杂多变的叙事形态，已有研究者进行过比较深入的考察。如李伟昉《英国哥特小说与中国六朝志怪小说比较研究》就曾运用现代小说叙事学理论对《搜神记》的叙事视角进行过细致的剖析，指出，六朝志怪小说虽然叙事观念、叙述意识还不明晰，但其呈现的叙事形态却是丰富多变的，就叙事视角而言，六朝志怪小说中就存在全知叙事、第三人称限知叙事、第一人称叙事、见证人叙事、复合叙事等多种叙事形态。① 李伟昉先生对六朝志怪小说叙事形态的分析颇值得参考和借鉴。在此，我们不可能对《搜神记》的叙事艺术进行全面的介绍，仅以其中重要的精品故事为例，说明其主要的叙述模式，以明了其丰富多变的叙事特点。

第一，全知叙事

所谓全知叙事，是指叙述者居于故事之外，以旁观者的身份来讲述故事，他无所不在，无所不知，他既是故事的讲述者，也是故事情节发展演变的操控者。因此，有的学者将此叙事模式称为以上帝的眼光来讲述故事。全知视角叙述是古今中外运用最普遍、发展最成熟的一种传统叙事模式。我国最早成熟的叙事文学作品如史传著作采用的就是此叙事模式。由于全知叙事是从史传文学母体中孕育出来的，所以，王平《中国古代小说叙事研究》又称此叙事方式为"史官式"叙事，认为此类叙事具有三大特征：其一，作者与叙述者相统一，故事叙述不需要任何中介，完全由叙述者独立完

---

① 李伟昉：《英国哥特小说与中国六朝志怪小说比较研究》，中国社会科学出版社2004年版，第285页。

成;其二,叙述者心目中没有固定的读者群,所以他一般不与读者交流,只是真实客观地把故事讲述出来,是非善恶由读者自己进行评判;其三,叙述者对所叙故事人物不直接进行评判,但偶尔会在结尾处发些议论。①

《搜神记》的故事大多采用全知叙事。其中著名的《紫玉》、《三王墓》、《相思树》、《王道平妻》、《卢充幽婚》等,都是全知叙事视角的经典。如《紫玉》,叙述者对其笔下的主人公的情况一清二楚,在故事讲述前,先介绍紫玉、韩重的籍贯、身世、家庭背景等信息,然后接着讲述紫玉、韩重二人如何相爱,如何受到父母阻挠,又如何死亡,如何相见等等情节,甚至紫玉与韩重相约,到墓穴里相见,缠绵相惜,"尽夫妇之礼",叙述者也清清楚楚,娓娓道来。

再如《相思树》,描写韩凭夫妇为了对抗宋康王的私欲淫威,相互暗示,书信往来,这本是极隐秘的私人行为,外人是无从知晓的,但叙述者偏偏知道;韩凭妻何氏听说丈夫死讯,也决心以死捍卫爱情,她"阴腐其衣",即偷偷地腐蚀自己的衣服,这也是外人难以知晓的,但叙述者却可以将其明白无误地述说出来。在这些故事中,叙述者就像远远站在天空之上的全能智者俯瞰人间,洞察和了解故事人物身上发生的任何细枝末节的变化。这些故事的叙述中不是没有作者的叙述态度,但作者巧妙地将自己的态度隐藏在客观的叙述过程中,读者只有通过对情节结构和隐喻象征的领悟,对人物行为、心理表现、细节描写的体察,才能去感知作者寄寓的情感。

第二,限知叙事

全知叙事是《搜神记》故事的主导叙事模式,但限知叙事在《搜神记》中也同样存在,而且具有鲜明的艺术审美效果。所谓限知叙事,就是叙述者的视野与他叙述的人物知道的一样多,他不能说出

---

① 王平:《中国古代小说叙事研究》,河北人民出版社2001年版。

叙述人物所知范围以外的事情。限知叙事根据叙述人称的不同又分第一人称限知叙事和第三人称限知叙事两种形态。《搜神记》中采用最多的是第三人称限知叙事视角。《宗定伯卖鬼》、《谈生妻鬼》、《秦巨伯》等都是这一视角叙事的代表作。

如《宗定伯卖鬼》,作者的叙事始终聚焦在故事主人公宗定伯身上,故事情节的演绎发展也是以他的视角为基点来叙述的。宗定伯夜行逢鬼,与鬼商量相互背负。在叙述中,作者只写宗定伯背负鬼的感受"略无重",而不写鬼背负宗定伯的感受;鬼对宗定伯的感受是通过鬼与宗定伯的对话得以表现的。同样,宗定伯与鬼一起过河,鬼渡河时,"听之,了然无声音",而宗定伯渡河时,则"漕漼作声",也是从宗定伯的角度描写的。整个故事始终围绕宗定伯的视角来推进,保持一元化的叙述视角进行描写,突出表现了宗定伯逢鬼后,与鬼巧妙周旋、机智应对的心理感受,给人留下深刻印象。

再如《驸马都尉》,整个故事也是以主人公辛道度的视角为叙述焦点来推演情节发展的。先叙述他在雍州城外见一"大宅",看到一个"青衣女子在门",就向其乞食。女子将其迎入家中,女子"西榻而坐",命辛道度"东榻而坐"。饮食后,女子与其倾诉情肠。三日后,辛道度离开,女子将其送出门外。辛道度未走几步,回头再看,"不见舍宇,惟有一冢"。故事叙述过程始终围绕辛道度的视角来变化,凡辛道度不能感知的情况一律不写。读者阅读故事时,无论是事件的发生还是时间的推移,完全与辛道度处在同一水平线上,是随着辛道度的视角来感知故事发展的。如果没有辛道度的经历感知,故事就无法推演发展。

第三,见证人叙事

《搜神记》也往往采用见证人叙事的方式来讲述故事,但《搜神记》的见证人叙事与西方小说的见证人叙事有很大不同。李伟昉《英国哥特小说与中国六朝志怪小说比较研究》曾对此有过精细的分析，他指出，西方小说的见证人叙事是从小说中次要人物叙述的视角，见证人以第一人称"我"的身份描述主要人物而不是他自己。见证人作为叙述者既承担叙事任务，也参与故事情节，一身二任，保持视角与人称上的一致。《搜神记》的见证人视角则是选择第三人称来展开叙述，见证人参与故事情节，但不承担叙事任务，即见证人看，叙述者说，所以在视角和人称上并不一致，而且，这个见证人常常不是次要人物，而是故事的主人公。

《搜神记》中的鬼故事许多采用的即是见证人叙事视角。如前面已经分析的《宗定伯卖鬼》、《驸马都尉》，就是这方面的典型。从叙述结构看，它们采用的是第三人称限知视角，叙述者始终站在故事主人公的视角来推进情节的发展，故事的发生和事件的感知都是以故事主人公的视角来叙述的。但若从事件经历描写和情节推进叙述角度看，它们又是典型的见证人叙事。因为只有故事中的主人公是事件的经历者，他既是故事叙述的视角，也是故事发生的见证人，如果没有他的经历和见证，故事叙述就无法完成，故事情节也就失去了推演的前提，成为无根之木了。从这个角度看，《宗定伯卖鬼》、《驸马都尉》其实是采用了第三人称限知叙事与见证人叙事两种方式，形成了多重叙事视角的交叉。《搜神记》一个故事采用多个叙述视角，形成多重的叙事形态，不仅使其故事避免了叙述的单一，呈现出复杂多变的特点，同时，也使读者在阅读中产生多样性的审美趣味和感受。

总之，《搜神记》在许多方面都取得了令人瞩目的文学成就。《搜神记》故事想象丰富，描写离奇，曲折生动，真幻浑融，充满鲜明的浪漫色彩。《搜神记》的鬼怪意象描写，丰富了我国古代艺术形象的画廊，为后世小说创作积累了大量素材，也积累了丰富的创作经验，在我国小说发展史上的地位是不可忽视的。

六 《搜神记》的影响

《搜神记》从题材表现到描写技巧都对后世文学创作产生了重要影响,其中最突出地体现在两个方面:一是后世大量搜神体小说的仿作,二是《搜神记》故事被广泛利用和改编。

(一)搜神体小说的仿作

先唐志怪小说主要分三大类:"(1)地理博物体志怪小说:由汉人的《括地图》、《神异经》等到晋张华的《博物志》等,属于这一类;(2)杂史杂传体志怪小说:由汉人的《汉武故事》、《列仙传》到晋葛洪的《神仙传》、苻秦王嘉的《拾遗记》等,属于这一类;(3)杂记体志怪小说:由汉人的《异闻记》到晋干宝的《搜神记》、陶潜的《搜神后记》等,属于这一类。"① 其中,干宝《搜神记》不仅是六朝杂记体志怪小说的代表,而且也是整个志怪小说史上的经典,所以,后世从事古小说研究者,往往把仿效《搜神记》形式写作的这一类型的志怪小说又称为"搜神体小说"。②

自干宝《搜神记》之后,搜神体小说作为志怪小说发展的主流形式,成为历代志怪小说家仿作的对象。他们或直接模仿《搜神记》的体例与写法,或在题材选择上借鉴《搜神记》的故事,或在艺术表现上与《搜神记》精神互通,血脉相连,都与《搜神记》有着千丝万缕的联系。如南北朝时期陶潜的《搜神后记》、刘义庆的《幽明录》、东阳无疑的《齐谐记》、刘敬叔的《异苑》、祖冲之的《述异记》、

---

① 刘叶秋:《古小说的新探索》,李剑国《唐前志怪小说史》序,天津教育出版社2005年版,第2页。

② 陈文新:《文言小说审美发展史》,武汉大学出版社2002年版,第104页。

吴均的《续齐谐记》、北魏昙永的《搜神论》,唐代句道兴的《搜神记》、焦璐的《搜神录》,宋代徐铉的《稽神录》、章炳文的《搜神秘览》、洪迈的《夷坚志》,明代祝允明的《志怪录》、《语怪编》,清代蒲松龄的《聊斋志异》、袁枚的《子不语》、纪昀的《阅微草堂笔记》等等,都是搜神体志怪小说的代表。这些志怪小说集,尽管内容特点各异,但其志怪精神都直接或间接受到《搜神记》的启发。可以说,搜神体小说在我国古代文言笔记小说史上已俨然构成一个系列,成为志怪小说的重要一翼,是非常值得关注的文学史现象。

搜神体小说能够得到文人雅士的喜爱,在文学史上出现大量的仿作,原因是多方面的。就搜神体小说自身而言,最重要的不外乎两个方面。其一,搜神题材奇崛诡诞,能够满足人们的好奇心理。鬼神世界是一个想象出来的无法证实的虚拟情境,任何人也不可能走进那个世界,但任何人都可以凭借自己的想象,建构自己头脑中的鬼神世界。当人们在现实社会生活中遭遇坎坷,历经烦恼,无处排遣,理想愿望不能满足或无法现实,他们就会情不自禁地把自己的精神触角伸向虚无缥缈的鬼神世界,通过虚幻的狐鬼仙妖的想象和描绘来释放自己的心理焦虑,寄托自己的理想,满足自己的欲望,使心灵得到慰藉。如苏轼在被贬黄州时,就要求他人给自己讲笑话,不能讲笑话的,就说一些鬼怪故事给自己听,就是这方面的一个显例。其二,搜神故事变幻莫测,荒诞离奇,为人们提供了足以发挥自己才智的自由空间,成为人们茶余饭后的有趣谈资。在我国传统文化社会中,本来就存在许多奇奇怪怪的宗教迷信思想和神秘的巫术方术仪式。由于机缘巧合,许多富有神秘色彩的巫术法术会得一时之效,让人相信其无比灵验。这些怪诞事件积久成势,不仅促使人们对鬼神世界充满无限的敬畏,也成为人们津津乐道的话题、茶余饭后的谈资。民间世俗生活是这样,文人雅士生活也同样如此。这些荒诞奇诡的故事,既是博物呈才的好题材,也是调节生活情趣的好方法,自然促使文人雅士以自己的生花妙笔将其记录下来,以作为自己炫耀博闻的资本。猎奇好异,使搜神题材代代相沿,经久不衰;津津乐道,又使神怪故事花样翻新,玄怪异常。搜神体志怪小说能够得到历代文人雅士的青睐,成为古代文言笔记小说的重要类型,与此深刻的社会文化心理是密切相关的。

(二)《搜神记》故事的利用和改编

《搜神记》作为六朝志怪文学的经典,其中许多故事都具有母题意义或原型价值,它们或为后世小说戏曲取材提供了重要来源,或其人物形象塑造作为原型,被后世文学不断地进行翻新演绎,成为文学史上经久不衰的描写对象。从唐传奇、宋元话本到明清长篇章回小说,从宋元杂剧到明清传奇,乃至今天的戏剧舞台,我们随处都可以看到搜神故事被利用和改编的情况。

从表现形态看,后世对《搜神记》故事的改编利用,主要呈现为两种现象:一是把《搜神记》故事作为直接蓝本,进行改头换面,改题换名,虽然改写过程中难免对内容有所增饰,但基本框架结构甚至语言表达、情节设置仍然保持了原有的趣味和特征;二是以《搜神记》故事为创作原型,进行花样翻新,改编成其他文学样式铺展演绎,赋予新的时代内涵。

先看第一种现象。

《搜神记》自成书后,即成为志怪小说的"公共资源",始终受到后世志怪作者的关注,成为他们利用改编的重要对象。南北朝时期昙永的《搜神论》、无名氏的《录异传》中,都有取自《搜神记》的故事条目;唐代句道兴的《搜神记》、焦璐的《搜神录》,也有大量引用《搜神记》故事的现象。宋元时期,伴随市民文学的发展和文人对民间话题兴趣的不断提升,《搜神记》被利用的现象就更加普遍。

为了说明当时文人改编利用《搜神记》的情况,这里,我们不妨管中窥豹,以小见大,以北宋刘斧的《青琐高议》为例,具体看看《搜神记》故事被利用改编的特点。

刘斧《青琐高议》是一部兼收传奇、志怪、杂事小说的著作,卷帙浩大。该书"内容比较庞杂,包括神道志怪、传奇小说、诗话异闻、纪传杂事等。对后代影响较大的是传奇作品,多写男女爱情、家庭婚姻故事,善于描写铺叙,诗文相间,语言秀美,颇似唐人传奇,具有较高的文学价值"①,是宋代一部具有代表性的文言小说总集。《青琐高议》改编自《搜神记》的故事主要有前集卷三的《李诞女:李诞女以计斩蛇》,出自《搜神记》卷十九的《李寄斩蛇》;后集卷一的《陷池:曹恩杀龙获天谴》,改自《搜神记》卷十三的《城陷为湖》;别集卷五的《张华相公:用华表柱验狐精》,出自《搜神记》卷十八的《斑狐书生》。为了说明问题,让读者一看究竟,现将《搜神记》的《斑狐书生》和《青琐高议》的《张华相公:用华表柱验狐精》分别引录如下:

斑狐书生

张华字茂先,晋惠帝时为司空。于时燕昭王墓前,有一斑狐,积年能为变幻。乃变作一书生,欲诣张公。过问墓前华表曰:"以我才貌,可得见张司空否?"华表曰:"子之妙解,无为不可。但张公智度,恐难笼络。出必遇辱,殆不得返。非但丧子千岁之质,亦当深误老表。"狐不从,乃持刺调华。华见其总角风流,洁白如玉,举动容止,顾盼生姿,雅重之。于是论及文章,辨校声实,华未尝闻。比复商略三史,探赜百家,谈老、庄

---

① 上海古籍出版社编:《宋元笔记小说大观》,上海古籍出版社2007年版,第997页。

之奥区,披风、雅之绝旨,包十圣,贯三才,笺八儒,摛五礼,华无不应声屈滞。乃叹曰:"天下岂有此年少!若非鬼魅,则是狐狸。"乃扫榻延留,留人防护。此生乃曰:"明公当尊贤容众,嘉善而矜不能,奈何憎人学问?墨子兼爱,其若是耶?"言卒,便求退。华已使人防门,不得出。既而又谓华曰:"公门置甲兵栏骑,当是致疑于仆也。将恐天下之人,卷舌而不言;智谋之士,望门而不进。深为明公惜之。"华不应,而使人防御甚严。时丰城令雷焕,字孔章,博物士也,来访华。华以书生白之。孔章曰:"若疑之,何不呼猎犬试之?"乃命犬以试,竟无惮色。狐曰:"我天生才智,反以为妖,以犬试我,遮莫千试万虑,其能为患乎?"华闻,益怒曰:"此必真妖也。闻魑魅忌狗,所别者数百年物耳,千年老精,不能复别。惟得千年枯木照之,则形立见。"孔章曰:"千年神木,何由可得?"华曰:"世传燕昭王墓前华表木,已经千年。"乃遣人伐华表。使人欲至木所,忽空中有一青衣小儿来,问使曰:"君何来也?"使曰:"张司空有一年少来谒,多才巧辞,疑是妖魅。使我取华表照之。"青衣曰:"老狐不智,不听我言,今日祸已及我,其可逃乎!"乃发声而泣,倏然不见。使乃伐其木,血流,便将木归。燃之以照书生,乃一斑狐。华曰:"此二物不值我,千年不可复得。"乃烹之。

张华相公:用华表柱验狐精

晋时,有客舣御沟岸下。夜将半,有人切切语言。客望之,乃一狐坐于华表柱下。狐云:"吾今已百岁矣,所闻所见亦已多矣。"曰:"将谒丞相张公。"华表柱忽发声云:"张华相公博物,汝慎勿去。"狐云:"吾意已决。"柱曰:"汝去,他日无累老兄。"狐乃去。客为丞相公乃是表亲,不知相公。一日,见有若士人者谒张公。既坐,辩论锋起,往往异语出于义外。公叹服。私念:"此乃秀民,若居于中,岂不闻其名乎?此必怪也。"乃呼吏视之,云:"汝为吾平人津岸东南角华表枯木。"其人已变色,少选将至,公命视之,其人惶愧下阶,化为老狐窜去。客乃出谓公曰:"向宿于桥旁,已闻呱呱不□,□□□□人火焚烧柱,而狐何故化去?"公曰:"惟怪知怪,惟精知精,兹已百余岁矣。焚其柱,狐□柱之言,其怪乃化去也。"即知狐之为怪,并今日也。议曰:妖魅之变化,其详论足以感人。自非博物君子,孰能知之?①

通过比较可以发现,第一,《青琐高议》的《张华相公:用华表柱验狐精》基本上是袭用《搜神记》的《斑狐书生》,不仅两个文本的故事母题相同,而且情节结构完全一致,只是增益粉饰的程度不同。第二,《青琐高议》尽管剔除了《搜神记》中斑狐与张华辩论的内容铺叙,但保留了故事发展线索过程的叙述。从审美效果看,与《斑狐书生》相比,《青琐高议》情景描写怪诞色彩有所减弱,但怪异性质并没有改变。第三,叙事视角发生了一定变化。《斑狐书生》采用的是单一叙事模式,而《青琐高议》讲述故事时,却增加了"客"这个角色,尽管"客"只是故事发展的一个旁证者,但从故事叙事的意义看却非同小可,它改变了《斑狐书生》的叙事结构,变原来的单一叙事模式为故事叙事与见证人叙事相结合的复合叙事模式,运思结构呈现出明显的复杂化倾向。《青琐高议》的这些变化,说明后世文人在利用《搜神记》故事的同时,也对文本进行了一定的加工,糅进了自己的一些创作感受。《青琐高议》对《搜神记》故事进行较大改编的是《陷池:曹恩杀龙获天谴》,尽管此故事改自《搜神记》卷十三的《城陷为湖》,但在人物安排、情景设置方面都发生了很多变

---

① 上海古籍出版社编:《宋元笔记小说大观》,上海古籍出版社 2007 年版,第 1192 页。

异,增设了一些新的背景内容,不过,故事母题并没有改动,依然保持了《搜神记》的母题意义。这可以让我们看到后世小说借鉴利用《搜神记》故事表现出的一般特点。

宋元以后,伴随民众世俗文化生活的繁荣发达、通俗文学文体的勃兴和文学世俗化观念的发展,《搜神记》作为一本搜神志怪的书,其本身体现出的浓郁的世俗文化情调和民间文学特征,开始被不断地开掘和发现,成为文人创作通俗文学的重要凭借,也成为书商利用的重要对象,常常被改编成适合大众口味的话本或通俗故事在社会上流传。明代编辑刊刻的许多重要文言小说集,如《绿窗女史》、《剪灯丛话》、《五朝小说》等,都曾大量袭用《搜神记》故事,经过加工改编后在社会上广泛流传,甚至可以说这成了明代小说滋生发展的一种奇特现象。据王永宽先生统计,这些小说集袭用改编自《搜神记》故事的就有 15 种之多,它们基本是直接以《搜神记》为蓝本,进行改题换名后辑录其中的:

> 明代文士纂辑的《绿窗女史》、《剪灯丛话》、《五朝小说》等都从《搜神记》中选取一些篇目,改换题名,辑录于书中。现以二十卷本《搜神记》统计,卷一《弦超》改题为《天上玉女记》,卷二《夏侯弘》改题为《夏侯鬼语记》,卷四《胡母班》改题为《泰岳府君记》,卷四《糜竺》改题为《糜生瘗恤记》,卷五《丁姑祠》改题为《丁新妇传》,卷五《赵公明参佐》改题为《乌衣鬼军记》,卷五《蒋山祠》改题为《蒋子文传》,卷十一《范巨卿张元伯》改题为《山阳死友传》,卷十一《三王墓》改题为《楚王铸剑记》,卷十四《女化蚕》改题为《太古蚕马记》,卷十六《紫玉》改题为《吴女紫玉传》,卷十六《蒋济亡儿》改题为《泰山生令记》,卷十六《驸马都尉》改题为《秦女卖枕记》,卷十六《苏娥》改题为《苏娥诉冤记》,卷十七《度朔君》改题为《度朔君别传》,卷十八《张茂先》改题为《古墓斑狐记》,卷十九《李寄》改题为《东越祭蛇

记》,等等。①

《搜神记》故事被大量改编利用,必然促使《搜神记》一书在社会民众生活中广泛传播,家喻户晓,成为人们喜闻乐见的志怪书,让我们真切感受到它在明代社会和当时文人心目中的地位和重要性,同时也让我们看到,随着文学观念的世俗化,《搜神记》这部谈鬼说怪的书也被文人赋予了新的时代内涵,其自身的文学价值也被不断地开掘和发现,成为新时代文学风尚的重要预流者和媒介。至于清代蒲松龄《聊斋志异》对《搜神记》故事的利用借鉴,那就更多了,这已是人人皆知的文学史事实,无须我们在此遑论了。

再看第二种情况。

干宝编撰《搜神记》,许多故事即采自他之前的史志典籍。经过干宝的汇集,这些故事作为"志怪"的典范,成为后世文人创作的重要借鉴和来源。如果阅读唐宋传奇、明清小说、元明清戏曲,可以发现,其中许多故事情节的描写都与《搜神记》故事有似曾相识之感,很多情节可以说是在《搜神记》故事的基础上经过置换变形、节外生枝而铺展演绎出来的。这方面的例子非常多,我们不可能一一罗列、全面论述,这里仅举出几个经典案例以说明之。

《搜神记》在演绎故事时,有一个很重要的叙述方法,就是写某人在某特殊的环境下进入一个特殊的地方,经过一段特殊的人生经历,后发现不过是一个梦。这一表现形式,我们简单地将其归纳为梦入模式。《搜神记》中的《焦湖庙巫》和《梦入蚁穴》是这一描写模式的典型。前者写焦湖庙中有一个玉枕,玉枕上有一裂缝。单父县人杨林做生意路过此庙,向神诉求婚姻,庙巫即遣杨林靠近玉枕,进入裂缝,发现里面琼楼玉宇,别有洞天,乃赵太尉家。赵太尉

---

① 王永宽:《干宝〈搜神记〉对后世小说戏曲的影响》,《信阳师范学院学报》,2009年第5期。

把女儿嫁于杨林,共同生活数十年。后杨林梦醒,发现自己还在玉枕旁,原来不过是一场梦。后者写夏阳卢汾梦入蚁穴,见其房宇严整,题额曰"审雨堂"。这两个梦人模式就常常被后世文人借鉴和演绎,翻新成不同的文学样式。如唐代传奇名家沈既济创作的《枕中记》,就是在《焦湖庙巫》的情节基础上构思的,不同的是,他将故事发生背景变换为唐代,将人物改为卢生,内容表达更加富有现实感,细节描写更加生动传神。其中描写卢生梦醒时,"见方偃于邸中,顾吕翁在旁,主人蒸黄粱尚未熟,触类如故,蹶然而兴,曰:'岂其梦寐耶?'""黄粱梦"的典故即自此而来。元代杂剧作家马致远又根据此写有杂剧《邯郸道省悟黄粱梦》,明代戏曲名家汤显祖有《邯郸记》,清人蒲松龄《聊斋志异》又将其改写为《续黄粱》,都是演绎的这个故事。李公佐的著名传奇《南柯太守传》,写东平淳于棼家有一棵大古槐,有一天,淳于棼饮酒酣醉,卧于树下,忽然见两个紫衣使者邀请其到"槐安国"作客,国王把金枝公主嫁给他。后因放荡不习政事,被遣回家,梦醒后才发现还在自己家中槐树下。原来所谓的槐安国,是槐树下的大蚂蚁穴。后人说的"南柯一梦"即由此而来。其中的"梦入蚁穴"的情节正是从《搜神记》的《梦入蚁穴》故事演变借鉴来的。明代汤显祖的著名戏曲《南柯记》、车任远的《南柯梦》,都是演绎的此故事。

再如唐李朝威的《柳毅传》,写儒生柳毅应举下第,路过泾阳,见一妇人牧羊道旁。妇人告诉他,自己是"洞庭龙君小女",婚配泾川神的次子,但丈夫逸乐放荡,对她厌恶刻薄,希望柳毅能够替自己给父母传递信息。柳毅就按龙女所示,到洞庭见到了其父母,向其家人传递了消息。故事情节曲折,描写优美,过程叙述惊心动魄,语言表达诡谲华丽。这个故事后来被元人尚仲贤改编为杂剧《洞庭湖柳毅传书》,其他如元人李好古的《沙门岛张生煮海》、明人黄说中的《龙箫记》、清人李渔的《蜃中楼》,以及现代的《龙女牧羊》,都是从李朝威《柳毅传》脱胎演变而来的。而李朝威《柳毅传》中最经典的龙宫传书情节,显然是从《搜神记》中《胡母班》泰山传书情节演化而来。

如果对上述故事源流进行审视,可以发现,它们的情节母题都源自《搜神记》,后经过唐传奇作者的演绎铺陈、改头换面,元明清的杂剧传奇作家又在唐传奇基础上进行改编,最后以不同文学样式和题材进行流传。

有的故事虽然最早的出处不一定是《搜神记》,但《搜神记》在整个故事的流变过程中具有举足轻重的地位。正是由于《搜神记》的著录,这些故事才广泛传播,最后凝定成一个家喻户晓的经典故事。如元杂剧代表作家关汉卿的《窦娥冤》的母题流变就是如此。据李剑国先生《唐前志怪小说辑释》考证①,其原型应该是《淮南子·览冥训》记载的齐寡妇事,后经刘向《说苑》记录,被《汉书·于定国传》采用,干宝又将此故事收入《搜神记》。在整个故事流变中,干宝《搜神记》具有承上启下的重要媒介作用。关汉卿就是根据东海孝妇的传说,结合元代社会生活现实,将其改编为反映元代社会吏治腐败的大悲剧,使这一民间传说故事富有了新的时代意义。这方面最经典的应该是《搜神记》卷一中的董永故事。李剑国先生《唐前志怪小说辑释》详细爬梳勾勒了此故事流变的情况:该故事源出刘向的《孝子传》,至三国时,曹植《灵芝篇》又以诗歌形式对其本事进行咏叹,晋时,干宝将此故事收入《搜神记》,之后,董永故事开始被不断敷演增饰,广泛流传。唐代,此故事被改编为变文形式进行讲唱,宋元时期,又被改编为《董永遇仙记》话本和《董秀才遇仙记》戏文进行传播,明代,又被改编成《织锦记》、《槐荫记》等

---

① 李剑国:《唐前志怪小说辑释》,上海古籍出版社2011年版,第305~308页。

传奇剧目,清代有《卖身记》传奇敷演其事,现代以来有黄梅戏《天仙配》等,至今还在流传演唱。① 董永故事经历了两汉魏晋南北朝、唐宋元明清,以至当代,时间跨度达两千年以上,最终凝定成为著名的民间四大传说之一。在流变过程中,董永故事在不同时代被赋予了不同的思想文化价值内涵,或宣扬孝子孝行品德,或彰显灵验感应观念,或表达男女爱情的忠贞不渝,可以说是一材多用,历久弥新。董永故事非常经典地告诉我们,"主题与题材是不同的,题材是作品所反映的内容,而主题则是从题材中所抽取、提炼出来的主要问题和意义",②一个相同的故事题材可以翻新出不同的文学样式,演绎出丰富的文学主题。这是一个故事被不同文学样式不断翻新演绎改编利用的经典案例。

由上介绍可以看出,《搜神记》故事在流变翻新的过程中,被后世作家作为重要题材进行利用,其故事几乎覆盖了杂传、诗歌、传奇、变文、话本小说、戏曲等古代文学的各种文学样式。从接受史角度看,《搜神记》故事被利用改编的过程,自然也是它的影响过程。正是这样的文学互渗,使《搜神记》的文学因子不断发酵,撒播在不同的文学表现形式中。也是在这一过程中,《搜神记》日益确立了它在文学史上的经典地位。

七 如何阅读《搜神记》

《搜神记》是一部记载神仙鬼怪灵异的书,具有深刻丰富的社会文化内涵,又表现出高超的文学描写技巧,是了解我国古代神怪

---

① 李剑国:《唐前志怪小说辑释》,上海古籍出版社2011年版,第292～303页。

② 李伟昉:《英国哥特小说与中国六朝志怪小说比较研究》,中国社会科学出版社2004年版,第182页。

文化观念、欣赏志怪描写艺术的重要凭借。如果想考察我国志怪小说的发展和特点,了解我国神怪文化观念的源流嬗变,《搜神记》当然是不二的选择。但同时还必须清楚,由于《搜神记》的作者干宝撰集《搜神记》的目的是"明神道之不诬",彰显鬼神怪诞世界的实有,所以,其中许多内容必然又天然地杂糅着复杂的迷信思想和浓郁的神道意识,甚至许多在今天看来不过是社会生活中偶然发生的怪异现象,也被他赋予神秘的天人感应的思想文化内涵。这些问题的存在,说明《搜神记》是一部精华与糟粕并存,深刻与迷信杂糅的著作。

那么,今天的我们该如何去阅读《搜神记》这部文学经典呢?

对此,一些从事志怪小说研究的学者已有过有益的提示。如李剑国先生就指出,要注意从社会文化角度透视其中的历史影像和思想观念,体味其意象的审美意味和理解意象创造的社会文化根据,关注小说母题,欣赏作品的表现技巧和艺术特色。① 除此之外,我们还特别强调以下几点。

(一)正确看待《搜神记》对神仙鬼怪灵异世界的描写

干宝撰集《搜神记》是为了彰显"神道之不诬",今天我们阅读《搜神记》当然不是为了相信鬼神世界的实有,而是通过对此书的阅读了解我国古代神怪文化观念的丰富复杂,把握志怪小说写作的基本特点和审美特征。视野观念不同,态度自然也就不同。这就要求我们在阅读《搜神记》时,首先要确立正确的阅读观,那就是坚持历史唯物论的科学观念,正确看待《搜神记》中对神仙鬼怪灵异世界的描写。

历史唯物论告诉我们,世界上并没有什么鬼神,所谓的鬼神怪

---

① 李剑国:《怎样读文言小说》,《古典文学知识》,1999年第3期。

异，要么是人们头脑不切实际幻想出来的，要么是许多客观存在的自然怪异现象，由于科学知识和思维能力的限制，人们还不能正确认识，而对其作出的非科学化的解释。干宝生活的魏晋时期，正是宗教迷信思想盛行的时代。当时，佛教思想在中国迅速流布，道教思想也在广泛传播，而社会生活又急剧动荡，个人生命朝不保夕，社会风气变幻莫测。在这样的社会文化背景下，出现许多怪异事件，发生许多怪异现象，自然是很正常的，但干宝往往以阴阳五行天人感应学说去观照，而不是从科学的唯物论的角度进行解释，自然就给它们披上了一层神秘的外衣。如果站在科学昌明的今天，从历史唯物论的角度来看，我们就会发现，干宝记载的许多怪异故事实际是可以从科学角度作出合理解释的。如卷六《生儿两头》："汉平帝元始元年六月，长安有女子生儿，两头两颈，面俱相向，四臂共胸，俱向前……"《两头共身》："灵帝中平元年六月壬申，洛阳男子刘仓，居上西门外，妻生男，两头共身。至建安中，女子生男，亦两头共身。"干宝认为这是"厥妖"作怪，是"政将变更"的征象。其实，稍有医学常识的人都知道，干宝这里所说的怪异，无非就是我们日常生活中常听说的所谓的连体婴儿。虽然就人类生殖繁衍而言，产下连体婴儿不是什么好事，但这不过是生物基因突变等复杂因素造成的，本身并没有什么值得大惊小怪的神异色彩。其他所谓的"五足牛"、"马生角"、"狗生角"、"人生角"、"三足驹"、"三足乌"等等怪异现象，也都是这样。至于所谓的"雨鱼"、"雨肉"、"天雨草"现象，不过是今天我们经常见到的台风、飓风等热带风暴，将地面物质卷起搬家到他处的自然灾害，也不是什么外在神力作用的结果，但在《搜神记》中，干宝将这些现象的出现统统赋予神秘的"神道不诬"的迷信色彩。经他一解释，这些平常的生活自然现象就成了不平常的妖异征象了。所以，阅读《搜神记》，一定要具有历史唯物论的科学态度，不能仅仅看其中描写的怪异现象如何如何的灵验,神仙方士的方术技艺如何如何的神奇高超,还应该对所描写的大量怪异事件进行科学客观的冷静分析,只有这样,才能真正了解《搜神记》记述的妖异故事,明白哪些是作者观念性的幻设,哪些是对社会生活、自然现象不科学的扭曲。可以说,这不仅是阅读《搜神记》首先应该持有的态度,也是阅读其他神怪小说必须坚持的立场,否则,就会以假为真,真幻不分,不辨是非,走火入魔,想入非非。

(二)体味《搜神记》深刻丰富的现实精神

干宝是一个富有现实情怀和时代使命感的史学家。他生当两晋之际,经历了西晋的灭亡,对现实社会情状是深恶痛绝的。在《晋纪·总论》中,他深刻分析了西晋灭亡的原因,指出西晋社会的衰亡与当时"学者以庄老为宗而黜六经,谈者以虚薄为辩而贱名检,行身者以放浊为通而狭节信,进仕者以苟得为贵而鄙居正,当官者以望空为高而笑勤恪"这一"风俗淫僻,耻尚失所"的社会风气有很大关系。干宝的现实情怀和时代感知,不可能不在《搜神记》中有所体现。《搜神记》的故事虽然描写的大都是奇奇怪怪的神仙鬼怪灵异故事,但他笔下的神仙鬼怪灵异,虽怪诞却不恐怖,其中许多还充满浓郁的人情味。如果褪去神秘怪诞的外衣,掘进故事的精神内核,可以发现,它投射出的是当时社会普遍存在的一般社会心理,具有深刻的现实精神。如《搜神记》中描写的人鬼恋爱故事,就是这方面突出的表现。在这些故事中,许多女鬼尽管以鬼魂的面目出现,但她们却不狰狞可怕、形貌丑陋、施法害人,而是妖冶美丽、温柔体贴、情意缠绵、楚楚动人。这类故事中的女鬼形象,大多是柔弱而善良的,她们与人间男子交往,追求的是世间女子渴望得到的爱情,她们追求爱情自由又命运悲惨,即使得到爱情也不能善终,她们甚至有的就是为了追求爱情而死的。读者阅读这类故事产生的不是恐惧的感受和对女鬼的厌恶,反而会对她们的经历产生无限同情。这些故事采用的是虚幻怪诞的人鬼恋爱模式,表达的则是现实生活中一般男女所常有的思想感情,张扬的是现实社会生活中青年男女为了爱情自由而不惜付出生命代价的崇高精神。因此,阅读这些故事,不能仅仅把它作为鬼故事去看待,应该透过怪诞奇幻的情节叙述,把握其中体现的现实精神,借此了解那一时代人们的一般社会文化心理。

再如《搜神记》中描写的仁人义士、孝子贤妇故事,在今天也是富有教育意义的。《曾子孝感万里》、《王祥剖冰求鲤》、《王延叩凌》、《楚僚卧冰》、《盛母眼复明》、《郭巨埋儿》中的主角曾子、王祥、楚僚、郭巨等,都是至性至孝之人,他们为了孝顺父母或医治父母的疾患,不惜牺牲自己的身体,孝感天地,名震天下。虽然他们孝母的方法,我们今天的人可以有不同的看法,但他们的孝义精神是值得肯定的。《搜神记》中的这些故事,彰显的正是中华民族的传统美德,是仁义礼智信的人性光芒。汉末魏晋时期,是我国历史上极其动荡不安的时代。长期的军阀混战和争权夺利,极大地破坏了人民的安定生活,使他们朝不保夕,父母妻子离散。曹操《蒿里行》概括当时的社会现实:"铠甲生虮虱,万姓以死亡。白骨露于野,千里无鸡鸣。生民百遗一,念之断人肠。"王粲《七哀诗》更是以极其生动又富含情感的笔调描写过当时社会动荡下的家庭悲剧惨状:"西京乱无象,豺虎方遘患。复弃中国去,委身适荆蛮。亲戚对我悲,朋友相追攀。出门无所见,白骨蔽平原。路有饥妇人,抱子弃草间。顾闻号泣声,挥涕独不还。未知身死处,何能两相完?驱马弃之去,不忍听此言。南登霸陵岸,回首望长安。悟彼《下泉》人,喟然伤心肝。"在遭遇生存危机的时候,父子母女不能相保的事情时有发生,人类的社会伦理道德和人性善良也会受到极大的冲击和挑战。干宝《搜神记》描写这些孝义故事,并不是无的放矢的,而是具有深刻的现实针对性的,实际是在宣扬动荡现实社会之下人应该坚守的基本人伦规范。这也可以说是《搜神记》现实精神的重要体现。因此,阅读这些故事,我们必须站在时代的高度进行解读,学习其孝义行为,弘扬其仁孝精神。

(三)欣赏"搜神世界"艺术构思的精妙奇特,拓展艺术想象力

《搜神记》描写的是世界上本不存在的神仙鬼怪灵异之事,但作者通过高超的艺术表现和精妙的叙事手法,又会让你觉得他描写的故事是"真实"发生的,给人一种身临其境的艺术感受。《搜神记》这一独特的艺术魅力和审美感受得力于作者精妙的艺术运思和想象力。如其中描写的两个"狗怪"故事:

> 北平田琰居母丧,恒处庐。向一期,夜,忽入妇室。妇怪之,曰:"君在毁灭之地,幸可不甘。"琰不听而合。后琰暂入,不与妇语。妇怪无言,并以前事责之。琰知鬼魅。临暮竟未眠,衰服挂庐。须臾,见一白狗,攫庐衔衰服,因变为人,着而入。琰随后逐之,见犬将升妇床,便打杀之。妇羞愧而死。(《田琰杀狗魅》)

> 司空南阳来季德停丧在殡,忽然见形,坐祭床上,颜色服饰声气,熟是也。孙儿妇女,以次教戒,事有条贯。鞭朴奴婢,皆得其过。饮食既绝,辞诀而去。家人大小,哀割断绝。如是数年,家益厌苦。其后饮酒过多,醉而形露,但得老狗,便共打杀。因推问之,则里中沽酒家狗也。(《酒家老狗》)

这两个故事都是描写狗怪变为人形对人的生活进行祸害。前一故事写狗怪假扮田琰与其妻子交合,但狗怪是如何假扮田琰的,故事事先没有交代,而是随着田琰对此事的洞察和他的观察,复原了狗怪作怪的过程。故事奇妙地以田琰作为见证人的视角来叙述,以

显示故事发生的真实性,通篇建立在"幻设"的基础上,给人一种亦真亦幻、真幻相生的审美感受。后一故事写狗怪扮作死去的来季德折磨其全家,但故事在描写时也没有先预叙狗魅作怪,直到最后狗怪"醉而形露"才知道是狗怪在作祟。故事通过巧妙的想象和叙事,生动形象地演绎了狗怪的狡诈超过人类的智慧,狗怪对人性的控制超越了人对亲情的理解。两个故事通过奇妙的艺术构思把人怪世界纠合在一起进行描写,既彰显了狗怪的灵性,又"打杀"了狗怪的神性,读之令人啼笑皆非。再如著名的《谈生妻鬼》对女鬼形象的描写:"其腰已上,生肉如人;腰已下,但有枯骨。"寥寥数语,把一个将成未成人形的女鬼形象刻画得活灵活现,而其幻想之奇特、想象之怪诞,令人叹为观止。

(四)把握重点,细读文本,博观通识,心领神会

在具体阅读方法上,我们希望读者能够把握重点,细读文本,博观通识,心领神会。

所谓把握重点,就是阅读《搜神记》未必一定要通读,但一定要进行选择性的重点阅读。以胡应麟辑本为例,《搜神记》一书共二十卷四百六十四条,原文不过八万字左右。其中有的条目只有几句话,既没有故事情节,也没有人物呈现,只是对怪异事实的基本陈述,没有任何文学性可言,也没有什么思想意义。对于这些条目,读者可以根据自己的兴趣进行取舍,没必要一一阅读。前面讨论《搜神记》故事题材类型时已指出,《搜神记》故事题材主要分六大类。那么,所谓选择性的重点阅读,就是要从题材分类角度入手,每类题材中最好选择最具有代表性的故事进行阅读,这样,既可以把握其重点,也可以把握其精华。

所谓细读文本,就是围绕《搜神记》中的经典故事反复阅读,考辨其故事源流,明了其叙事结构,体味其情节设置,分析其人物塑

造,观照其气氛烘托,涵咏其文化寓意,一句话,即全方位、多视角地解剖文本。只有对文本进行精细的剖析解读,才能真正理解《搜神记》神仙鬼怪灵异描写的精妙,了解其独特的审美特征和艺术魅力,提高和丰富自己的艺术鉴赏力。

所谓博观通识,就是将搜神故事放在中国小说史乃至文学史的发展演变历史进程中进行观照。许多搜神故事具有母题的意义,在后世文学史上得到过不断的翻新演绎。欲了解《搜神记》的文学贡献和影响,对此不能忽视。李剑国先生《唐前志怪小说辑释》在这方面已经提供了许多良好的实例,读者可以参考借鉴。

司马迁说读书要"好学深思,心知其意"[1]。只要我们把握重点,细读文本,博观通识,就一定能够从新时代的角度理解《搜神记》的价值内涵,从中读出自己需要的文化知识,丰富和提升自己的生活智慧。

八　校注说明

(一)《搜神记》目前通行的版本,主要有两个系统。一是明人胡应麟辑本系统。该辑本共分二十卷四百六十四条。1979年中华书局出版的汪绍楹先生校注《搜神记》,是此系统最权威翔实的校注本。目前流行的重要的《搜神记》注译本,如贵州人民出版社出版的黄涤明《搜神记全译》本、中华书局出版的马银琴《搜神记》译注本等,均依据此系统版本。二是李剑国新辑本系统。该辑本分三十卷三百四十三条。同胡辑本比较,李新辑本删除了他认为胡辑本误辑的条目,新增了他认为胡辑本漏辑的条目,并在体例安排上进行了必要的调整。李剑国《新辑搜神记》代表了《搜神记》研

---

[1]《史记·五帝本纪》。

究的最新成果,在《搜神记》研究史和版本史上具有重要价值,功不可没。

（二）作为普及性读物和了解《搜神记》的入门之阶,经过慎重考虑,本注本选择以1979年中华书局出版的汪绍楹校注《搜神记》为底本。凡底本有明显讹误或不妥者,参考汪绍楹校勘及李剑国《新辑搜神记》、黄涤明《搜神记全译》、马银琴译注《搜神记》等重要整理本,择善而从,酌情改正。注释对上述著作亦多有借鉴,限于体例,未能一一标出,在此一并向上述诸先生表示衷心感谢。

（三）注释涉及人名、地名、年号、典章、风物、生僻难懂词汇等内容。注释以疏通文义为主,不烦琐引证,力求简明扼要。为节省篇幅,词义注释采用首出注释原则,以后出现一般不再反复注释,也不采用互见注释形式,如"某某,见前某某条注释"。但为方便读者了解故事发生时地,以免翻检之劳,个别地名、年号或不避重复,具体情况视条目而定。生僻难读字词,一般加汉语拼音。

（四）汪绍楹先生辑《搜神记佚文》作为"附录"收入书后,但不作注释。汪著原"附录"内容不再保留。

《搜神记》简注

序

建武中①,有所感起,是用发愤焉②。

虽考先志于载籍③,收遗逸于当时④,盖非一耳一目之所亲闻睹也,又安敢谓无失实者哉。卫朔失国,二传互其所闻⑤;吕望事周,子长存其两说⑥。若此比类,往往有焉。从此观之,闻见之难,由来尚矣。夫书赴告之定辞⑦,据国史之方策⑧,犹尚若此,况仰述千载之前,记殊俗之表,缀片言于残阙,访行事于故老,将使事不二迹,言无异途,然后为信者,固亦前史之所病。然而国家不废注记之官⑨,学士不绝诵览之业,岂不以其所失者小,所存者大乎?今之所集,设有承于前载者⑩,则非余之罪也。若使采访近世之事,苟有虚错⑪,愿与先贤前儒分其讥谤。及其著述,亦足以发明神道之不诬也⑫。群言百家,不可胜览;耳目所受,不可胜载。今粗取足以演八略之旨⑬,成其微说而已。幸将来好事之士录其根体,有以游心寓目而无尤焉⑭。

[注释]①建武:东晋元帝司马睿年号,317~318年。 ②发愤:勤奋努力著述。按:原序中无"建武中,有所感起,是用发愤焉"句,据李剑国《新辑搜神记》补入。 ③考先志于载籍:考察先前史籍的记述。 ④收遗逸于当时:收录当代流传的遗事逸闻。 ⑤卫朔失国,二传互其所闻:春秋时卫国国君卫惠公以不正当手段取得君位,引发国内大臣不满,政局动荡,卫惠公最后流亡齐国,事见《左传·桓公十六年》。关于其流亡的原因,《左传》说是因为国内混乱,《公羊传》《谷梁传》则说是因为得罪了周天子,史籍记载不同,故称"二传互其所闻"。 ⑥吕望事周,子长存其两说:吕望又称太公望、吕尚,俗称姜太公、姜子牙。吕望曾在渭水垂钓,周文王(即西伯)打猎过此,遇到他,与其对话,赏识其才能,拜为军师。关于吕望事周的机缘,司马迁《史记·齐太公世家》除正叙所说外,还记载了另外两种不同说法。一说吕尚曾事殷纣王,殷纣王昏庸无道,吕尚遂离开殷纣王,游说诸侯,无所遇,最后归周文王。一说周文王被殷纣王囚禁在羑里,散宜生、闳夭知道吕尚贤,乃招之,吕尚遂往。三人设计向殷纣王送美女奇物以赎周文王,周文王得以回国。司马迁最后总括说:"言吕尚所以事周虽异,然要之为文、武师。"此即"子长存其两说"。 ⑦赴告:春秋时各国以崩薨及祸福之事相告。前者称"赴",后者称"告"。《左传·文公十四年》:"凡崩、薨,不赴则不书。祸、福,不告亦不书。惩不敬也。" ⑧国史之方策:指国家史官记录的典籍文献。方策:木板和竹简,古代书写记载历史的载体。 ⑨注记之官:负责记录历史事实的史官。 ⑩承于前载:承袭前代史官的记载。 ⑪虚错:虚妄舛错。 ⑫发明神道之不诬:阐发说明神明之道是不假的。神道,鬼神之道,《易·观》:"圣人以神道设教,而天下服矣。" ⑬演:推演。八略:刘歆撰我国古代最早的目录书《七略》,包括《辑略》、《六艺略》、《诸子略》、《诗赋略》、《兵书略》、《术数略》、《方技略》七类,称"七略"。干宝欲以《搜神记》推演"神明之道"为一"略",成"八略"。 ⑭游心寓目而无尤:留心观看而没有过失。

卷 一

1. 神农鞭百草

神农以赭鞭鞭百草①,尽知其平毒寒温之性②,臭味所主③。以播百谷,故天下号神农也。

[注释]①神农:也称炎帝,传说中的上古帝王,曾教人稼穑,是农业的始祖神,故称神农氏。赭(zhě)鞭:赤色鞭子。鞭:作动词用,鞭打。 ②平毒寒温之性:指百草或无毒或有毒,或寒或温的药性。平:指药性无毒。 ③臭(xiù)味:气味,此指百草的药味。

2. 雨师赤松子

赤松子者①,神农时雨师散②也,服水玉散③,以教神农。能入火不烧。至昆仑山,常入西王母石室中④。随风雨上下。炎帝少女追之,亦得仙,俱去。至高辛时⑤,复为雨师,游人间。今之雨师本是焉。

[注释]①赤松子:传说中的上古仙人。 ②雨师:司雨的神。 ③水玉:又称水精、水桂、水晶,道教传说中,服食可使人长生不死的仙药。水玉散:原作"冰玉散",据《艺文类聚》卷七八及汪校改。 ④西王母:神话传说中

掌握有长生不死之药的女仙人,居住在昆仑山的瑶池。　⑤高辛:即黄帝的曾孙帝喾(kù),传说中的古代部族首领,五帝之一。初封于辛,后即帝位,号高辛氏。

3. 赤将子舆

赤将子舆者①,黄帝时人也②。不食五谷,而啖百草华③。至尧时④,为木工。能随风雨上下。时于市门中卖缴⑤,故亦谓之缴父。

[注释]①舆(yú):同"舆"。　②黄帝:传说是少典之子,姓公孙,号轩辕氏、有熊氏,远古时代华夏民族的共主,五帝之首,被尊为中华民族的人文始祖。　③啖:吃。华:同"花"。　④尧:传说中上古帝王陶唐氏的号,其名放勋,史又称唐尧。　⑤缴(zhuó):射鸟时系在箭上以便收回的生丝绳。

4. 宁封子自焚

宁封子,黄帝时人也。世传为黄帝陶正①。有异人过之②,为其掌火③,能出入五色烟④,久则以教封子。封子积火自烧,而随烟气上下。视其灰烬,犹有其骨。时人共葬之宁北山中⑤,故谓之宁封子。

[注释]①陶正:管理陶器制作的官。　②异人:神异之人,指神仙。过:拜访。　③掌火:把握陶器烧制时的火候。　④入:原无,据《法苑珠林》及汪校补。五色:青、赤、白、黑、黄五种颜色。古代以此五者为正色。五色烟:指五彩缤纷的烟气。　⑤宁:古地名,故址在今河南获嘉。宁北山:在今河南修武、获嘉一带。

5. 偓佺采药

偓佺者①,槐山采药父也②。好食松实。形体生毛,长七寸,两目更方③。能飞行,逐走马④。以松子遗尧⑤,尧不暇服⑥。松者,简松也⑦。时受服者,皆三百岁。

[注释]①偓佺(wò quán):传说中的古仙人名。 ②槐山:古山名,《山海经·中山经》记载在"朝歌之山"东五百里处,《山东通志》认为在登州府蓬莱西北百余里处。 ③更方:改变方向。指两眼可以同时向不同方向观看。 ④逐:追赶上。走马:奔跑的马。 ⑤遗:赠送。 ⑥不暇:没有时间,来不及。 ⑦松者,简松也:《初学记》引《列仙传》作"松者,横也",王照圆《列仙传校正》疑此句为注文混入正文,当删。

6. 彭祖仙室

彭祖者,殷时大夫也①。姓钱,名铿。帝颛顼之孙②,陆终氏之中子③。历夏而至商末,号七百岁。常食桂芝。历阳有彭祖仙室④。前世云:祷请风雨⑤,莫不辄应⑥。常有两虎在祠左右。今日祠之讫⑦,地则有两虎迹。

[注释]①殷:朝代名,即商朝,因盘庚迁都于殷(今河南安阳),故后世又称商为殷、殷商。大夫:古职官名。 ②颛顼(zhuān xū):上古帝王之一,黄帝玄孙,号高阳氏。 ③陆终氏:颛顼帝的后裔。 ④历阳:古地名,今安徽和县。 ⑤祷请风雨:向神灵祈祷风雨之事。 ⑥辄:立刻。应:应验。 ⑦讫:完结,此为消失意,指彭祖祠已不存在。

7. 师门使火

师门者,啸父弟子也①。能使火②。食桃葩。为孔甲龙师③。孔甲不能修其心意④,杀而埋之外野。一旦,风雨迎之,山木皆燔⑤。孔甲祠而祷之,未还而死。

[注释]①啸父:传说中夏时的古仙人。 ②使火:令火自焚而升天成

仙。　③孔甲:夏朝帝王名。龙师:即御龙师。　④扰:顺遂,顺从。　⑤燔:焚烧。

8. 葛由乘木羊

前周葛由,蜀羌人也①。周成王时②,好刻木作羊卖之。一旦,乘木羊入蜀中,蜀中王侯贵人追之,上绥山③。绥山多桃,在峨眉山西南,高无极也。随之者不复还,皆得仙道。故里谚曰:"得绥山一桃,虽不能仙,亦足以豪。"山下立祠数十处。

[注释]①蜀:古蜀国,治所今四川成都。羌:古族名,主要分布在今四川、甘肃、青海一带。　②周成王:西周帝王,周武王之子姬诵。　③绥山:即二峨山,在今四川峨眉山西南,道教著名仙山。

9. 崔文子学仙

崔文子者,泰山人也①。学仙于王子乔②。子乔化为白蜺③,而持药与文子。文子惊怪,引戈击蜺,中之,因堕其药。俯而视之,王子乔之履也④。置之室中,覆以敝筐。须臾,化为大鸟。开而视之,翻然飞去。

[注释]①泰山:五岳之一的东岳,在今山东泰安,亦称岱宗。　②王子乔:传说为周灵王太子,好吹笙,作凤鸣,后在嵩山修炼成仙。　③蜺(ní):副虹,又称雌蜺。《尔雅·释天》邢昺疏说:"虹双出,色鲜盛者为雄,雄曰虹;暗者为雌,雌曰蜺。"　④履:原作"尸",从闻一多《楚辞校补》校改。

10. 冠先钓鱼

冠先,宋人也①。钓鱼为业,居睢水旁百余年②。得鱼，或放，或卖，或自食之。常冠带③。好种荔④，食其葩实焉。宋景公问其道⑤，不告，即杀之。后数十年，踞宋城门上鼓琴⑥，数十日乃去。宋人家家奉祠之。

[注释]①宋：周封国名，治域在今河南东部和山东、安徽、江苏交界之间，都城在今河南商丘，公元前286年被齐灭掉。　②睢（suī）水：古运河鸿沟支流之一，故道经河南杞县、睢县、宁陵、夏邑东南流，至江苏宿迁汇入泗水。　③冠带：均作动词用，戴帽子，系腰带。　④荔：薜荔，又称木莲，叶和果实均可入药，具有解暑作用。　⑤宋景公：春秋战国之际宋国国君，前516～前469年在位。　⑥踞：蹲坐。

11. 琴高取龙子

琴高，赵人也①。能鼓琴。为宋康王舍人②。行涓、彭之术③，浮游冀州、涿郡间二百余年④。后辞入涿水中⑤，取龙子。与诸弟子期之，曰："明日皆洁斋⑥，候于水旁，设祠屋。"果乘赤鲤鱼出，来坐祠中。且有万人观之。留一月，乃复入水去。

[注释]①赵：战国七雄之一，治域辖今陕西东北部、山西中部和河北西南部。　②宋康王：战国时宋国国君，名偃，史称宋王偃，桀宋，前329～前286年在位。舍人：官名，掌宫中之政。　③涓、彭之术：涓子、彭祖的神仙长生之术。　④冀州：古九州之一，辖今河北中南部、山东西部和河南北部。涿郡：郡名，汉置，今河北涿州。　⑤辞：辞世，隐居。　⑥洁斋：沐浴斋戒。

12. 陶安公通天

陶安公者，六安铸冶师也①。数行火。火一朝散上，紫色冲天。公伏冶下求哀。须臾，朱雀止冶上②，曰："安公！安公！冶与天通。七月七日，迎汝以赤龙。"至时，安公骑之，从东南去。城邑数万人，豫祖安送之③，皆辞诀。

[**注释**]①六安：郡国名，汉置，治所今安徽六安。铸冶师：冶炼金属的专业技师。　②朱雀：古代传说如凤凰之类的神鸟，属四灵之一。冶：指冶炼炉。　③豫：通"预"，事先预备。祖：古人出行时祭祀路神。

13. 焦山老君

有人入焦山七年①，老君与之木钻②，使穿一盘石，石厚五尺，曰："此石穿，当得道。"积四十年，石穿，遂得神仙丹诀③。

[**注释**]①焦山：在今江苏镇江东北长江中，与金山对峙。　②老君：即太上老君。道教以老子为道祖，尊称太上老君。　③神仙丹诀：道教炼丹成仙的口诀。

14. 鲁少千应门

鲁少千者，山阳人也①。汉文帝尝微服怀金过之②，欲问其道。少千拄金杖，执象牙扇，出应门③。

[**注释**]①山阳：县名，汉置，治所今河南焦作东。　②汉文帝：西汉皇帝刘恒，刘邦之子，前180～前157年在位。微服：指古代帝王贵族穿平民服装以隐藏身份。过：拜访。　③应门：出门迎接客人。

15. 淮南八老公

淮南王安好道术①，设厨宰以候宾客。正月上辛②，有八老公诣门求见。门吏白王，王使吏自以意难之③，曰："吾王好长生，先生无驻衰之术④，未敢以闻。"公知不见，乃更形为八童子,色如桃花。王便见之,盛礼设乐,以享八公⑤。援琴而弦歌曰:"明明上天,照四海兮。知我好道,公来下兮。公将与余,生羽毛兮。升腾青云,蹈梁甫兮⑥。观见三光⑦,遇北斗兮⑧。驱乘风云,使玉女兮⑨。"今所谓《淮南操》是也⑩。

[注释]①淮南王安:即刘安,刘邦的孙子。　②上辛:农历每月的第一个辛日。辛,原作"午",据《乐府诗集》五八引《古今乐录》改。　③难:责难,诘问。　④驻衰之术:停止衰老的仙术。　⑤享:通"飨",用酒食款待人。⑥梁甫:即梁父,山名,在今山东泰安东南。　⑦三光:指日、月、星。　⑧北斗:北斗七星。　⑨玉女:仙人的侍女。　⑩《淮南操》:古琴曲名,又称《八公操》。

16. 刘根召鬼

刘根字君安,京兆长安人也①。汉成帝时②,入嵩山学道③。遇异人,授以秘诀,遂得仙,能召鬼。颍川太守史祈以为妖④,遣人召根,欲戮之。至府,语曰:"君能使人见鬼,可使形见⑤;不者,加戮。"根曰:"甚易。借府君前笔砚书符⑥。"因以叩几。须臾,忽见五六鬼,缚二囚于祈前。祈熟视,乃父母也。向根叩头曰:"小儿无状⑦,分当万死⑧。"叱祈曰:"汝子孙不能光荣先祖,何得罪神仙,乃累亲如此⑨!"祈哀惊悲泣,顿首请罪。根默然忽去,不知所之。

[注释]①京兆长安:汉置行政区,今陕西西安。　②汉成帝:西汉皇帝刘骜,宣帝之子,前33~前7年在位。　③嵩山:五岳之一的中岳,在河南登封境内。　④颍川:郡名,秦置,治所今河南禹州。　⑤形见:即现形。见,古

"现"字。　⑥府君:汉代对太守的尊称。符:道士用来召鬼的符咒文书。　⑦无状:没有礼貌。　⑧分当:自当,理该。　⑨累:连累。

17. 王乔飞舄

汉明帝时①,尚书郎河东王乔为邺令②。乔有神术,每月朔③,尝自县诣台④。帝怪其来数而不见车骑⑤,密令太史候望之。言其临至时,辄有双凫从东南飞来⑥。因伏伺,见凫,举罗张之,但得一双舄⑦。使尚方识视⑧,四年中所赐尚书官属履也。

[注释]①汉明帝:东汉光武帝刘秀之子刘庄,57~75年在位。　②尚书郎:官名,东汉时,取孝廉中才能秀异者入尚书台,在皇帝左右,负责处理政务。河东:地名,今山西西南部。邺:县名,今河北临漳西南。　③朔:农历每月初一。　④台:尚书台,此指朝廷。　⑤数(shuò):屡次,此为频繁的意思。⑥凫:野鸭子。　⑦舄(xì):鞋子。　⑧尚方:即尚方令,负责制造皇帝专用器物的官员。尚方,原作"尚书",据《风俗通·正失》及汪校改。

18. 蓟子训长寿

蓟子训,不知所从来。东汉时,到洛阳,见公卿数十处,皆持斗酒片脯候之①,曰:"远来无所有,示致微意。"坐上数百人,饮啖终日不尽。去后,皆见白云起,从旦至暮。时有百岁公说:"小儿时,见训卖药会稽市②,颜色如此。"训不乐住洛,遂遁去③。正始中④,有人于长安东霸城⑤,见与一老公共摩挲铜人⑥,相谓曰:"适见铸此,已近五百岁矣。"见者呼之曰:"蓟先生小住。"并行应之。视若迟徐⑦,而走马不及。

[注释]①斗酒:一斗酒。斗,古代酒器名。片脯:一块干肉。脯(fǔ),肉干。 ②会稽:郡名,秦置,辖今江苏东南部和浙江西部地区。 ③遁去:隐居离开。 ④正始:魏齐王曹芳的年号,240~249年。 ⑤霸城:地名,又称霸陵,今陕西西安东北。 ⑥摩挲(mó suō):用手轻轻抚摸。 ⑦迟徐:行动缓慢。

19. 汉阴生乞市

汉阴生者,长安渭桥下乞小儿也。常于市中丐①。市中厌苦②,以粪洒之。旋复在市中乞③,衣不见污如故。长吏知之④,械收系,着桎梏⑤,而续在市乞。又械欲杀之,乃去。洒之者家,屋室自坏,杀十数人。长安中谣言曰:"见乞儿,与美酒,以免破屋之咎⑥。"

[注释]①丐:乞讨。 ②厌苦:厌烦,憎恶。 ③旋:不久,随即。 ④长吏:地位较高的县级官吏。 ⑤桎梏(zhìgù):束缚犯人手脚的刑具。 ⑥咎:灾祸。

20. 常生复生

谷城乡卒常生①,不如何所人也。数死而复生,时人为不然。后大水出,所害非一,而卒辄在缺门山上大呼②,言:"卒常生在此。"云:"复雨③,水五日必止。"止,则上山求祠之,但见卒衣杖革带。后数十年,复为华阴市门卒④。

[注释]①谷城:地名,今河南洛阳西北,因谷水而得名。乡卒:犹门卒。卒,原作"平",据汪绍楹校注改。 ②缺门山:俗称铁门山,在今河南新安西三十里。 ③复雨:停止下雨。复,消除,停止。 ④华阴:县名,属弘农郡,治所今陕西华阴东南。

21. 左慈神通

左慈字元放，庐江人也①。少有神通。尝在曹公座②，公笑顾众宾曰："今日高会，珍羞略备。所少者，吴松江鲈鱼为脍③。"放云："此易得耳。"因求铜盘贮水，以竹竿饵钓于盘中。须臾，引一鲈鱼出。公大拊掌④，会者皆惊。公曰："一鱼不周坐客，得两为佳。"放乃复饵钓之。须臾，引出。皆三尺余，生鲜可爱。公便自前脍之，周赐座席。公曰："今既得鲈，恨无蜀中生姜耳。"放曰："亦可得也。"公恐其近道买，因曰："吾昔使人至蜀买锦，可敕人告吾使⑤，使增市二端⑥。"人去，须臾还，得生姜。又云："于锦肆下见公使，已敕增市二端。"后经岁余，公使还，果增二端。问之，云："昔某月某日，见人于肆下，以公敕敕之。"后公出近郊，士人从者百数。放乃赍酒一罂⑦，脯一片，手自倾罂，行酒百官，百官莫不醉饱。公怪，使寻其故⑧。行视沽酒家，昨悉亡其酒脯矣。公怒，阴欲杀放。放在公座，将收之，却入壁中，霍然不见。乃募取之。或见于市，欲捕之，而市人皆放同形，莫知谁是。后人遇放于阳城山头⑨，因复逐之，遂走入羊群。公知不可得，乃令就羊中告之，曰："曹公不复相杀，本试君术耳。今既验，但欲与相见。"忽有一老羝⑩，屈前两膝，人立而言，曰："遽如许⑪。"人即云："此羊是。"竞往赴之。而群羊数百，皆变为羝，并屈前膝，人立，云："遽如许。"于是遂莫知所取焉。老子曰："吾之所以为大患者，以吾有身也；及吾无身，吾有何患哉。"若老子之俦⑫，可谓能无身矣。岂不远哉也。

[注释]①庐江:郡名,汉置,治所今安徽庐江西。 ②曹公:即曹操,字孟德,汉献帝时任丞相。曹丕建魏称帝后,追尊为魏武帝。 ③吴松江:即吴淞江,又称苏州河,黄浦江支流。脍:切细的鱼肉。 ④拊掌:鼓掌拍手,表示惊奇。 ⑤敕:命令。使:使者。 ⑥端:古代计量布帛的长度单位,一端约二丈。 ⑦赍:拿,提。罂:盛酒用的小口大腹的坛子。 ⑧使:派人。 ⑨阳城山:又名车岭山、马岭山,在今河南登封东北。 ⑩羝(dī):公羊。 ⑪遽(jù):惶恐,惊慌。 ⑫俦:辈,类。

22. 于吉请雨

孙策欲渡江袭许①,与于吉俱行。时大旱,所在熇厉②。策催诸将士,使速引船。或身自早出督切③,见将吏多在吉许。策因此激怒,言:"我为不如吉耶?而先趋附之。"便使收吉,至,呵问之曰:"天旱不雨,道路艰涩,不时得过,故自早出。而卿不同忧戚,安坐船中,作鬼物态④,败吾部伍。今当相除。"令人缚置地上,暴之⑤,使请雨。若能感天,日中雨者,当原赦⑥;不尔,行诛。俄而云气上蒸,肤寸而合⑦。比至日中,大雨总至⑧,溪涧盈溢。将士喜悦,以为吉必见原,并往庆慰。策遂杀之。将士哀惜,藏其尸。天夜,忽更兴云覆之。明旦往视,不知所在。策既杀吉,每独坐,彷佛见吉在左右。意深恶之,颇有失常。后治疮方差⑨,而引镜自照,见吉在镜中,顾而弗见。如是再三。扑镜大叫⑩,疮皆崩裂,须臾而死。(吉,琅琊人,道士。)⑪

[注释]①孙策:孙权兄长,字伯符,三国时东吴政权的创立者,后被追尊为长沙桓王。许:许昌,曹操挟持汉献帝迁都于此。 ②所在:到处。熇(xiāo)厉:炎热难耐。 ③身自:亲自。督切:督促,督责。 ④鬼物态:装神

弄鬼的样子。 ⑤暴:同"曝",晒。 ⑥原赦:原谅赦免。 ⑦肤寸而合:形容浓云密布的样子。 ⑧总:通"匆",忽然。 ⑨差:同"瘥",病愈。 ⑩扑镜:扔掉,摔掉。 ⑪吉,琅琊人,道士:此文字是原文夹注,依文意推之,或当在句首。

23. 介琰隐形

介琰者,不知何许人也。住建安方山①,从其师白羊公杜,受玄一无为之道②。能变化隐形。尝往来东海③,暂过秣陵④,与吴主相闻⑤。吴主留琰,乃为琰架宫庙,一日之中,数遣人往问起居。琰或为童子,或为老翁,无所食啖,不受饷遗⑥。吴主欲学其术,琰以吴主多内御⑦,积月不教。吴主怒,敕缚琰,着甲士引弩射之。弩发,而绳缚犹存,不知琰之所之。

[注释]①建安:郡名,治所今福建建瓯。方山:山名,因山顶方平得名。②玄一无为之道:道教法术之一。 ③东海:郡名,治所今山东郯城北。④秣陵:古县名,治所今江苏江宁南秣陵关。 ⑤吴主:孙权。 ⑥饷遗:馈赠的物品。 ⑦内御:指宫廷中的妃嫔。

24. 徐光复仇

吴时有徐光者,尝行术于市里。从人乞瓜,其主勿与,便从索瓣①,杖地种之。俄而瓜生蔓延,生花成实,乃取食之,因赐观者。鬻者反视所出卖②,皆亡耗矣③。凡言水旱,甚验。过大将军孙綝门④,褰衣而趋⑤,左右唾践。或问其故,答曰:"流血臭腥,不可耐。"綝闻,恶而杀之。斩其首,无血。及綝废幼帝⑥,更立景帝⑦,将拜陵⑧,上车,有大风荡𬘘车,车为之倾。见光在松树上,拊手指挥,嗤笑之。𬘘问侍从,皆无见者。俄而景帝诛𬘘。

[注释]①瓣:瓜瓣,瓜子。　②鬻者:卖瓜人。　③亡耗:丢失、损失。 ④孙𬘘:字子通,东吴贵戚,景帝时把持朝政,飞扬跋扈。后被景帝诛杀。 ⑤褰:用手提起。趋:小步疾行。　⑥幼帝:孙权少子孙亮,252～258年在位。被孙𬘘废为会稽王,后自杀。　⑦景帝:孙权第六子孙休,幼帝被废后,被孙𬘘立为皇帝,258～263年在位。　⑧拜陵:参拜祖宗陵墓。

25. 葛玄法术

葛玄字孝先,从左元放受《九丹液仙经》①。与客对食,言及变化之事,客曰:"事毕,先生作一事特戏者。"玄曰:"君得无即欲有所见乎②?"乃噀口中饭③,尽变大蜂数百,皆集客身,亦不螫人④。久之,玄乃张口,蜂皆飞入。玄嚼食之,是故饭也。又指虾蟆及诸行虫燕雀之属,使舞,应节如人。冬为客设生瓜枣,夏致冰雪。又以数十钱,使人散投井中,玄以一器于井上呼之,钱一一飞从井出。为客设酒,无人传杯,杯自至前;如或不尽,杯不去也。尝与吴主坐楼上,见作请雨土人。帝曰:"百姓思雨,宁可得乎?"玄曰:"雨易得耳!"乃书符着社中⑤,顷刻间,天地晦冥,大雨流淹。帝曰:"水中有鱼乎?"玄复书符掷水中,须臾,有大鱼数百头。使人治之。

[注释]①左元放:即左慈。《九丹液仙经》:道教炼金丹的秘籍。　②得无:莫非,岂不。　③噀:口中含水洗荡。此指将饭从口中喷出。　④螫(shì):毒虫或蜂蝎刺咬人。　⑤社:祭祀土地神的场所,犹后世的土地庙。

26. 吴猛止风

吴猛,濮阳人①。仕吴,为西安令②,因家分宁③。性至孝。遇至人丁义④,授以神方;又得秘法神符,道术大行。尝见大风,书符掷屋上,有青乌衔去⑤,风即止。或问其故,曰:"南湖有舟,遇此风,道士求救。"验之果然。豫宁令干庆⑥,死已三日,猛曰:"数未尽,当诉之于天。"遂卧尸旁。数日,与令俱起。后将弟子回豫章⑦,江水大急,人不得渡。猛乃以手中白羽扇画江水,横流,遂成陆路,徐行而过。过讫,水复。观者骇异。尝守浔阳⑧,参军周家有狂风暴起⑨,猛即书符掷屋上,须臾风静。

[注释]①濮阳:郡名,晋咸宁三年(277)改东郡置濮阳国,治所今河南濮阳西南。 ②西安:三国吴所置县名,治所今江西武宁西。 ③分宁:县名,唐贞元十五年(799)从武宁析出,治所今江西修水。按,武宁,吴时曰西安,晋时曰豫宁。至唐,又从武宁析出分宁为县。分宁乃唐地名,干宝不应用唐县名书写。此分宁或唐人据当时地名改之。依文义,似应作豫宁为是。 ④至人:道家对得道真人的称呼。 ⑤青乌:鸟名,即乌鸦。 ⑥豫宁:原作"西安",从李剑国说校改。干庆:《搜神记》作者干宝之兄。 ⑦豫章:郡名,治所今江西南昌。 ⑧浔阳:郡名,治所今江西九江。 ⑨参军:官名,郡守的重要幕僚。

27. 园客养蚕

园客者,济阴人也①。貌美,邑人多欲妻之,客终不娶。尝种五色香草,积数十年,服食其实。忽有五色神蛾,止香草之上,客收而荐之以布②,生桑蚕焉。至蚕时,有神女夜至,助客养蚕,亦以香草食蚕。得茧百二十头,大如瓮③,每一茧,缲六七日乃尽④。缲讫,女与客俱仙去,莫知所如⑤。

[注释]①济阴:郡名,治所今山东菏泽。 ②荐:铺垫。 ③瓮:一种口小肚大用以盛酒或水的陶器。 ④缲(sāo):缲丝,将蚕茧用热水浸泡后抽出丝来。 ⑤如:往,到。

28. 董永与织女

汉董永,千乘人①。少偏孤②,与父居。肆力田亩③,鹿车载自随④。父亡,无以葬,乃自卖为奴,以供丧事。主人知其贤,与钱一万,遣之⑤。永行三年丧毕,欲还主人,供其奴职。道逢一妇人,曰:"愿为子妻。"遂与之俱。主人谓永曰:"以钱与君矣。"永曰:"蒙君之惠,父丧收藏⑥。永虽小人,必欲服勤致力⑦,以报厚德。"主曰:"妇人何能?"永曰:"能织。"主曰:"必尔者,但令君妇为我织缣百匹⑧。"于是永妻为主人家织,十日而毕。女出门,谓永曰:"我,天之织女也。缘君至孝,天帝令我助君偿债耳。"语毕,凌空而去,不知所在。

[注释]①千乘(shèng):地名,今山东博兴北。博兴陈户镇有董家村,传为董永家乡。 ②偏孤:早年丧父或丧母。此指丧母。 ③肆力:尽力。 ④鹿车:古代一种小车,因车仅能容载一鹿,故名。 ⑤遣之:遣送回家。 ⑥收藏:收殓安葬。 ⑦服勤致力:尽心尽力干活。 ⑧缣:双丝织的浅黄色细绢。

29. 钩弋夫人

初,钩弋夫人有罪①,以谴死。既殡,尸不臭,而香闻十余里。因葬云陵②。上哀悼之③。又疑其非常人,乃发冢开视④,棺空无尸,惟双履存。一云,昭帝即位⑤,改葬之,棺空无尸,独丝履存焉。

[注释]①钩弋夫人:汉武帝的妃嫔赵婕妤,汉昭帝母亲。 ②云陵:钩弋夫人陵。因葬云阳而得名,又称阳陵、女陵、思合墓,在今陕西淳化北。③上:汉武帝刘彻。 ④冢:坟墓。 ⑤昭帝:汉武帝子刘弗陵,前87～前74年在位。

30. 杜兰香与张传

汉时有杜兰香者,自称南康人氏①。以建兴四年春②,数诣张传。传年十七,望见其车在门外,婢通言:"阿母所生,遣授配君,可不敬从?"传先改名硕,硕呼女前视,可十六七,说事邈然久远③。有婢子二人:大者萱支,小者松支。钿车青牛④,上饮食皆备。作诗曰:"阿母处灵岳⑤,时游云霄际。众女侍羽仪,不出墉宫外⑥。飘轮送我来,岂复耻尘秽。从我与福俱,嫌我与祸会。"至其年八月旦,复来,作诗曰:"逍遥云汉间,呼吸发九嶷⑦。流汝不稽路,弱水何不之⑧。"出薯蓣子三枚⑨,大如鸡子,云:"食此,令君不畏风波,辟寒温。"硕食二枚,欲留一,不肯,令硕食尽。言:"本为君作妻,情无旷远,以年命未合,其小乖。太岁东方卯⑩,当还求君。"兰香降时,硕问:"祷祀何如?"香曰:"消魔自可愈疾,淫祀无益。"香以药为消魔。

[注释]①南康:郡名,治所今江西于都东北。 ②建兴:晋愍帝司马邺年号。建兴四年为公元316年。建兴,原作"建业",从《艺文类聚》及汪绍楹校注改。 ③说事邈然久远:言谈均是很早以前的事。 ④钿车:用金玉宝

石装饰的车子。　⑤灵岳：即神山的意思。　⑥墉宫：即墉城,神仙所居处。
⑦九嶷：山名,在湖南宁远境内,相传舜曾葬此。　⑧弱水：水名,传说昆仑山
仙境由弱水环绕,舟不可渡,只有得道之人才能过去。　⑨薯蓣：即山药。
⑩太岁：木星。太岁东方卯：太岁到东方卯的时候。

31. 弦超与神女

　　魏济北郡从事掾弦超①,字义起。以嘉平中夜独宿②,梦有神女来从之。自称天上玉女,东郡人③,姓成公,字知琼,早失父母,天帝哀其孤苦,遣令下嫁从夫。超当其梦也,精爽感悟,嘉其美异,非常人之容。觉寤钦想④,若存若亡。如此三四夕。一旦,显然来游,驾辎軿车⑤,从八婢,服绫罗绮绣之衣,姿颜容体,状若飞仙。自言年七十,视之如十五六女。车上有壶、榼、青白琉璃五具⑥,食啖奇异。馔具醴酒,与超共饮食。谓超曰："我,天上玉女,见遣下嫁,故来从君。不谓君德,宿时感运⑦,宜为夫妇。不能有益,亦不能为损。然往来常可得驾轻车,乘肥马；饮食常可得远味异膳,缯素常可得充用不乏。然我神人,不为君生子,亦无妒忌之性,不害君婚姻之义。"遂为夫妇。赠诗一篇,其文曰："飘飘浮勃逢⑧,敖曹云石滋⑨。芝英不须润,至德与时期。神仙岂虚感,应运来相之。纳我荣五族,逆我致祸灾。"此其诗之大较,其文二百余言,不能悉录。兼注《易》七卷,有卦有象,以象为属。故其文言,既有义理,又可以占吉凶,犹扬子之《太玄》,薛氏之《中经》也⑩。超皆能通其旨意,用之占候。

　　作夫妇经七八年,父母为超娶妇之后,分日而燕,分

夕而寝,夜来晨去,倏忽若飞,唯超见之,他人不见。虽居闇室⑪,辄闻人声,常见踪迹,然不睹其形。后人怪问,漏泄其事。玉女遂求去,云:"我,神人也。虽与君交,不愿人知。而君性疏漏,我今本末已露,不复与君通接。积年交结,恩义不轻;一旦分别,岂不怆恨?势不得不尔,各自努力!"又呼侍御下酒饮啖。发簏⑫,取织成裙衫两副遗超。又赠诗一首,把臂告辞,涕泣流离,肃然升车,去若飞迅。超忧感积日,殆至委顿⑬。

去后五年,超奉郡使至洛,到济北鱼山下陌上⑭。西行遥望,曲道头有一马车,似知琼。驱驰前至,果是也。遂披帷相见,悲喜交切。控左援绥⑮,同乘至洛。遂为室家,克复旧好。至太康中⑯,犹在。但不日日往来,每于三月三日、五月五日、七月七日、九月九日、旦、十五日,辄下往来,经宿而去。张茂先为之作《神女赋》⑰。

[注释]①济北郡:郡名,治所今山东长清南。从事掾:职官名,郡守的属官。 ②嘉平:齐王曹芳的年号,249~254年。 ③东郡:郡名,治所今河南濮阳西南。 ④觉寤:睡醒。钦想:思慕。 ⑤辎軿车:泛指有帷帐的小车,多为贵妇所乘。 ⑥榼:盛酒或水的容器。 ⑦宿时感运:有前世因缘的意思。 ⑧勃逢:即渤蓬,渤海蓬莱山仙境。 ⑨敖曹:即嗷嘈,声音嘈杂。云石:云板、石磬之类的乐器。滋:发生。 ⑩扬子:西汉著名辞赋家、经学家扬雄。《太玄》:扬雄仿《周易》的哲学著作。薛氏之《中经》:不详。 ⑪闇室:即暗室,没有光线的房间。 ⑫发簏:打开箱子。 ⑬委顿:颓丧,极度疲困。 ⑭鱼山:在今山东东阿。 ⑮控左援绥:指手握缰绳驾车。 ⑯太康:晋武帝司马炎年号,280~289年。 ⑰张茂先:张华,字茂先,西晋文学家、博物学家,著有《博物志》。

卷　二

32．寿光侯劾鬼

寿光侯者，汉章帝时人也①。能劾百鬼众魅②，令自缚见形。其乡人有妇为魅所病，侯为劾之，得大蛇数丈，死于门外，妇因以安。又有大树，树有精，人止其下者死，鸟过之亦坠。侯劾之，树盛夏枯落，有大蛇，长七八丈，悬死树间。章帝闻之，征问，对曰："有之。"帝曰："殿下有怪，夜半后，常有数人，绛衣披发③，持火相随。岂能劾之？"侯曰："此小怪，易消耳。"帝伪使三人为之。侯乃设法，三人登时仆地，无气。帝惊曰："非魅也，朕相试耳。"即使解之。

或云：汉武帝时，殿下有怪，常见朱衣披发，相随持烛而走。帝谓刘凭曰④："卿可除此否？"凭曰："可。"乃以青符掷之，见数鬼倾地。帝惊曰："以相试耳。"解之而苏。

[注释]①汉章帝：汉明帝第五子刘炟。75～88年在位。　②劾：以符咒等法术降伏鬼魅。魅：物老变成的精怪。　③绛衣披发：穿着红衣服，披头散发。　④刘凭：据《神仙传》记载，是古代仙人。按，"或云"以下，注校以为非

本书原文,当是后人采《神仙传》附之。

33. 樊英灭火

樊英隐于壶山①。尝有暴风从西南起,英谓学者曰:"成都市火甚盛。"因含水嗽之,乃命记其时日。后有从蜀来者,云:"是日大火,有云从东起,须臾大雨,火遂灭。"

[注释]①樊英:东汉南阳鲁阳(今河南鲁山)人,通《易》,善推灾异。《后汉书》有传。壶山:在河南鲁山南。因形状似壶,故名。

34. 徐登与赵昞

闽中有徐登者①,女子化为丈夫。与东阳赵昞②,并善方术。时遭兵乱,相遇于溪,各矜其所能。登先禁溪水为不流,昞次禁杨柳为生稊③。二人相视而笑。登年长,昞师事之。后登身故,昞东入章安④,百姓未知。昞乃升茅屋,据鼎而爨⑤。主人惊怪,昞笑而不应,屋亦不损。

[注释]①闽中:郡名,秦置,治所今福建福州。 ②东阳:郡名,治所今浙江金华。 ③禁:禁咒术,道教的一种法术。稊:植物的嫩芽。此指生出新枝叶。 ④章安:县名,治所今浙江临海的章安镇。章安,原作"长安",据《后汉书·徐登传》改。 ⑤爨:烧火做饭。

35. 赵昞临水求渡

赵昞尝临水求渡,船人不许。昞乃张帷盖,坐其中,长啸呼风,乱流而济①。于是百姓敬服,从者如归。章安令恶其惑众②,收杀之。民为立祠于永康③,至今蚊蚋不能入④。

[注释]①乱流:横渡江河。 ②章安:原作"长安",据《后汉书·徐登传》改。 ③永康:地名,今浙江金华东南。 ④蚋(ruì):蚊类小虫,形似蝇而小,善吸人血。

36. 徐赵清俭

徐登、赵昞,贵尚清俭①,祀神以东流水,削桑皮以为脯②。

[注释]①清俭:清贫俭朴。 ②脯:干制的果仁果肉。

37. 东海君遗襦

陈节访诸神,东海君以织成青襦一领遗之①。

[注释]①东海君:东海海神。襦:短袄。领:数量词,多用于衣服等。

38. 边洪发狂

宣城边洪①,为广阳领校②,母丧归家。韩友往投之③。时日已暮,出告从者:"速装束④,吾当夜去。"从者曰:"今日已暝⑤,数十里草行,何急复去?"友曰:"此间血覆地,宁可复住?"苦留之,不得。其夜,洪欻发狂⑥,绞杀两子,并杀妇,又斫父婢二人⑦,皆被创。因走亡。数日,乃于宅前林中得之,已自经死⑧。

[注释]①宣城:郡名,治所今安徽宣城。 ②广阳:郡名,治所今北京西南。领校:郡的军事长官。 ③投:投奔,投靠。 ④装束:收拾行李。 ⑤暝:夜晚。此指夜已深。 ⑥欻(xū):突然,忽然。 ⑦斫:砍。 ⑧自经:自缢,上吊。

39. 鞠道龙说黄公事

鞠道龙善为幻术①。尝云:"东海人黄公,善为幻,制蛇,御虎。常佩赤金刀。及衰老,饮酒过度。秦末,有白虎见于东海,诏遣黄公以赤刀往厌之②。术既不行,遂为虎所杀。"

[注释]①幻术:方术之士用来炫惑人的法术。 ②厌:以法术符咒镇服或驱除鬼魅精怪。

40. 谢纠食客

谢纠尝食客①,以朱书符投井中,有一双鲤鱼跳出。即命作脍②,一坐皆得遍。

[注释]①纠:音 jiǔ。食客:请客人吃饭。 ②脍:切细的鱼肉。

41. 天竺胡人

晋永嘉中①,有天竺胡人来渡江南②。其人有数术:能断舌复续,吐火。所在人士聚观。将断时,先以舌吐示宾客,然后刀截,血流覆地。乃取置器中,传以示人。视之,舌头半舌犹在。既而还取含续之。坐有顷,坐人见舌则如故,不知其实断否。其续断,取绢布,与人各执一头,对剪,中断之。已而取两断合视,绢布还连续,无异故体。时人多疑以为幻,阴乃试之③,真断绢也。其吐火,先有药在器中,取火一片,与黍糖合之④,再三吹呼,已而张口,火满口中,因就蓺取以炊⑤,则火也。又取书纸及绳缕之属投火中,众共视之,见其烧蓺了尽。乃拨灰中,举而出之,故向物也⑥。

[注释]①永嘉:晋怀帝司马炽年号,307～313年。　②天竺:古代对印度的称呼。胡人:泛指外国人。　③阴:悄悄,暗中。　④黍糖:用黍米制作的糖。　⑤爇(ruò):燃烧。炊:做饭。　⑥向物:原来的东西。

42. 范寻养虎

扶南王范寻养虎于山①,有犯罪者,投与虎,不噬②,乃宥之③。故山名大虫,亦名大灵。又养鳄鱼十头,若犯罪者,投与鳄鱼,不噬,乃赦之。无罪者皆不噬。故有鳄鱼池。又尝煮水令沸,以金指环投汤中,然后以手探汤:其直者④,手不烂;有罪者,入汤即焦。

[注释]①扶南:中南半岛古国,又称夫南,辖境包括今柬埔寨、老挝南部、越南南部一带。　②噬(shì):咬。　③宥:赦免,宽恕。　④直者:正直、公正而无罪的人。

43. 贾佩兰说宫内事

戚夫人侍儿贾佩兰①,后出为扶风人段儒妻②。说:在宫内时,尝以弦管歌舞相欢娱,竞为妖服以趋良时③。十月十五日,共入灵女庙,以豚黍乐神④,吹笛击筑,歌《上灵之曲》。既而相与连臂,踏地为节,歌《赤凤皇来》,乃巫俗也。至七月七日,临百子池,作于阗乐⑤。乐毕,以五色缕相羁,谓之"相连绶"。八月四日,出雕房北户⑥,竹下围棋。胜者,终年有福;负者,终年疾病。取丝缕,就北辰星求长命⑦,乃免。九月,佩茱萸⑧,食蓬饵⑨,饮菊花酒,令人长命。菊花舒时,并采茎叶,杂黍米酿之⑩,至来年九月九日始熟,就饮焉,故谓之"菊花酒"。正月上辰,出池边盥濯,食蓬饵,以祓妖邪⑪。三月上巳,张乐于流水。如此终岁焉。

[**注释**]①戚夫人:汉高祖刘邦的宠妃,生赵王如意。刘邦死后,被吕后挖去双眼,砍断手足,投入猪圈,称人彘。　②扶风:县名,治所今陕西宝鸡东。　③竞为妖服以趋良时:竞相穿着妖艳的衣服来度过美好的日子。④豚:小猪。黍:用黍米酿的酒。　⑤于阗:西域古国名,在今新疆和田一带。⑥雕房:雕饰华丽的闺房。　⑦北辰星:北极星。　⑧茱萸:一种香气辛烈的植物,可入药。古代风俗,九月九日有插茱萸登高游乐的习惯。　⑨蓬饵:重阳节吃的用嫩蓬草做的糕类食品。　⑩酳:通"酿",酿酒。　⑪祓(fú):古代除灾驱邪的一种仪式。

44. 李少翁致神

汉武帝时,幸李夫人①。夫人卒后,帝思念不已。方士齐人李少翁,言能致其神。乃夜施帷帐,明灯烛,而令帝居他帐遥望之。见美女居帐中,如李夫人之状,还幄坐而步,又不得就视②。帝愈益悲感,为作诗曰:"是耶?非耶?立而望之,偏娜娜③,何冉冉其来迟!"令乐府知音家弦歌之④。

[**注释**]①李夫人:李延年之妹,汉武帝宠妃。　②就视:靠近看。③偏:通"翩",轻柔飘忽的样子。娜娜:纤长柔美貌。　④乐府:汉代朝廷主管音乐的机构。

45. 营陵道人

汉北海营陵有道人①,能令人与已死人相见。其同郡人,妇死已数年,闻而往见之,曰:"愿令我一见亡妇,死不恨矣。"道人曰:"卿可往见之。若闻鼓声,即出勿留。"乃语其相见之术。俄而得见之。于是与妇言语,悲喜恩情如生。良久,闻鼓声,恨恨不能得住②。当出户时,忽掩其衣裾户间,掣绝而去③。至后岁余,此人身亡。家葬之,开冢,见妇棺盖下有衣裾。

[注释]①北海:郡名,汉置,治所今山东昌乐。 ②恨恨(liàngliàng)不能得住:悲伤不能停留,即悲不自胜的意思。 ③掣绝:撕扯,牵拉。

46. 孙休杀鹅试觋

吴孙休有疾①,求觋视者②,得一人,欲试之。乃杀鹅而埋于苑中,架小屋,施床几,以妇人屐履服物着其上。使觋视之,告曰:"若能说此冢中鬼妇人形状者,当加厚赏,而即信矣。"竟日无言。帝推问之急,乃曰:"实不见有鬼,但见一白头鹅立墓上。所以不即白之③,疑是鬼神变化作此相。当候其真形,而定不复移易④。不知何故,敢以实上。"

[注释]①孙休:吴景帝。 ②觋(xí):男巫。 ③不即白之:没有立即告诉。 ④定不复移易:确实不再变形变化。

47. 石子冈朱主墓

吴孙峻杀朱主①,埋于石子冈②。归命即位③,将欲改葬之。冢墓相亚④,不可识别。而宫人颇识主亡时所着衣服,乃使两巫各住一处,以伺其灵。使察战监之⑤,不得相近。久时,二人俱白:见一女人,年可三十余,上着青锦束头⑥,紫白袷裳⑦,丹绨丝履⑧。从石子冈上,半冈而以手抑膝,长太息。小住须臾,更进一冢上便止,徘徊良久,奄然不见。二人之言,不谋而合。于是开冢,衣服如之。

[注释]①孙峻:吴国大将军,封富春侯。朱主:即公主鲁育,孙权女儿,左将军朱据之妻。 ②石子冈:地名,在今江苏南京江宁区。 ③归命:吴末帝孙皓。吴亡归晋,封归命侯。 ④亚:并排紧挨。 ⑤使察战监之:让察战官监视他们。此句原作"使察鉴之",据《建康实录》卷四及汪校改。 ⑥青锦束头:用青色锦缎包裹头发。 ⑦袷裳:夹衣。 ⑧丹绨丝履:朱红色厚丝鞋。

48. 夏侯弘见鬼

夏侯弘自云见鬼,与其言语。镇西谢尚所乘马忽死①,忧恼甚至。谢曰:"卿若能令此马生者,卿真为见鬼也。"弘去,良久还,曰:"庙神乐君马,故取之。今当活。"尚对死马坐。须臾,马忽自门外走还,至马尸间,便灭,应时能动,起行。谢曰:"我无嗣,是我一身之罚。"弘经时无所告。曰:"顷所见,小鬼耳,必不能辨此源由。"后忽逢一鬼,乘新车,从十许人,着青丝布袍。弘前提牛鼻,车中人谓弘曰:"何以见阻?"弘曰:"欲有所问。镇西将军谢尚无儿。此君风流令望②,不可使之绝祀③。"车中人动容曰:"君所道,正是仆儿④。年少时,与家中婢通,誓约不再婚,而违约。今此婢死,在天诉之,是故无儿。"弘具以告。谢曰:"吾少时诚有此事。"弘于江陵⑤,见一大鬼,提矛戟,有随从小鬼数人。弘畏惧,下路避之。大鬼过后,捉得一小鬼,问:"此何物?"曰:"杀人以此矛戟,若中心腹者,无不辄死。"弘曰:"治此病有方否?"鬼曰:"以乌鸡薄之⑥,即差⑦。"弘曰:"今欲何行?"鬼曰:"当至荆、扬二州⑧。"尔时比日行心腹病,无有不死者,弘乃教人杀乌鸡以薄之,十不失八九。今治中恶⑨,辄用乌鸡薄之者,弘之由也。

[注释]①谢尚:字仁祖,东晋阳夏(今河南太康)人。西晋名士谢鲲之子。曾任尚书仆射、豫州刺史、镇西将军等职。 ②风流令望:风雅倜傥,享有声誉。 ③绝祀:断绝祭祀的香火。此指无儿子。 ④仆:自我的谦称。 ⑤江陵:郡名,治所今湖北江陵。 ⑥以乌鸡薄之:用乌鸡制的药涂抹之。 ⑦差:同"瘥",病愈。 ⑧荆州:行政区名,辖今湖北、湖南两省和河南南部、贵州、广东、广西部分地区。扬州:古九州之一,辖长江下游和安徽、江西、浙江部分地区。 ⑨中恶:中医病名,俗称中邪。

卷 三

49. 钟离意修孔庙

汉永平中①,会稽钟离意字子阿,为鲁相②。到官,出私钱万三千文,付户曹孔䜣③,修夫子车④。身入庙,拭几席剑履⑤。男子张伯,除堂下草,土中得玉璧七枚,伯怀其一,以六枚白意。意令主簿安置几前⑥。孔子教授堂下床首有悬瓮,意召孔䜣问:"此何瓮也?"对曰:"夫子瓮也。背有丹书⑦,人莫敢发也。"意曰:"夫子,圣人。所以遗瓮,欲以悬示后贤。"因发之,中得素书。文曰:"后世修吾书,董仲舒⑧;护吾车,拭吾履,发吾笥⑨,会稽钟离意;璧有七,张伯藏其一。"意即召问:"璧有七,何藏一耶?"伯叩头出之。

[注释]①永平:汉明帝刘庄年号,58~75年。 ②鲁相:鲁国丞相。鲁,汉诸侯国,治所今山东曲阜。 ③户曹:主管民户、农桑的官吏。 ④夫子:对孔子的尊称。 ⑤拭:擦。 ⑥主簿:官名,郡国负责文书、日常事务的官吏。 ⑦丹书:朱笔写的文字。 ⑧董仲舒:广川人,西汉著名思想家,春秋公羊派经学大师,著有《春秋繁露》。曾系统提出天人感应、大一统学说,主张罢黜百家,表彰六经,对汉代及以后社会政治产生了重要影响。 ⑨笥:盛衣

物饭食的竹器。此指悬瓮。

50. 段翳封书

段翳字元章,广汉新都人也①。习《易经》,明风角②。有一生来学,积年,自谓略究要术,辞归乡里。翳为合膏药,并以简书封于筒中,告生曰:"有急,发视之。"生到葭萌③,与吏争度。津吏挝破从者头④。生开筒得书,言:"到葭萌,与吏斗。头破者,以此膏裹之。"生用其言,创者即愈。

[注释]①广汉新都:属益州,治所今四川广汉。 ②风角:道家占卜法术,以五音占四方之风以定吉凶。 ③葭萌:古为苴侯国,汉置葭萌县,治所今四川昭化东南。 ④津吏:管理渡口的官吏。挝(zhuā):敲打。

51. 臧仲英家遇怪

右扶风臧仲英①,为侍御史②。家人作食,设案,有不清尘土投污之③。炊临熟,不知釜处。兵弩自行。火从箧簏中起④,衣物尽烧,而箧簏故完。妇女婢使,一旦尽失其镜;数日,从堂下掷庭中,有人声言:"还汝镜。"女孙年三四岁,亡之,求,不知处;两三日,乃于圊中粪下啼⑤。若此非一。汝南许季山者⑥,素善卜卦,卜之,曰:"家当有老青狗物,内中侍御者名益喜⑦,与共为之。诚欲绝,杀此狗,遣益喜归乡里。"仲英从之,怪遂绝。后徙为太尉长史⑧,迁鲁相。

[注释]①右扶风:地区名,今陕西西安西,是拱卫首都长安的三辅之一。②侍御史:官名,在御史大夫下,负责举劾督察。 ③有不清尘土投污之:有

不干净的泥土扔过来把饭弄脏。　④箧簏:盛衣服的竹箱子。　⑤圊(qīng):厕所。　⑥汝南:郡名,治所今河南平舆。　⑦内中侍御者:指家里的仆人。　⑧太尉:朝廷掌管军事的长官,汉代三公之一。长史:太尉的属官。

52. 乔玄见白光

太尉乔玄,字公祖,梁国人也。初为司徒长史。五月末,于中门卧,夜半后,见东壁正白,如开门明。呼问左右,左右莫见。因起自往,手扪摸之,壁自如故。还床复见。心大怖恐。其友应劭适往候之①,语次相告。劭曰:"乡人有董彦兴者,即许季山外孙也。其探赜索隐②,穷神知化,虽眭孟、京房③,无以过也。然天性褊狭④,羞于卜筮者。"间来候师王叔茂⑤,请往迎之,须臾便与俱来。公祖虚礼盛馔,下席行觞。彦兴自陈:"下土诸生⑥,无他异分。币重言甘,诚有踧踖⑦。颇能别者,愿得从事。"公祖辞让再三,尔乃听之。曰:"府君当有怪,白光如门明者,然不为害也。六月上旬鸡鸣时,闻南家哭,即吉。到秋节,迁北行,郡以金为名。位至将军三公。"公祖曰:"怪异如此,救族不暇,何能致望于所不图⑧?此相饶耳。"至六月九日未明,太尉杨秉暴薨⑨。七月七日,拜钜鹿太守。"钜"边有"金"。后为度辽将军,历登三事。

[注释]①应劭:字仲远,东汉末年著名学者,曾任泰山太守。著有《风俗通义》。　②探赜索隐:探索深奥的道理和隐秘的事情。　③眭(suī)孟:西汉学者,精通《公羊春秋》。京房:西汉学者,通《易》善筮,创京氏易学。　④褊狭:心胸狭隘。　⑤王叔茂:名畅,山阳高平人,王粲祖父。　⑥下土诸生:乡野儒生。　⑦踧踖(cùjí):局促不安的样子。　⑧何能致望于所不图:怎能寄希望于不敢指望的事情。　⑨杨秉:字叔节,杨震之子。薨:死。

53. 管辂论怪

管辂字公明，平原人也①。善《易》卜。安平太守东莱王基②，字伯舆，家数有怪，使辂筮之。卦成，辂曰："君之卦，当有贱妇人，生一男，堕地便走，入灶中死。又，床上当有一大蛇，衔笔，大小共视，须臾便去。又，乌来入室中，与燕共斗，燕死，乌去。有此三卦。"基大惊曰："精义之致，乃至于此。幸为占其吉凶。"辂曰："非有他祸，直官舍久远③，魑魅罔两④，共为怪耳。儿生便走，非能自走，直宋无忌之妖将其入灶也⑤。大蛇衔笔者，直老书佐耳⑥。乌与燕斗者，直老铃下耳⑦。夫神明之正，非妖能害也。万物之变，非道所止也。久远之浮精，必能之定数也。今卦中见象，而不见其凶，故知假托之数，非妖咎之征，自无所忧也。昔高宗之鼎，非雉所雊⑧；太戊之阶，非桑所生⑨。然而野鸟一雏，武丁为高宗；桑谷暂生，太戊以兴。焉知三事不为吉祥？愿府君安身养德，从容光大，勿以神奸污累天真。"后卒无他。迁安南将军⑩。

后辂乡里刘原问辂⑪："君往者为王府君论怪，云'老书佐为蛇，老铃下为乌'。此本皆人，何化之微贱乎？为见于爻象，出君意乎？"辂言："苟非性与天道，何由背爻象而任心胸者乎？夫万物之化，无有常形；人之变异，无有定体。或大为小，或小为大，固无优劣。万物之化，一例之道也。是以夏鲧⑫，天子之父，赵王如意，汉高之子。而鲧为黄能⑬，意为苍狗⑭，斯亦至尊之位，而为黔喙之类也⑮。况蛇者协辰巳之位⑯，乌者栖太阳之精⑰，此乃腾黑之明象，白日之流景。如书佐、铃下，各以微躯，化为蛇乌,不亦过乎!"

[注释]①管辂(lù):三国时魏国学者,精通《周易》卜筮。平原:郡名,今山东平原。 ②安平:郡名,今山东青州西北。东莱:地名,今山东莱州。 ③官:原作"客",小字注"一作官"。《三国志》载此事正作"官舍",据改。 ④魖魅罔两:即魑魅魍魉,传说中的精怪的统称。 ⑤宋无忌:《史记·封禅书》《索隐》引《白泽图》:"火之精曰宋无忌,盖其人火仙也。" ⑥书佐:文书佐吏。 ⑦铃下:指随从仆役。 ⑧高宗之鼎,非雉所雊:《尚书·高宗肜日》记载,殷高宗武丁祭祀成汤时,有野鸡飞到祭品上。武丁恐惧。他的贤臣祖己劝他修德行政,使殷复兴,史称武丁中兴。雊,野鸡鸣叫。 ⑨太戊之阶,非桑所生:据《尚书·咸乂序》,殷中宗太戊时,有桑谷生于朝廷,其贤臣伊陟劝其改过修德。 ⑩将军:原作"督军",据汪校与《太平广记》改。 ⑪刘原:原作"乃太原",据汪校改。刘原,渤海人,曾任河东太守。 ⑫夏鲧:夏禹的父亲。相传鲧治洪水无功,被舜杀于羽山,化为黄熊。 ⑬能:兽名。任昉《述异记》卷上:"陆居曰熊,水居曰能。" ⑭意为苍狗:《汉书·五行志》载,吕后杀赵王如意的借口是有狗咬她,命人卜之,是赵王如意作祟。 ⑮黔喙之类:牲畜野兽之类。 ⑯辰巳之位:东南方。十二生肖配十二地支,蛇属辰巳之位。 ⑰太阳之精:传说太阳中有神鸟三足乌,故称乌为太阳之精。

54. 管辂助颜超延命

管辂至平原,见颜超貌主夭亡①。颜父乃求辂延命。辂曰:"子归,觅清酒一榼②,鹿脯一斤,卯日,刈麦地南大桑树下③,有二人围棋次。但酌酒置脯,饮尽更斟,以尽为度。若问汝,汝但拜之,勿言。必合有人救汝。"颜依言而往,果见二人围棋。颜置脯,斟酒于前。其人贪戏,但饮酒食脯,不顾。数巡,北边坐者忽见颜在,叱曰:"何故在此?"颜唯拜之。南面坐者语曰:"适来饮他酒脯④,宁无情乎?"北坐者曰:"文书已定。"南坐者曰:"借文书看之。"见超寿止可十九岁,乃取笔挑上,语曰:"救汝至九十年活。"颜拜而回。管语颜曰:"大助子,且喜得增寿。北边坐人是北斗,南边坐人是南斗。南斗注生,北斗注死⑤。凡人受胎,皆从南斗过北斗;所有祈求,皆向北斗。"

[注释]①貌主夭亡:相貌预兆未成年而死。 ②榼(kē):壶。 ③刈麦地:割过麦子的庄稼地。 ④适来:刚才。 ⑤南斗注生,北斗注死:南斗、北斗,星座名。相传南斗星掌人生,北斗星掌人死。

55. 管辂筮信都令家

信都令家①,妇女惊恐,更互疾病②,使辂筮之。辂曰:"君北堂西头有两死男子:一男持矛,一男持弓箭。头在壁内,脚在壁外。持矛者主刺头,故头重痛,不得举也;持弓箭者主射胸腹,故心中悬痛,不得饮食也。昼则浮游③,夜来病人,故使惊恐也。"于是掘其室中,入地八尺,果得二棺。一棺中有矛,一棺中有角弓及箭④。箭久远,木皆消烂,但有铁及角完耳。乃徙骸骨,去城二十里埋之。无复疾病。

[注释]①信都:县名,今河北衡水冀州区。 ②更互:相互轮流。 ③浮游:到处周游。 ④角弓:以兽角装饰的弓。

56. 管辂筮躄疾

利漕民郭恩①,字义博。兄弟三人,皆得躄疾②。使辂筮其所由。辂曰:"卦中有君本墓③,墓中有女鬼,非君伯母,当叔母也。昔饥荒之世,当有利其数升米者④,排着井中⑤。啧啧有声,推一大石下,破其头。孤魂冤痛,自诉于天耳。"

[注释]①利漕:运河名,曹操所修。《水经注·浊漳水》注引应劭云:"汉献帝建安十八年,魏太祖凿渠,引漳水,东入清洹,以通河漕,名曰利漕渠。" ②躃(bì)疾:瘸腿病。 ③本墓:家族墓地。 ④利:贪图。 ⑤排:推。

57. 淳于智杀鼠

淳于智字叔平,济北卢人也①。性深沉,有思义。少为书生,能《易》筮,善厌胜之术②。高平刘柔,夜卧,鼠啮其左手中指,意甚恶之。以问智,智为筮之,曰:"鼠本欲杀君而不能,当为使其反死③。"乃以朱书手腕横文后三寸④,为田字,可方一寸二分,使夜露手以卧。有大鼠伏死于前。

[注释]①卢,县名,属济北郡,治所今山东长清东。 ②厌胜之术:古代一种用诅咒的方法压服鬼魅的巫术。 ③当为使其反死:应当让老鼠反而被杀死。 ④朱:朱砂。书:写。

58. 淳于智卜宅

上党鲍瑷①,家多丧病,贫苦。淳于智卜之,曰:"君居宅不利,故令君困尔。君舍东北有大桑树。君径至市,入门数十步,当有一人卖新鞭者,便就买还,以悬此树。三年,当暴得财②。"瑷承言诣市③,果得马鞭。悬之三年,浚井④,得钱数十万,铜铁器复二万余。于是业用既展⑤,病者亦无恙。

[注释]①上党:郡名,治所今山西长治北。 ②暴:突然。 ③诣:到。
④浚:挖掘。 ⑤展:富裕。

59. 淳于智卜祸

谯人夏侯藻①,母病困,将诣智卜,忽有一狐,当门向之嗥叫②。藻大愕惧③,遂驰诣智。智曰:"其祸甚急。君速归,在狐嗥处,拊心啼哭④,令家人惊怪,大小毕出。一人不出,啼哭勿休。然其祸仅可免也。"藻还,如其言,母亦扶病而出。家人既集,堂屋五间拉然而崩⑤。

[注释]①谯:郡名,今安徽亳州。 ②当:同"挡"。嗥叫:吼叫。 ③愕惧:惊恐害怕。 ④拊心:手捂胸口。 ⑤拉然:像被拉倒一样。

60. 淳于智筮病

护军张劭母病笃①。智筮之,使西出市沐猴②,系母臂,令傍人捶拍③,恒使作声,三日放去。劭从之。其猴出门,即为犬所咋死④。母病遂差⑤。

[注释]①护军:官名,魏晋时设护军将军、中护军,掌管军职的选用,亦领中央军队。 ②市:买。沐猴:猕猴。 ③捶拍:锤击拍打。 ④咋:咬,啃。 ⑤差:病愈。

61. 郭璞撒豆成兵

郭璞字景纯①,行至庐江②,劝太守胡孟康急回南渡。康不从。璞将促装去之③,爱其婢,无由得,乃取小豆三斗,绕主人宅散之。主人晨起,见赤衣人数千围其家,就视则灭。甚恶之,请璞为卦。璞曰:"君家不宜畜此婢,可于东南二十里卖之,慎勿争价,则此妖可除也。"璞阴令人贱买此婢,复为投符于井中,数千赤衣人一一自投于井。主人大悦。璞携婢去。后数旬而庐江陷。

[注释]①郭璞:西晋著名学者、诗人。通五行卜筮之术,曾注《尔雅》、《山海经》,后被王敦所杀。 ②庐江:今安徽庐江西。 ③促装:整理行装。

62. 郭璞救死马

赵固所乘马忽死①,甚悲惜之,以问郭璞。璞曰:"可遣数十人持竹竿,东行三十里,有山林陵树,便搅打之。当有一物出,急宜持归。"于是如言,果得一物,似猿。持归,入门,见死马,跳梁走往死马头②,嘘吸其鼻。顷之,马即能起,奋迅嘶鸣,饮食如常。亦不复见向物。固奇之,厚加资给。

[注释]①赵固:十六国时汉国君刘渊部将。 ②跳梁:奔跃腾跳。

63. 郭璞筮病

扬州别驾顾球姊①,生十年便病。至年五十余,令郭璞筮,得"大过"之"升"②。其辞曰:"'大过'卦者义不嘉,冢墓枯杨无英华。振动游魂见龙车③,身被重累婴妖邪。法由斩祀杀灵蛇,非己之咎先人瑕④。案卦论之可奈何。"球乃迹访其家事。先世曾伐大树,得大蛇,杀之,女便病。病后,有群鸟数千,回翔屋上,人皆怪之,不知何故。有县农行过舍边,仰视,见龙牵车,五色晃烂,其大非常,有顷遂灭。

[注释]①别驾：官名，刺史的佐吏，负责处理日常事务。　②大过：《周易》卦名，巽下兑上。升：《周易》卦名，巽下坤上。得"大过"之"升"：指大过卦四、五爻皆变而成升卦。　③游魂：游荡的鬼魂。　④咎：罪过。先人瑕：祖先的过失。

64. 郭璞白牛治病

义兴方叔保得伤寒①，垂死，令璞占之，不吉。令求白牛厌之②，求之不得，唯羊子元有一白牛，不肯借。璞为致之③，即日有大白牛从西来，径往临。叔保惊惶，病即愈。

[注释]①义兴：郡名，今江苏宜兴。伤寒：中医指因风寒侵入人体而发热的病。　②厌：制服，镇服。　③致：施法招致。

65. 费孝先

西川费孝先善轨革，世皆知名。有大若人王旻，因货殖至成都，求为卦。孝先曰："教住莫住，教洗莫洗。一石谷捣得三斗米。遇明即活，遇暗即死。"再三戒之，令诵此言足矣。旻志之。及行，途中遇大雨，憩一屋下，路人盈塞，乃思曰："教住莫住，得非此耶？"遂冒雨行，未几，屋遂颠覆，独得免焉。旻之妻已私邻比，欲媾终身之好，俟旋归，将致毒谋。旻既至，妻约其私人曰："今夕新沐者，乃夫也。"将晡，呼旻洗沐，重易巾帨。旻悟曰："教洗莫洗，得非此也？"坚不从。妻怒，不省，自沐。夜半反被害。既觉，惊呼邻里共视，皆莫测其由。遂被囚系拷讯。狱就，不能自辨。郡守录状，旻泣言："死即死矣，但孝先所言，终无验耳。"左右以是语上达。郡守命未得行法，呼旻问曰："汝邻比何人也？"曰："康七。"遂遣人捕之。"杀汝妻者，必此人也。"已而果然。因谓僚佐曰："一石谷捣得三斗米，非康七乎？"由是辨雪，诚遇明即活之效。

（此段文字见宋人章炳文《搜神秘览》。汪绍楹先生以为，当是明人辑录时，因书名类似而误收，应删。今仅存原文，不注，附此备考。）

66. 隗炤书板

隗炤，汝阴鸿寿亭民也①。善《易》。临终书板，授其妻曰："吾亡后，当大荒。虽尔，而慎莫卖宅也。到后五年春，当有诏使来顿此亭②，姓龚。此人负吾金③，即以此板往责之。勿负言也。"亡后，果大困，欲卖宅者数矣，忆夫言，辄止。至期，有龚使者，果止亭中，妻遂赍板责之④。使者执板，不知所言，曰："我平生不负钱，此何缘尔邪？"妻曰："夫临亡，手书板，见命如此，不敢妄也。"使者沉吟良久而悟，乃命取蓍筮之。卦成，抵掌叹曰："妙哉隗生！含明隐迹而莫之闻⑤，可谓镜穷达而洞吉凶者也⑥。"于是告其妻曰："吾不负金。贤夫自有金，乃知亡后当暂穷，故藏金以待太平。所以不告儿妇者，恐金尽而困无已也。知吾善《易》，故书板以寄意耳。金五百斤，盛以青罂，覆以铜柈⑦，埋在堂屋东头，去壁一丈⑧，入地九尺。"妻还掘之，果得金，皆如所卜。

[**注释**]①隗炤（wěi zhāo）：晋人，《晋书》有传。汝阴：郡名，治所今安徽阜阳。　②诏使：皇帝派的钦差。顿：停留。　③负：欠债。　④赍：持。责：索取。　⑤含明隐迹而莫之闻：内心明白而隐藏形迹无人知道。　⑥镜：明察。洞：洞见。　⑦柈：通"盘"。　⑧壁：原作"地"，据汪校改。

67. 韩友驱魅

韩友字景先,庐江舒人也。善占卜,亦行京房厌胜之术。刘世则女病魅积年①,巫为攻祷,伐空冢故城间,得狸鼍数十②,病犹不差。友筮之,命作布囊,俟女发时,张囊着窗牖间。友闭户作气,若有所驱。须臾间,见囊大胀,如吹,因决败之。女仍大发。友乃更作皮囊二枚,沓张之③,施张如前,囊复胀满。因急缚囊口,悬着树。二十许日,渐消。开视,有二斤狐毛。女病遂差。

[注释]①病魅:因鬼魅作祟而生病。 ②狸:野猫。鼍:扬子鳄,俗称猪婆龙。 ③沓张:将两只皮囊重叠张开。

68. 严卿禳灾

会稽严卿善卜筮。乡人魏序欲东行,荒年多抄盗,令卿筮之。卿曰:"君慎不可东行,必遭暴害,而非劫也。"序不信。卿曰:"既必不停,宜有以禳之①。可索西郭外独母家白雄狗,系着船前。"求索止得驳狗②,无白者。卿曰:"驳者亦足。然犹恨其色不纯。当余小毒,止及六畜辈耳③。无所复忧。"序行半路,狗忽然作声甚急,有如人打之者。比视,已死,吐黑血斗余。其夕,序墅上白鹅数头④,无故自死。序家无恙。

[注释]①禳:古代一种消灾祛病的祭祀仪式。 ②驳狗:毛色不纯的狗。 ③止及:仅仅涉及。 ④墅:田舍,此指家里。

69. 华佗治疮

沛国华佗①,字元化,一名旉。琅邪刘勋为河内太守②,有女年几二十,苦脚左膝里有疮,痒而不痛。疮愈数十日复发。如此七八年。迎佗使视。佗曰:"是易治之。当得稻糠黄色犬一头③,好马二匹。"以绳系犬颈,使走马牵犬,马极辄易④。计马走三十余里,犬不能行,复令步人拖曳,计向五十里。乃以药饮女,女即安卧不知人。因取大刀,断犬腹近后脚之前,以所断之处向疮口,令二三寸停之。须臾,有若蛇者,从疮中出。便以铁椎横贯蛇头。蛇在皮中动摇良久,须臾不动,乃牵出,长三尺许,纯是蛇,但有眼处而无瞳子,又逆鳞耳。以膏散着疮中,七日愈。

[注释]①沛国:郡国名,今江苏沛县。华佗:汉末著名医家。 ②琅邪:郡名,今山东诸成。河内:郡名,治所今河南武陟。 ③稻糠黄色犬:稻糠色黄毛的狗。 ④马极辄易:马疲惫就更换另一匹。

70. 华佗医病咽

佗尝行道,见一人病咽,嗜食不得下。家人车载,欲往就医。佗闻其呻吟声,驻车往视,语之曰:"向来道边,有卖饼家蒜齑大酢①,从取三升饮之,病自当去。"即如佗言,立吐蛇一枚。

[注释]①蒜齑(jī):蒜末。齑,葱、姜、蒜之类的粉末。酢(cù):同"醋"。

卷 四

71. 风伯雨师

风伯、雨师,星也①。风伯者,箕星也②。雨师者,毕星也③。郑玄谓司中、司命④,文昌第五、第四星也⑤。雨师一曰屏翳,一曰屏号⑥,一曰玄冥。

[注释]①星:星宿。 ②箕(jī)星:二十八宿之一,东方青龙之第七宿,有星四颗。属人马座。 ③毕星:二十八宿之一,西方白虎之第五宿,有星八颗。属金牛座。 ④郑玄:东汉末年著名学者、经学家,遍注儒家群经,是汉代经学的集大成者。司中、司命:星名。《史记·天官书》:"斗魁戴匡六星曰文昌宫:一曰上将,二曰次将,三曰贵相,四曰司命,五曰司中,六曰司禄。" ⑤第五、第四:原作"第四、第五",据《史记》、汪校改。 ⑥屏号:原作"号屏",据汪校改。

72. 张宽说天星

蜀郡张宽,字叔文,汉武帝时为侍中①。从祀甘泉②,至渭桥,有女子浴于渭水,乳长七尺。上怪其异,遣问之。女曰:"帝后第七车者,知我所来。"时宽在第七车。对曰:"天星主祭祀者。斋戒不洁,则女人见③。"

[注释]①侍中:职官名,侍从皇帝左右,出入宫禁,属亲信尊宠之职。②甘泉:宫名,故址在陕西淳化西北甘泉山。　③女人:即女宿。二十八宿之一,北方玄武第三宿。又称须女、婺女。

73. 灌坛令

文王以太公望为灌坛令①。期年②,风不鸣条③。文王梦一妇人,甚丽,当道而哭。问其故,曰:"吾泰山之女,嫁为东海妇。欲归④,今为灌坛令当道有德⑤,废我行;我行,必有大风疾雨。大风疾雨,是毁其德也。"文王觉,召太公问之。是日果有疾雨暴风,从太公邑外而过。文王乃拜太公为大司马⑥。

[注释]①文王:周文王姬昌。太公望:即姜尚,又称吕尚,俗称姜太公,辅佐周武王灭商,封于齐。灌坛:地名,周国小邑。　②期年:一周年。③风不鸣条:风不吹响树枝,指风调雨顺。　④归:女子出嫁。　⑤当道有德:主政有德行。　⑥大司马:官名,周六卿之一,主掌军政事务。

74. 胡母班传书

胡母班字季友,泰山人也。曾至泰山之侧,忽于树间逢一绛衣驺①,呼班云:"泰山府君召②。"班惊愕,逡巡未答③。复有一驺出,呼之。遂随行数十步,驺请班暂瞑④。少顷,便见宫室,威仪甚严。班乃入阁拜谒。主为设食,语班曰:"欲见君,无他,欲附书与女婿耳。"班问:"女郎何在?"曰:"女为河伯妇。"班曰:"辄当奉书,不知缘何得达?"答曰:"今适河中流,便扣舟呼青衣⑤,当自有取书者。"班乃辞出。昔驺复令闭目,有顷,忽如故道。遂西行,如神言而呼青衣。须臾,果有一女仆出,取书而没。少顷,复出,云:"河伯欲暂见君。"婢亦请瞑目。遂拜谒河伯。河伯乃大设酒食,词旨殷勤。临去,谓班曰:"感君远为致书,无物相奉。"于是命左右:"取吾青丝履来!"以贻班⑥。班出,瞑然,忽得还舟。

遂于长安经年而还。至泰山侧,不敢潜过。遂扣树,自称姓名,从长安还,欲启消息。须臾,昔驺出,引班如向法而进。因致书焉。府君请曰:"当别再报。"班语讫,如厕。忽见其父着械徒作⑦,此辈数百人。班进拜流涕,问:"大人何因及此?"父云:"吾死不幸,见遣三年⑧,今已二年矣,困苦不可处。知汝今为明府所识,可为吾陈之,乞免此役,便欲得社公耳⑨。"班乃依教,叩头陈乞。府君曰:"生死异路,不可相近,身无所惜。"班苦请,方许之。于是辞出,还家。

岁余,儿子死亡略尽。班惶惧,复诣泰山,扣树求见。昔驺遂迎之而见。班乃自说:"昔辞旷拙,及还家,儿死亡至尽。今恐祸故未已,辄来启白,幸蒙哀救。"府君抚掌大笑曰:"昔语君'死生异路,不可相近'故也。"即敕外召班父。须臾,至庭中,问之:"昔求还里社,当为门户作福,而孙息死亡至尽,何也?"答云:"久别乡里,自欣得还,又遇酒食充足,实念诸孙,召之。"于是代之⑩。父涕泣而出。班遂还。后有儿皆无恙。

[注释]①绛衣驺:穿大红衣服的骑马随从。 ②泰山府君:即传说中的东岳大帝,掌管人间生死。犹佛教的阎罗王。 ③逡巡:犹豫迟疑。 ④暂瞑:暂时闭上眼睛。 ⑤青衣:穿青黑色衣服的人。此指侍女。 ⑥贻:赠

送。　⑦着械徒作:戴着刑具服劳役。　⑧遣:惩罚。　⑨社公:土地神。⑩代之:派人替代他。

75. 河伯冯夷

宋时,弘农冯夷,华阴潼乡堤首人也①。以八月上庚日渡河②,溺死。天帝署为河伯③。又《五行书》曰④:"河伯以庚辰日死。不可治船远行,溺没不返。"

[注释]①弘农:郡名,治所今河南灵宝东北。华阴:今陕西华阴。②上庚日:农历每月上旬的庚日。　③署:任命。　④《五行书》:书名,已佚。

76. 河伯招婿

吴余杭县南有上湖①,湖中央作塘。有一人乘马看戏,将三四人至岑村饮酒,小醉,暮还。时炎热,因下马入水中,枕石眠。马断走归,从人悉追马,至暮不返。眠觉,日已向晡,不见人马。见一妇来,年可十六七,云:"女郎再拜。日既向暮,此间大可畏。君作何计?"因问:"女郎何姓?那得忽相闻?"复有一少年,年十三四,甚了了②,乘新车,车后二十人,至,呼上车。云:"大人暂欲相见。"因回车而去。道中绎络把火,见城郭邑居。既入城,进厅事上③,有信幡④,题云:"河伯信。"俄见一人,年三十许,颜色如画,侍卫繁多。相对欣然,敕行酒炙⑤,云:"仆有小女,颇聪明,欲以给君箕帚⑥。"此人知神,不敢拒逆。便敕备办,会就郎中婚⑦。承白已办,遂以丝布单衣及纱袷、绢裙、纱衫裤、履屐,皆精好。又给十小吏,青衣数十人。妇年可十八九,姿容婉媚。便成。三日,经大会客拜阁⑧。

四日,云:"礼既有限,发遣去。"妇以金瓯、麝香囊与婿别,涕泣而分。又与钱十万、药方三卷,云:"可以施功布德。"复云:"十年当相迎。"此人归家,遂不肯别婚,辞亲,出家作道人。所得三卷方:一卷脉经,一卷汤方,一卷丸方。周行救疗,皆致神验。后母老兄丧,因还婚宦。

(按,此条《法苑珠林》、《太平广记》均标明出自《幽明录》。汪绍楹先生认为乃误收,应删。此或为释上条而误引。存此备考。)

[注释]①余杭:县名,今浙江杭州余杭区。上湖:《越绝书》:"无锡湖,周万五千顷,其一千三百顷,毗陵上湖也。去县五十里,一名射贵湖。"　②了了:聪明伶俐。　③厅事:官署视事问案的厅堂。　④信幡:古代题表官号、用为符信的旗帜。　⑤炙:原作"笑",据《法苑珠林》改。　⑥箕帚:以箕帚扫除,操持家内杂务,此作为妻妾的代称。　⑦会:当。　⑧拜阁:魏晋习俗,婚后三日为女婿拜阁日,女方家宴集宾客,今称回门宴。

77. 华山使者

秦始皇三十六年,使者郑容从关东来,将入函关①。西至华阴,望见素车白马,从华山上下。疑其非人,道住,止而待之。遂至,问郑容曰:"安之?"答曰:"之咸阳②。"车上人曰:"吾华山使也。愿托一牍书,致镐池君所③。子之咸阳,道过镐池,见一大梓,下有文石,取款梓④,当有应者。即以书与之。"容如其言,以石款梓树,果有人来取书。明年,祖龙死⑤。

[注释]①函关:函谷关,在今河南灵宝东北。　②咸阳:秦都城,今陕西咸阳东北二十里。　③镐池:古池名,在今陕西西安西。　④款:敲击。　⑤祖龙:秦始皇。

78. 张璞投女

张璞字公直,不知何许人也。为吴郡太守①,征还,道由庐山。子女观于祠室②,婢使指像人以戏曰③:"以此配汝。"其夜,璞妻梦庐君致聘曰④:"鄙男不肖,感垂采择,用致微意。"妻觉,怪之。婢言其情。于是妻惧,催璞速发。中流,舟不为行。阖船震恐。乃皆投物于水,船犹不行。或曰:"投女则船为进。"皆曰:"神意已可知也。以一女而灭一门,奈何?"璞曰:"吾不忍见之。"乃上飞庐卧⑤,使妻沉女于水。妻因以璞亡兄孤女代之。置席水中,女坐其上,船乃得去。璞见女之在也,怒曰:"吾何面目于当世也。"乃复投己女。及得渡,遥见二女在下。有吏立于岸侧,曰:"吾庐君主簿也。庐君谢君。知鬼神非匹⑥,又敬君之义,故悉还二女。"后问女。言:"但见好屋、吏卒,不觉在水中也。"

[**注释**]①吴郡:郡名,治所今江苏苏州。 ②祠室:供奉庐山山神的庙堂。 ③像人:木雕或泥塑的偶像,此指庐山神。 ④致聘:送聘礼。 ⑤飞庐:船上的小楼屋。 ⑥匹:婚配。

79. 建康小吏

建康小吏曹著①,为庐山使所迎,配以女婉。著形意不安,屡屡求请退。婉潸然垂涕,赋诗序别,并赠织成裈衫②。

[**注释**]①建康:我国古都之一,今江苏南京。 ②裈衫:丝织的裤子衣服。

80. 宫亭湖二女

宫亭湖孤石庙①,尝有估客至都②,经其庙下,见二女子,云:"可为买两量丝履③,自相厚报。"估客至都,市好丝履,并箱盛之。自市书刀亦内箱中④。既还,以箱及香,置庙中而去,忘取书刀。至河中流,忽有鲤鱼跳入船内。破鱼腹,得书刀焉。

[注释]①宫亭湖:即鄱阳湖。《荆州记》:"宫亭即彭蠡也,谓之彭泽湖。"②估客:商人。　③量:通"緉",古代计算鞋子的数量单位,犹今言"双"。④书刀:古代在竹简上刻字写书,用来削改的刀称书刀。

81. 宫亭庙神

南州人有遣吏献犀簪于孙权者①,舟过宫亭庙而乞灵焉。神忽下教曰:"须汝犀簪。"吏惶遽不敢应。俄而犀簪已前列矣。神复下教曰:"俟汝至石头城②,返汝簪。"吏不得已,遂行。自分失簪③,且得死罪。比达石头④,忽有大鲤鱼,长三尺,跃入舟。剖之,得簪。

[注释]①南州:今越南北部和两广地区。犀簪:犀牛角制的发簪。②石头城:古城名,又称石城、石首城,今江苏南京清凉山。　③自分:自料。④比:及、等到。

82. 郭璞卜驴鼠

郭璞过江,宣城太守殷祐引为参军①。时有一物,大如水牛,灰色,卑脚,脚类象,胸前尾上皆白,大力而迟钝,来到城下。众咸怪焉。祐使人伏而取之。令璞作卦,遇

"遯"之"蛊"②,名曰"驴鼠。"卜适了,伏者以戟刺,深尺余。郡纲纪上祠请杀之③。巫云:"庙神不悦。此是共亭庐山君使④,至荆山,暂来过我。不须触之。"遂去,不复见。

[注释]①参军:官名,太守的幕僚。 ②遯、蛊:皆《周易》卦名。 ③纲纪:古代州郡的主簿佐吏。 ④共亭:宫亭湖。庐:原作"驴",据汪校改。

83. 欧明求如愿

庐陵欧明①,从贾客,道经彭泽湖,每以舟中所有,多少投湖中②,云:"以为礼。"积数年。后复过,忽见湖中有大道,上多风尘③。有数吏,乘车马来候明,云:"是青洪君使要④。"须臾,达,见有府舍,门下吏卒,明甚怖。吏曰:"无可怖!青洪君感君前后有礼,故要君,必有重遗君者。君勿取,独求'如愿'耳。"明既见青洪君,乃求"如愿。"使逐明去。如愿者,青洪君婢也。明将归,所愿辄得,数年,大富。

[注释]①庐陵:郡名,治所今江西吉安。 ②多少:犹今多多少少,略微。 ③风尘:尘世之事。 ④青洪君:彭泽湖神。要:通"邀"。

84. 黄石公祠

益州之西①,云南之东②,有神祠。克山石为室③,下有神,奉祠之,自称黄公。因言此神,张良所受黄石公之灵也④。清净不宰杀。诸祈祷者,持一百钱,一双笔,一丸墨,置石室中。前请乞,先闻石室中有声,须臾,问来人何欲。既言,便具语吉凶,不见其形。至今如此。

[注释]①益州:州名,今四川盆地、云贵部分地区。 ②云南:地名,今云南祥云。 ③克:开凿。 ④张良:字子房,刘邦谋臣,汉初著名政治谋略家。黄石公:又称圯上老人,传张良兵书者。

85. 樊道基显神

永嘉中,有神见兖州①,自称樊道基。有妪,号成夫人。夫人好音乐,能弹箜篌②,闻人弦歌,辄便起舞。

[注释]①兖州:州名,治所今山东金乡西北。 ②箜篌:古代一种拨弦乐器,分卧式与竖式两种。

86. 戴文谋疑神

沛国戴文谋,隐居阳城山中①,曾于客堂食际,忽闻有神呼曰:"我天帝使者,欲下凭君②,可乎?"文闻甚惊。又曰:"君疑我也。"文乃跪曰:"居贫,恐不足降下耳。"既而洒扫设位,朝夕进食,甚谨。后于室内窃言之。妇曰:"此恐是妖魅凭依耳。"文曰:"我亦疑之。"及祠飨之时③,神乃言曰:"吾相从,方欲相利,不意有疑心异议。"文辞谢之际,忽堂上如数十人呼声,出视之,见一大鸟五色,白鸠数十随之,东北入云而去,遂不见。

[注释]①阳城山:又称马岭山、车岭山,即今河南巩义东南、登封东北的五指岭。按,汪校疑当作阳山,广州始安郡有阳山县。 ②凭:依靠。 ③祠飨:祭祀时敬献供品。

87. 麋竺遇天使

麋竺字子仲,东海朐人也①。祖世货殖②,家赀巨万③。常从洛归,未至家数十里,见路次有一好新妇,从竺求寄载。行可二十余里,新妇谢去,谓竺曰:"我天使也。当往烧东海麋竺家,感君见载,故以相语。"竺因私请之。妇曰:"不可得不烧。如此,君可快去,我当缓行。日中必火发。"竺乃急行归,达家,便移出财物。日中,而火大发。

[注释]①朐(qú):县名,今江苏连云港西南。 ②货殖:经商营利。③赀:通"资",资产,财物。

88. 阴子方祀灶

汉宣帝时①,南阳阴子方者②,性至孝,积恩好施,喜祀灶。腊日③,晨炊,而灶神形见。子方再拜受庆。家有黄羊④,因以祀之。自是已后,暴至巨富,田七百余顷,舆马仆隶,比于邦君⑤。子方尝言:"我子孙必将强大。"至识三世⑥,而遂繁昌。家凡四侯,牧守数十。故后子孙尝以腊日祀灶,而荐黄羊焉。

[注释]①汉宣帝:汉武帝刘彻曾孙刘询,前74~前49年在位。 ②南阳:郡名,治所今河南南阳。 ③腊日:腊祭之日,即农历十二月初八。④黄羊:《荆楚岁时记》亦载此事,曰:"家有黄犬,因以祭之,谓之黄羊。"《古今注》:"狗一名黄羊。" ⑤邦君:地方长官如太守、刺史之类。 ⑥识:即阴识,汉光武帝刘秀阴皇后之兄。据《后汉书·阴识传》,阴识,识弟阴兴,兴子阴庆、阴博四人均封侯。

89. 张成见蚕神

吴县张成①,夜起,忽见一妇人立于宅南角,举手招成曰:"此是君家之蚕室,我即此地之神。明年正月十五,宜作白粥②,泛膏于上。"以后年年大得蚕。今之作膏糜像此③。

[注释]①吴县:县名,今江苏苏州。 ②白粥:白米煮的稀饭。 ③膏糜:上浮油脂的白粥,农历正月十五以此祭祀蚕神。

90. 戴侯祠

豫章有戴氏女,久病不差①。见一小石,形像偶人,女谓曰:"尔有人形,岂神?能差我宿疾者②,吾将重汝③。"其夜,梦有人告之:"吾将祐汝。"自后疾渐差。遂为立祠山下。戴氏为巫,故名戴侯祠。

[注释]①差(chài):病愈。 ②宿疾:旧疾,多年的疾病。 ③重:敬重,此指供奉祭祀。

91. 袁玘死为神

汉阳羡长袁玘尝言①:"我死当为神。"一夕,饮醉,无病而卒。风雨②,失其柩③。夜闻荆山有数千人喊声④,乡民往视之,则棺已成冢。遂改为君山⑤,因立祠祀之。

[注释]①阳羡:县名,今江苏宜兴南。袁玘:原作"刘玘",据《风土记》及注校改。 ②风雨:刮风下雨,风雨交加之时。 ③柩:装殓有尸体的棺材。 ④喊:原作"㘞",据《风土记》及注校改。 ⑤君山:《太平寰宇记》载,君山,在(常州宜兴)县南二十里,旧名荆南山,在荆溪之南。

卷　五

92. 蒋子文

　　蒋子文者，广陵人也①。嗜酒好色，挑达无度②。常自谓己骨清，死当为神。汉末为秣陵尉，逐贼至钟山下③，贼击伤额，因解绶缚之④，有顷遂死。及吴先主之初⑤，其故吏见文于道，乘白马，执白羽，侍从如平生。见者惊走。文追之，谓曰："我当为此土地神，以福尔下民。尔可宣告百姓，为我立祠。不尔，将有大咎。"是岁夏，大疫，百姓窃相恐动，颇有窃祠之者矣。文又下巫祝："吾将大启祐孙氏，宜为我立祠。不尔，将使虫入人耳为灾。"俄而小虫如尘虻⑥，入耳皆死，医不能治。百姓愈恐。孙主未之信也。又下巫祝："吾不祀我，将又以大火为灾。"是岁，火灾大发，一日数十处。火及公宫。议者以为鬼有所归，乃不为厉⑦，宜有以抚之。于是使使者封子文为中都侯，次弟子绪为长水校尉，皆加印绶。为立庙堂。转号钟山为蒋山，今建康东北蒋山是也。自是灾厉止息，百姓遂大事之。

　　[注释]①广陵：郡名，治所今江苏扬州。　②挑达无度：轻薄放纵。

③钟山:今南京紫金山。 ④绶:衣带。 ⑤吴先主:吴大帝孙权。 ⑥尘虻:比蚊子体小的飞虫,俗称蠓子。 ⑦厉:作恶。

93. 蒋侯召刘赤父

刘赤父者,梦蒋侯召为主簿。期日促①,乃往庙陈请:"母老,子弱,情事过切②,乞蒙放恕。会稽魏过,多材艺,善事神。请举过自代。"因叩头流血。庙祝曰③:"特愿相屈④。魏过何人,而有斯举?"赤父固请,终不许。寻而赤父死焉。

[注释]①期日:约定的日期。 ②情事过切:任职的事情很紧急。 ③庙祝:庙宇中管香火的人。 ④特愿相屈:只是希望你屈就任职。

94. 蒋山庙戏婚

咸宁中①,太常卿韩伯子某②,会稽内史王蕴子某③,光禄大夫刘耽子某④,同游蒋山庙。庙有数妇人像,甚端正。某等醉,各指像以戏,自相配匹。即以其夕,三人同梦蒋侯遣传教相闻,曰:"家子女并丑陋,而猥垂荣顾⑤。辄刻某日⑥,悉相奉迎。"某等以其梦指适异常⑦,试往相问,而果各得此梦,符协如一。于是大惧。备三牲⑧,诣庙谢罪乞哀。又俱梦蒋侯亲来降己,曰:"君等既已顾之,实贪会对⑨。克期垂及,岂容方更中悔?"经少时,并亡。

[注释]①咸宁:晋武帝司马炎年号。但下文所记三人,均东晋人物,生活年代与此不符,故或以为咸宁当指咸安、宁康,乃东晋简文帝司马昱年号(371~375)。存疑备考。 ②太常卿:官名,九卿之一,掌宗庙礼仪。 ③内史:官名,负责民政。 ④光禄大夫:官名,掌顾问应对。 ⑤猥垂荣顾:承蒙

看得起而眷顾。 ⑥辄刻某日:就选定某个日期。 ⑦指适:指归,意向。 ⑧三牲:祭祀用的牛、羊、豕。 ⑨实贪会对:实际贪恋着马上见面。

95. 蒋神爱吴望子

会稽鄮县东野有女子①,姓吴,字望子,年十六,姿容可爱。其乡里有解鼓舞神者,要之,便往。缘塘行,半路忽见一贵人,端正非常。贵人乘船,挺力十余,皆整顿②。令人问望子:"欲何之?"具以事对。贵人云:"今正欲往彼,便可入船共去。"望子辞不敢。忽然不见。望子既拜神座,见向船中贵人,俨然端坐,即蒋侯像也。问望子:"来何迟?"因掷两橘与之。数数形见③,遂隆情好。心有所欲,辄空中下之。尝思啖鲤,一双鲜鲤随心而至。望子芳香④,流闻数里,颇有神验。一邑共事奉。经三年,望子忽生外意⑤,神便绝往来。

[注释]①鄮(mào)县:古县名,今浙江宁波鄞州区。 ②整顿:整齐端庄。"皆"字原无,据汪校补。 ③数数:屡次。 ④芳香:指名声好。 ⑤外意:非分之想。

96. 蒋侯助杀虎

陈郡谢玉为琅邪内史①,在京城。所在虎暴,杀人甚众。有一人,以小船载年少妇,以大刀插着船,挟暮来至逻所②。将出语云:"此间顷来甚多草秽③,君载细小,作此轻行,大为不易。可止逻宿也。"相问讯既毕,逻将适还去。其妇上岸,便为虎将去。其夫拔刀大唤,欲逐之。先奉事蒋侯,乃唤求助。如此当行十里,忽如有一黑衣为之导,其人随之,当复二十里,见大树。既至一穴,虎子闻行声,谓其母至,皆走出。其人即其所杀之。便拔刀隐树侧,住良久,虎方至。便下妇着地,倒牵入穴。其人以刀当腰斫断之。虎既死,其妇故活。向晓能语④。问之,云:"虎初取,便负着背上。临至而后下之。四体无他,止为草木伤耳。"扶归还船。明夜,梦一人语之曰:"蒋侯使助汝,知否?"至家,杀猪祠焉。

[注释]①陈郡:郡名,治所今河南淮阳。谢玉:汪绍楹先生以为当谢安子谢琰。　②挟暮:赶在天黑时。逻所:巡逻的哨所。　③顷来:近来。草秽:草中秽物,指老虎。　④向晓:接近天亮。

97．丁姑祠

淮南全椒县有丁新妇者①,本丹阳丁氏女②,年十六,适全椒谢家。其姑严酷③,使役有程,不如限者,仍便笞捶④,不可堪⑤。九月九日,乃自经死。遂有灵响⑥,闻于民间。发言于巫祝曰:"念人家妇女,作息不倦,使避九月九日,勿用作事。"见形,着缥衣⑦,戴青盖,从一婢,至牛渚津⑧,求渡。有两男子,共乘船捕鱼,仍呼求载。两男子笑,共调弄之,言:"听我为妇,当相渡也。"丁妪曰:"谓汝是佳人,而无所知。汝是人,当使汝入泥死。是鬼,使汝入水。"便却入草中。须臾,有一老翁,乘船载苇,妪从索渡。翁曰:"船上无装,岂可露渡?恐不中载耳。"妪言:"无苦。"翁因出苇半许,安处着船中⑨,径渡之。至南岸,临去,语翁曰:"吾是鬼神,非人也,自能得过。然宜使民间粗相闻知。翁之厚意,出苇相渡,深有惭感,当有以相谢者。若翁速还去,必有所见,亦当有所得也。"翁曰:"恐燥湿不至⑩,何敢蒙谢。"翁还西岸,见两男子覆水中。进前数里,有鱼千数,跳跃水边,风吹至岸上。翁遂弃苇,载鱼以归。于是丁妪遂还丹阳。江南人皆呼为丁姑。九月九日,不用作事,咸以为息日也。今所在祠之。

[注释]①全椒:县名,属淮南郡,今安徽全椒。 ②丹阳:县名,治所今安徽当涂。 ③姑:婆婆。严酷:严厉冷酷。 ④笞捶:鞭打。 ⑤堪:忍受。 ⑥灵响:灵验,显灵。 ⑦缥衣:淡青色衣服。 ⑧牛渚津:长江著名渡口,在今安徽当涂西北牛渚山下。 ⑨按,"着"前原有"不"字,据汪校删。 ⑩燥湿不至:照顾不周到。燥湿,当时习语,犹"冷暖、寒温"。

98. 赵公明府参佐

散骑侍郎王祐①,疾困,与母辞诀。既而闻有通宾者,曰:"某郡某里某人,尝为别驾。"祐亦雅闻其姓字。有顷,奄然来至,曰:"与卿士类,有自然之分,又州里,情便款然。今年国家有大事,出三将军,分布征发。吾等十余人,为赵公明府参佐②。至此仓卒,见卿有高门大屋,故来投。与卿相得,大不可言。"祐知其鬼神,曰:"不幸疾笃,死在旦夕。遭卿,以性命相托。"答曰:"人生有死,此必然之事。死者不系生时贵贱。吾今见领兵三千,须卿,得度簿相付。如此地难得,不宜辞之。"祐曰:"老母年高,兄弟无有,一旦死亡,前无供养。"遂歔欷不能自胜。其人怆然曰:"卿位为常伯③,而家无余财。向闻与尊夫人辞诀,言辞哀苦。然则卿国士也,如何可令死。吾当相为。"因起去:"明日更来。"其明日又来。祐曰:"卿许活吾,当卒恩否?"答曰:"大老子业已许卿④,当复相欺耶!"见其从者数百人,皆长二尺许,乌衣军服,赤油为志。祐家击鼓祷祀。诸鬼闻鼓声,皆应节起舞,振袖,飒飒有声。祐将为设酒食,辞曰:"不须。"因复起去,谓祐曰:"病在人体中,如火。当以水解之。"因取一杯水,发被灌之。又曰:"为卿留赤笔十余枝,在荐下⑤,可与人,使簪之。出入辟恶灾,举事皆无恙。"因道曰:"王甲、李乙,吾皆与之。"遂执祐手与辞。时祐得安眠,夜中忽觉,乃呼左右,令开被,"神以水灌我,将大沾濡⑥。"开被而信,有水在上被之下,下被之上,不浸,如露之在荷。量之,得三升七合。于是疾三分愈二,数日大除。凡其所道当取者,皆死亡。唯王文英,半年后乃亡。所道与赤笔人,皆经疾病及兵乱,皆亦无恙。初有妖书云:"上帝以三将军赵公明、钟士季,各督数鬼下取人。"莫知所在。祐病差,见此书,与所道赵公明合。

[注释]①散骑侍郎:官名,即散骑常侍,从皇帝左右以备顾问。　②赵公明:道教八部鬼帅之一,魏晋时是勾人魂魄的瘟神,后被奉为财神。参佐:部下。　③常伯:皇帝身边的近臣亲信之类官员。　④大老子:魏晋时男子自我的口语傲称。　⑤荐:垫席,褥子。　⑥沾濡:浸湿。

99. 周式逢鬼吏

汉下邳周式①,尝至东海,道逢一吏,持一卷书,求寄载。行十余里,谓式曰:"吾暂有所过②,留书寄君船中,慎勿发之。"去后,式盗发视书,皆诸死人录。下条有式名。须臾,吏还,式犹视书。吏怒曰:"故以相告,而忽视之。"

式叩头流血。良久,吏曰:"感卿远相载,此书不可除卿名。今日已去,还家,三年勿出门,可得度也③。勿道见吾书。"式还,不出。已二年余,家皆怪之。邻人卒亡,父怒,使往吊之。式不得已,适出门,便见此吏。吏曰:"吾令汝三年勿出,而今出门,知复奈何④?吾求不见,连累为鞭杖。今已见汝,无可奈何。后三日日中,当相取也。"式还,涕泣具道如此。父故不信。母昼夜与相守。至三日日中时,果见来取,便死。

[注释]①下邳:地名,今江苏睢宁西北。　②暂有所过:临时去拜访他人。　③度:躲过劫难。　④奈何:怎么办。

100. 张助种李

南顿张助①,于田中种禾,见李核,欲持去,顾见空桑,中有土,因植种,以余浆溉灌。后人见桑中反复生李,转相告语。有病目痛者,息阴下,言:"李君令我目愈,谢以一豚。"目痛小疾,亦行自愈。众犬吠声②,盲者得视,远近翕赫③。其下车骑常数千百,酒肉滂沱④。间一岁余,张助远出来还,见之,惊云:"此有何神,乃我所种耳。"因就斫之。

[注释]①南顿:古县名,今河南项城西。　②众犬吠声:即"一犬吠声,百犬吠声"的省略语。多指随声附和,人云亦云。　③翕赫:显赫,此指远近轰动。　④滂沱:雨大。此指酒肉丰盛。

101. 临淄新井

王莽居摄①,刘京上言:"齐郡临淄县亭长辛当②,数梦人谓曰:'吾天使也。摄皇帝当为真。即不信我,此亭中当有新井出。'亭长起视,亭中果有新井,入地百尺。"

[注释]①王莽:字巨君,汉元帝皇后之侄,汉平帝皇后之父,后代汉建立新朝,在位15年,8~23年。居摄:皇帝年幼,不能理政,由大臣代居其位处理政务。 ②齐郡:郡名,治所今山东淄博。亭长:地方小吏。战国时,国与国之间为防御敌人,在边境上设亭,置亭长。秦汉时在乡村设亭,置亭长,掌治安捕盗等民事。东汉后渐废。

卷 六

102．论妖怪

妖怪者,盖精气之依物者也①。气乱于中,物变于外。形神气质,表里之用也。本于五行②,通于五事③。虽消息升降④,化动万端,其于休咎之征⑤,皆可得域而论矣。

[注释]①精气:阴阳精灵之气,万物产生的凭借。 ②五行:金、木、水、火、土,构成物质的五种元素。 ③五事:貌、言、视、听、思。 ④消息:增减、盛衰。 ⑤休咎:吉凶、祸福。

103．论山徙

夏桀之时,厉山亡①。秦始皇之时,三山亡②。周显王三十二年,宋大丘社亡③。汉昭帝之末,陈留、昌邑社亡④。京房《易传》曰⑤:"山默然自移,天下兵乱,社稷亡也。"故会稽山阴琅邪中有怪山,世传本琅邪东武海中山也。时天夜,风雨晦冥,旦而见武山在焉。百姓怪之,因名曰怪山。时东武县山,亦一夕自亡去,识其形者,乃知其移来。今怪山下见有东武里,盖记山所自来,以为名也。又交州山移至青州朐县⑥。凡山徙,皆不极之异也。此二事未详其世。《尚书·金縢》曰⑦:"山徙者,人君不用道士,贤者不兴;或禄去公室,赏罚不由君,私门成群。不救,当为易世变号。"说曰:"善言天者,必质于人;善言人者,必本于天。故天有四时,日月相推,寒暑迭代。其转运也,和而为雨,怒而为风,散而为露,乱而为雾,凝而为霜雪,张而为虹霓⑧。此天之常数也。人有四肢五脏,一觉一寐,呼吸吐纳,精气往来,流而为荣卫⑨,彰而为气色,发而为声音。此亦人之常数也。若四时失运,寒暑乖违,则五纬盈缩⑩,星辰错行,日月薄蚀,彗孛流飞⑪,此天地之危诊也。寒暑不时,此天地之蒸否也。石立土踊,此天地之瘤赘也。山崩地陷,此天地之痈疽也。冲风暴雨,此天地之奔气也。雨泽不降,川渎涸竭,此天地之焦枯也。"

[注释]①厉山:在今湖北随州北。 ②三山:传说中的东海神山,即蓬莱、方丈、瀛洲。 ③周显王三十二年:前337年。大丘:即太丘、泰丘,在今河南永城西北。 ④陈留:县名,今河南开封东南。昌邑:县名,今山东巨野东南。 ⑤京房:西汉易学家,创京氏易学,著有《京氏易传》。 ⑥交州:又称交趾、交阯,治所今广东广州。青州:古九州之一,辖今山东德州以东,济南、高密以北地区。按,此句原作"又交州脆州山移至青州",据汪校改。 ⑦《尚书》:又称《书经》,儒家重要经典之一。《金縢》:《尚书》篇名。按,此所引文字不见《金縢》,乃《洪范》五行家说。 ⑧张而为虹霓:原作"立而为蚳晁",据汪校改。 ⑨荣卫:中医学名词。荣指血的循环,卫指气的周流。此即血气的意思。 ⑩五纬:金、木、水、火、土五星。盈缩:多少,长短。 ⑪彗孛:彗星与孛星。旧以为不祥之兆,预示有兵灾悖乱发生。

104. 龟毛兔角

商纣之时①,大龟生毛,兔生角。兵甲将兴之象也。

[注释]①商纣:又称殷纣王,名辛。商朝最后一位帝王。

105. 马化狐

周宣王三十三年①,幽王生②。是岁,有马化为狐。

[注释]①周宣王三十三年:前795年。 ②幽王:周幽王,周宣王子姬宫涅。前781~前771年在位。

106. 玉化为蜮

晋献公二年①,周惠王居于郑②。郑人入玉府③,多取玉,玉化为蜮④,射人。

[注释]①晋献公二年:前675年。 ②周惠王:东周天子姬阆,在位25年。 ③玉府:机构名,掌天子金玉玩好等器物。玉,原作"王",据汪校改。 ④蜮:短狐,相传能含沙射人的动物。此句原作"多脱化为蜮",据汪校删补。

107. 地暴长暴陷

周隐王二年四月①,齐地暴长,长丈余,高一尺五寸。京房《易妖》曰②:"地四时暴长,占:春、夏多吉,秋、冬多凶。"历阳之郡③,一夕沦入地中而为水泽,今麻湖是也④。不知何时。《运斗枢》曰⑤:"邑之沦,阴吞阳,下相屠焉。"

[注释]①周隐王二年:前313年。周隐王,即周王赧,东周最后一位君主。 ②《易妖》:京房著作《周易妖占》,今佚。 ③历阳:今安徽和县。 ④麻湖:又称历湖,在今安徽和县、含山县境内。 ⑤《运斗枢》:即《春秋运斗

枢》,《春秋》纬的一种,已散佚。

108. 一妇四十子

周哀王八年①,郑有一妇人,生四十子。其二十人为人,二十人死。其九年,晋有豕生人。吴赤乌七年②,有妇人一生三子。

[注释]①周哀王:周贞定王长子去疾,前441年即位,在位三月为弟所杀,谥哀。"八年"或为误传。李剑国《新辑搜神记》以为当作"鲁哀公",可从。②赤乌七年:244年。赤乌,孙权年号。

109. 御人产龙

周烈王六年①,林碧阳君之御人产二龙②。

[注释]①周烈王六年:前370年。周烈王,周安王之子姬喜,在位7年。②御人:侍女。

110. 彭生为豕祸

鲁严公八年①,齐襄公田于贝丘②,见豕,从者曰:"公子彭生也③。"公怒,射之,豕人立而啼④。公惧,坠车,伤足,丧屦⑤。刘向以为近豕祸也⑥。

[注释]①鲁严公八年:前686年。鲁严公,即鲁庄公,汉避讳改。②齐襄公:春秋时齐国国君,名诸儿。田:打猎。贝丘:齐地名。 ③彭生:齐国公子。鲁桓公夫人文姜与齐襄公私通,鲁桓公谴责文姜,齐襄公乃使公子彭生杀鲁桓公。后担心诸侯交恶,又杀公子彭生。事见《左传·鲁桓公十八年》。 ④人立而啼:像人一样站立着啼叫。 ⑤屦(jù):鞋。 ⑥刘向:西汉著名学者、经学家、目录学家,著有《说苑》、《新序》、《列女传》等。此故事见

于《左传·鲁庄公八年》,乃承前故事而来,说彭生鬼魂变"豕"而报复齐襄公,故刘向称为豕祸。

111. 蛇斗国门

鲁严公时,有内蛇与外蛇斗郑南门中①,内蛇死。刘向以为近蛇孽也。京房《易传》曰:"立嗣子疑,厥妖蛇居国门斗。"

[注释]①郑:周诸侯国名,姬姓,本在今陕西渭南华州区西北,东周迁新郑,即今河南新郑。南门:郑国都城南门。

112. 龙斗邑中

鲁昭公十九年①,龙斗于郑时门之外洧渊②。刘向以为近龙孽也。京房《易传》曰:"众心不安③,厥妖龙斗其邑中也。"

[注释]①鲁昭公十九年:前523年。 ②时门:郑国城门。洧(wěi):水名,今河南双洎河。 ③众心:民心。

113. 九蛇绕柱

鲁定公元年①,有九蛇绕柱,占,以为九世庙不祀,乃立炀宫②。

[注释]①鲁定公元年:前509年。 ②炀宫:祭祀鲁炀公的庙。鲁炀公,周公之孙,伯禽之子。

114. 马生人

秦孝公二十一年①,有马生人。昭王二十年②,牡马生子而死③。刘向以为皆马祸也。京房《易传》曰:"方伯分威④,厥妖牡马生子。上无天子,诸侯相伐,厥妖马生人。"

[注释]①秦孝公二十一年:前341年。秦孝公,名渠梁,秦献公之子,在位24年,曾任用商鞅变法,使秦富强。　②昭王二十年:前287年。昭王,即秦昭襄王,秦惠文王之子,在位56年。　③牡马:公马。　④方伯:诸侯之长,后泛指地方长官。

115. 女子化为丈夫

魏襄王十三年①,有女子化为丈夫,与妻生子。京房《易传》曰:"女子化为丈夫,兹谓阴昌,贱人为王。丈夫化为女子,兹谓阴胜阳,厥咎亡。"一曰:"男化为女,宫刑滥②,女化为男,妇政行也。"

[注释]①魏襄王十三年:前306年。魏襄王,魏惠王之子,在位23年。②宫刑:又称腐刑,古代阉割男子生殖器的酷刑。

116. 五足牛

秦惠文王五年①,游朐衍②,有献五足牛。时秦世大用民力,天下叛之。京房《易传》曰:"兴繇役③,夺民时④,厥妖牛生五足。"

[注释]①秦惠文王五年:前320年。惠文王,名驷,秦孝公之子,在位27年。惠,原作"孝",据汪校改。　②朐衍:古代北方少数民族名,此指其所居之地。　③繇役:即徭役,古代官方规定平民定时承担的无偿社会劳动。④民时:农时,生产季节。

117. 临洮巨人

秦始皇二十六年①，有大人，长五丈，足履六尺，皆夷狄服，凡十二人，见于临洮②。乃作金人十二以象之。

[注释]①秦始皇二十六年：前221年。　②临洮：古县名，今甘肃岷县。

118. 龙见井中

汉惠帝二年正月癸酉旦①，有两龙现于兰陵廷东里温陵井中②，至乙亥夜，去。京房《易传》曰："有德遭害③，厥妖龙见井中。"又曰："行刑暴恶，黑龙从井出。"

[注释]①汉惠帝二年：前193年。汉惠帝，刘盈，刘邦之子，在位8年。其时吕后专权擅政。　②兰陵：古县名，今山东兰陵县兰陵镇。　③有德遭害：有德之人遭到迫害。按，当指吕后残害戚夫人事。

119. 马生角

汉文帝十二年①，吴地有马生角，在耳前，上向。右角长三寸，左角长二寸，皆大二寸。刘向以为马不当生角，犹吴不当举兵向上也②。吴将反之变云。京房《易传》曰："臣易上，政不顺，厥妖马生角。兹谓贤士不足。"又曰："天子亲伐，马生角。"

[注释]①汉文帝十二年：前168年。汉文帝，刘恒，刘邦之子，以代王立为皇帝，在位23年。曾灭诸吕，创"文景之治"的政治局面。　②吴不当举兵向上：指景帝时吴王刘濞发动的吴楚七国之乱。

120. 狗生角

文帝后元五年六月①，齐雍城门外有狗生角②。京房

《易传》曰:"执政失③,下将害之,厥妖狗生角。"

[注释]①文帝:即汉文帝。后元五年:前159年。 ②雍城:齐地名,今山东滕州西北。 ③执政:主管某一政务的人,犹执事。

121. 人生角

汉景帝元年九月①,胶东下密人年七十余②,生角。角有毛。京房《易传》曰:"冢宰专政③,厥妖人生角。"《五行志》以为人不当生角,犹诸侯不敢举兵以向京师也。其后遂有七国之难。至晋武帝泰始五年④,元城人年七十⑤,生角。殆赵王伦篡乱之应也⑥。

[注释]①汉景帝元年:前156年。汉景帝,刘启,汉文帝之子,在位17年。 ②胶东:汉封国名。下密:胶东属县名,今山东昌邑东南。 ③冢宰:周官名。六卿之首,亦称太宰。后多用来称宰相。 ④晋武帝泰始五年:269年。晋武帝,司马炎,司马昭之子,265年代魏建立晋朝。 ⑤元城:县名,今河北大名东。 ⑥赵王伦:即司马伦,司马懿第九子,封赵王。晋惠帝永康元年(300),杀贾后,废惠帝自立。后被齐王司马冏、成都王司马颖所杀。

122. 狗与彘交

汉景帝三年①,邯郸有狗与彘交②。是时赵王悖乱③,遂与六国反,外结匈奴以为援。《五行志》以为,犬,兵革失众之占,豕,北方匈奴之象。逆言失听,交于异类,以生害也。京房《易传》曰:"夫妇不严④,厥妖狗与豕交。兹谓反德,国有兵革。"

[注释]①汉景帝三年:前154年。 ②邯郸:郡名,治所今河北邯郸。彘:猪。 ③赵王:刘遂,景帝时参与吴楚七国之乱,兵败自杀。 ④严:互相

敬重。

123. 黑白乌群斗

景帝三年十一月①,有白颈乌与黑乌群斗楚国吕县②。白颈不胜,堕泗水中③,死者数千。刘向以为近白黑祥也。时楚王戊暴逆无道④,刑辱申公⑤,与吴谋反。乌群斗者,师战之象也。白颈者小,明小者败也。堕于水者,将死水地。王戊不悟,遂举兵应吴,与汉大战,兵败而走,至于丹徒⑥,为越人所斩。堕泗水之效也。京房《易传》曰:"逆亲亲,厥妖白黑乌斗于国中。"燕王旦之谋反也,又有一乌一鹊,斗于燕宫中池上,乌堕池死。《五行志》以为楚、燕皆骨肉藩臣,骄恣而谋不义,俱有乌鹊斗死之祥⑦。行同而占合,此天人之明表也。燕阴谋未发,独王自杀于宫,故一乌而水色者死;楚炕阳举兵⑧,军师大败于野,故乌众而金色者死。天道精微之效也。京房《易传》曰:"颛征劫杀⑨,厥妖乌鹊斗。"

[注释]①景帝:即汉景帝。　②楚国:汉封国,治所今江苏徐州铜山区。吕县:楚国属县。　③泗水:源出山东泗水县东,四源并发,故名。　④楚王戊:刘戊,刘邦弟楚元王刘交之孙,嗣父位为楚王。与吴谋反,兵败而死。⑤申:名培,鲁人,文帝时博士,传《诗经》,史称"鲁诗",汉今文三家诗之一。⑥丹徒:县名,今江苏镇江苏丹徒区。　⑦祥:吉凶的预兆。　⑧炕阳:干涸,枯涸。指阳气极盛。比喻为人残暴专横。　⑨颛征劫杀:专擅征战杀戮。

124. 牛足出背

景帝中元六年①,梁孝王田北山②,有献牛足上出背上者。刘向以为近牛祸。内则思虑霿乱③,外则土功过制④,故牛祸作。足而出于背,下奸上之象也。

[**注释**]①中元六年:前144年。原作"十六年",据汪校及《汉书·五行志》改。　②梁孝王:刘武,汉文帝次子,封于梁。　③霿(méng)乱:蒙昧昏乱。　④土功过制:大兴土木,超过制度规定。

125. 内外蛇斗

汉武帝太始四年七月①,赵有蛇从郭外入②,与邑中蛇斗孝文庙下③。邑中蛇死。后二年秋,有卫太子事④,自赵人江充起。

[**注释**]①太始四年:前93年。　②郭外:指赵都城外。　③邑中:国都城中。孝文庙:指赵国都城内祭祀汉文帝的庙。　④卫太子事:汉武帝长子刘据,皇后卫子夫所生。赵人江充因与卫子夫和太子有隙,诬告太子行巫蛊事以害武帝。武帝下令彻查,太子恐惧,杀江充。汉武帝发兵追捕太子,太子兵败自杀。史称巫蛊之祸。卫太子又称戾太子。

126. 鼠舞端门

汉昭帝元凤元年九月①,燕有黄鼠衔其尾,舞王宫端门中②。王往视之,鼠舞如故。王使吏以酒脯祠,鼠舞不休,一日一夜,死。时燕王旦谋反,将死之象也。京房《易传》曰:"诛不原情③,厥妖鼠舞门。"

[**注释**]①汉昭帝元凤元年:前80年。汉昭帝,刘弗陵,汉武帝之子,在位13年。　②王:即燕王刘旦,汉武帝之子。端门:宫殿正南门。　③诛不原情:杀人不追究事件的真实性。

127. 泰山石自立

昭帝元凤三年正月①,泰山芜莱山南,汹汹有数千人声。民往视之,有大石自立,高丈五尺,大四十八围,入地深八尺,三石为足。石立后,有白乌数千集其旁。宣帝中兴之瑞也②。

[注释]①昭帝元凤三年:前78年。 ②宣帝:刘询,汉武帝曾孙,戾太子之孙。在位期间,西汉国力强盛,史称中兴。

128. 虫叶成文

昭帝时,上林苑中大柳树断①,仆地。一朝起立,生枝叶。有虫食其叶,成文字,曰:"公孙病已立②。"

[注释]①上林苑:古宫苑名,秦始建,汉武帝扩之,故址在今陕西西安西及周至、户县境内。 ②公孙:诸侯王之孙。病已:据颜师古注,为宣帝刘询幼名。

129. 狗冠出朝门

昭帝时,昌邑王贺见大白狗冠方山冠而无尾①。至熹平中②,省内冠狗带绶以为笑乐③。有一狗突出,走入司空府门④,或见之者,莫不惊怪。京房《易传》曰:"君不正,臣欲篡,厥妖狗冠出朝门。"

[注释]①昌邑王贺:汉武帝之孙刘贺。昭帝死,即位为天子,在位27日,被霍光废为昌邑王。方山冠:宗庙祭祀时乐人所戴礼冠。 ②熹平:汉灵帝刘宏年号,172~178年。 ③省内:宫禁之中。冠狗带绶:给狗戴上帽子,穿上官服。 ④司空:又称大司空,官名。汉时,与大司马、大司徒并列为三公。

130. 雌鸡化雄

汉宣帝黄龙元年①，未央殿辂铃中雌鸡化为雄②，毛衣变化，而不鸣不将③，无距④。元帝初元元年⑤，丞相府史家，雌鸡伏子⑥，渐化为雄，冠距鸣将。至永光中⑦，有献雄鸡生角者。《五行志》以为王氏之应。京房《易传》曰："贤者居明夷之世⑧，知时而伤，或众在位，厥妖鸡生角。"又曰："妇人专政，国不静；牝鸡雄鸣⑨，主不荣。"

[注释]①汉宣帝黄龙元年：前49年。　②未央殿：未央宫前殿。故址在今陕西西安西北长安故城西北角。辂铃：厩名。　③不鸣不将：不打鸣也不领鸡群。　④距：雄鸡腿后面突出的像脚趾的部分。　⑤元帝初元元年：前48年。元帝，刘奭，汉宣帝之子，在位16年。　⑥伏子：孵小鸡。　⑦永光：汉元帝年号，前43～前39年。　⑧明夷：《周易》卦名，坤上离下。此卦象光明受淹于地下，比喻昏君在上，贤者不遇，遭时艰难，忧谗畏讥。　⑨牝鸡：母鸡。

131. 范延寿断讼

宣帝之世，燕、岱之间①，有三男共取一妇，生四子。及至将分妻子而不可均，乃致争讼。廷尉范延寿断之曰②："此非人类，当以禽兽，从母不从父也。请戮三男，以儿还母。"宣帝嗟叹曰："事何必古。若此，则可谓当于理而厌人情也③。"延寿盖见人事而知用刑矣，未知论人妖将来之验也。

[注释]①燕、岱：今河北北部地区。　②廷尉：职官名，九卿之一，掌管刑狱诉讼。　③当于理而厌人情：合于事理却悖于人情。

132. 天雨草

汉元帝永光二年八月①,天雨草,而叶相樛结②,大如弹丸。至平帝元始三年正月③,天雨草,状如永光时。京房《易传》曰:"君吝于禄④,信衰,贤去,厥妖天雨草。"

[注释]①汉元帝永光二年:前42年。 ②樛(jiū)结:即纠结、缠绕的意思。 ③平帝元始三年:公元3年。平帝,刘衎,汉元帝之孙,汉成帝之侄,在位6年。 ④吝于禄:给官吏的俸禄非常少。

133. 断槐复立

元帝建昭五年①,兖州刺史浩赏,禁民私所自立社②。山阳橐茅乡社有大槐树③,吏伐断之,其夜,树复立故处。说曰:"凡枯断复起,皆废而复兴之象也。"是世祖之应耳④。

[注释]①元帝建昭五年:前34年。 ②禁民私所自立社:禁止老百姓未经官方许可私下设立的神社。 ③山阳:郡国名,治所今山东金乡西北。橐:县名。 ④世祖:东汉光武帝刘秀的庙号。

134. 鼠巢树上

汉成帝建始四年九月①,长安城南,有鼠衔黄蒿、柏叶,上民冢柏及榆树上为巢。桐柏为多②。巢中无子,皆有干鼠矢数升③。时议臣以为恐有水灾。鼠盗窃小虫,夜出昼匿。今正昼去穴而登木,象贱人将居贵显之占。桐柏,卫思后园所在也④。其后赵后自微贱登至尊⑤,与卫后同类。赵后终无子而为害。明年,有鸢焚巢杀子之象云⑥。京房《易传》曰:"臣私禄罔干⑦,厥妖鼠巢。"

[注释]①汉成帝建始四年:前29年。汉成帝,刘骜,汉元帝之子,在位27年。 ②桐柏:地名,在长安城南。 ③干鼠矢:干的老鼠屎。 ④卫思后:汉武帝皇后卫子夫。原为平阳公主家歌女,后入宫得武帝宠幸,生戾太子,封皇后。巫蛊之祸后,被废,自杀。谥曰思后。 ⑤赵后:即赵飞燕。初为歌女,后入宫,得汉成帝宠幸,立为皇后。汉平帝时被废为庶人,自杀。⑥鸢(yuān):鸷鸟,猛禽,俗称鹞鹰、老鹰。 ⑦私禄罔干:把俸禄据为私有,妄自侵占。

135. 犬祸室中

成帝河平元年①,长安男子石良、刘音相与同居。有如人状在其室中,击之,为狗,走出。去后,有数人披甲持弓弩至良家。良等格击,或死,或伤,皆狗也。自二月至六月乃止。其于《洪范》②,皆犬祸,言不从之咎也。

[注释]①成帝河平元年:前28年。 ②《洪范》:当指《洪范五行传》,刘向撰,主要以阴阳五行学说来解说人世的吉凶变化。

136. 鸢焚其巢

成帝河平元年二月庚子,泰山山桑谷有鸢焚其巢。男子孙通等闻山中群鸟鸢鹊声,往视之,见巢燃,尽堕池中,有三鸢㲉烧死①。树大四围,巢去地五丈五尺。《易》曰:"鸟焚其巢,旅人先笑后号咷②。"后卒成易世之祸云。

[注释]①㲉(kòu):由母哺食的幼鸟。 ②号咷:放声大哭。语见《周易·旅》。

137. 信都雨鱼

成帝鸿嘉四年秋①,雨鱼于信都②,长五寸以下。至永始元年春③,北海出大鱼④,长六丈,高一丈,四枚。哀帝建平三年⑤,东莱平度出大鱼⑥,长八丈,高一丈一尺,七枚。皆死。灵帝熹平二年⑦,东莱海出大鱼二枚⑧,长八九丈,高二丈余。京房《易传》曰:"海数见巨鱼,邪人进,贤人疏。"

[注释]①成帝鸿嘉四年:前17年。 ②信都:今河北衡水冀州区。 ③永始元年:前16年。永始,汉成帝年号。 ④北海:秦汉时对北方大泽的泛称。 ⑤哀帝建平三年:前4年。哀帝,刘欣,汉元帝庶孙。汉成帝无子,立刘欣为太子。 ⑥东莱:郡名,治所今山东莱州。平度:古县名,今山东平度西北。 ⑦灵帝熹平二年:173年。灵帝,刘宏,汉章帝玄孙。 ⑧东莱海:今渤海莱州湾。

138. 木生人状

成帝永始元年二月,河南街邮樗树生枝如人头①,眉目须皆具,亡发耳。至哀帝建平三年十月,汝南西平遂阳乡有材仆地生枝②,如人形,身青黄色,面白,头有髭发③,稍长大,凡长六寸一分。京房《易传》曰:"王德衰,下人将起,则有木生为人状"。其后有王莽之篡。

[注释]①河南:郡名,治所今河南洛阳。樗(chū)树:臭椿树。 ②西平:古县名,今河南西平西。 ③髭发:胡须和头发。

139. 厩马生角

成帝绥和二年二月①,大厩马生角②,在左耳前,围长各二寸。是时王莽为大司马③,害上之萌,自此始矣。

[注释]①成帝绥和二年:前7年。 ②大厩:天子的马厩。 ③大司马:官名,掌军事。西汉时多授给外戚,与大将军、骠骑将军、车骑将军等联称。

140. 燕生雀

成帝绥和二年三月,天水平襄有燕生雀①,哺食至大,俱飞去。京房《易传》曰:"贼臣在国,厥咎燕生雀,诸侯销②。"又曰:"生非其类,子不嗣世。"

[注释]①天水:郡名,治所平襄,今甘肃通渭西北。 ②销:衰残、衰弱。

141. 三足驹

汉哀帝建平三年①,定襄有牡马生驹②,三足,随群饮食。《五行志》以为:马,国之武用;三足,不任用之象也。

[注释]①三年:《汉书·五行志》作"二年",前5年。 ②定襄:郡名,今内蒙古和林格尔西北土城子。牡马:公马。

142. 僵树自立

哀帝建平三年,零陵有树僵地①,围一丈六尺,长十丈七尺。民断其本,长九尺余,皆枯。三月,树卒自立故处②。京房《易传》曰:"弃正作淫,厥妖本断自属③。妃后有颛④,木仆反立,断枯复生。"

[注释]①零陵:郡名,今广西全州西南。僵地:倒地。 ②卒:通"猝",突然。 ③属:连接。 ④妃后有颛:妃子皇后专权。颛,通"专"。

143. 儿啼腹中

哀帝建平四年四月,山阳方与女子田无啬生子①。未生二月前,儿啼腹中,及生,不举②,葬之陌上。后三日,有人过,闻儿啼声。母因掘收养之③。

[注释]①方与:古县名,今山东鱼台北。 ②不举:不哺乳抚养。 ③掘:挖出来。

144. 西王母传书

哀帝建平四年夏,京师郡国民,聚会里巷阡陌①,设张博具歌舞②,祠西王母③。又传书曰:"母告百姓,佩此书者不死。不信我言,视门枢下④,当有白发。"至秋乃止。

[注释]①京师:京城,此指京城地区。里巷阡陌:大街小巷的意思。 ②设张博具歌舞:搭上帐篷,设置六博等赌博用的游戏用具,载歌载舞。 ③祠:祭祀。 ④门枢:门扇的转轴。

145. 男子化女

哀帝建平中,豫章有男子化为女子①,嫁为人妇,生一子。长安陈凤曰:"阳变为阴,将亡继嗣,自相生之象"。一曰:"嫁为人妇,生一子者,将复一世乃绝。"故后哀帝崩,平帝没②,而王莽篡焉。

[注释]①豫章:今江西南昌。 ②没:通"殁",死亡。

146. 人死复生

汉平帝元始元年二月①,朔方广牧女子赵春病死②,

既棺殓,积七日,出在棺外,自言见夫死父③,曰:"年二十七,汝不当死。"太守谭以闻。说曰:"至阴为阳,下人为上,厥妖人死复生。"其后王莽篡位。

[注释]①汉平帝元始元年:公元元年。 ②朔方:郡名,治所今内蒙古杭锦旗北。广牧:县名,今内蒙古五原西南。 ③见夫死父:即见到她死去的父亲。

147. 生儿两头

汉平帝元始元年六月,长安有女子生儿,两头两颈,面俱相向,四臂共胸,俱前向,尻上有目①,长二寸所。京房《易传》曰:"'睽孤,见豕负涂'②,厥妖人生两头。下相攘善③,妖亦同。人若六畜首目在下,兹谓亡上④,政将变更。厥妖之作,以谴失正⑤,各象其类。两颈,下不一也。手多,所任邪也。足少,下不胜任,或不任下也。凡下体生于上,不敬也;上体生于下,媟渎也⑥。生非其类,淫乱也;人生而大,上速成也;生而能言,好虚也。群妖推此类。不改,乃成凶也。"

[注释]①尻(kāo):臀部。 ②睽孤,见豕负涂:《周易·睽》卦上九爻辞,旅人孤单地走路,看见猪爬在路上。 ③下相攘善:臣下相互掠夺他人的功绩。 ④兹谓亡上:这是说国君要死亡。 ⑤谴:谴责警告。 ⑥媟(xiè)渎:轻慢,不恭敬。

148. 三足乌

汉章帝元和元年①,代郡高柳乌生子②,三足,大如鸡,色赤,头有角,长寸余。

[注释]①汉章帝元和元年:84年。章帝,刘炟,汉明帝之子。　②代郡:郡名,治所高柳,今山西阳高西南。

149. 德阳殿蛇

汉桓帝即位①,有大蛇见德阳殿上②。洛阳市令淳于翼曰③:"蛇有鳞,甲兵之象也。见于省中④,将有椒房大臣受甲兵之象也⑤。"乃弃官遁去。到延熹二年⑥,诛大将军梁冀⑦,捕治家属,扬兵京师也。

[注释]①汉桓帝:刘志,汉章帝曾孙,在位21年。　②德阳殿:东汉皇宫内宫殿名。　③市令:管理市场的官吏。　④省中:皇宫中。　⑤椒房:皇后居住的地方。后用以代指后妃。　⑥延熹二年:159年。延熹,汉桓帝年号。　⑦梁冀:东汉外戚,字伯卓,曾任大将军。两个妹妹分别为汉顺帝、汉桓帝皇后,权倾一时,专权达20年。梁皇后死后,桓帝灭梁氏,梁冀自杀。

150. 北地雨肉

汉桓帝建和三年秋七月①,北地廉雨肉②,似羊肋,或大如手。是时梁太后摄政③,梁冀专权,擅杀,诛太尉李固、杜乔④,天下冤之。其后,梁氏诛灭。

[注释]①汉桓帝建和三年:149年。　②北地:郡名,治所今宁夏吴忠西南。廉:北地属县,今宁夏固原东北。　③梁太后:汉顺帝皇后,梁冀之妹。　④李固、杜乔:东汉名臣,并称李杜。因不满外戚擅权,直言敢谏,被梁冀忌恨,逮捕下狱,死于狱中。

151. 梁冀妻妆

汉桓帝元嘉中①,京都妇女作愁眉、啼妆、堕马髻、折腰步、龋齿笑。愁眉者,细而曲折。啼妆者,薄拭目下,若啼处。堕马髻者,作一边。折腰步者,足不任下体②。龋齿笑者,若齿痛,乐不欣欣。始自大将军梁冀妻孙寿所为,京都翕然③,诸夏效之④。天戒若曰:"兵马将往收捕,妇女忧愁,蹙眉啼哭⑤;吏卒掣顿⑥,折其腰脊,令髻邪倾;虽强语笑,无复气味也⑦。"到延熹二年,冀举宗合诛。

[注释]①元嘉:汉桓帝年号,151~153年。 ②不任:不能支撑,支持不住。任,原作"在",据汪校改。 ③翕然:一致,此为风行的意思。 ④诸夏:全国。 ⑤蹙(cù)眉:皱眉,愁苦貌。 ⑥掣顿:硬拉,强夺。 ⑦气味:意趣、情调。

152. 牛生鸡

桓帝延熹五年①,临沅县有牛生鸡②,两头四足。

[注释]①桓帝延熹五年:162年。 ②临沅:县名,今湖南常德西。

153. 赤厄三七

汉灵帝数游戏于西园中①,令后宫采女为客舍主人,身为估服②,行至舍间,采女下酒食,因共饮食,以为戏乐。是天子将欲失位,降在皂隶之谣也③。其后天下大乱。古志有曰:"赤厄三七④。"三七者,经二百一十载,当有外戚之篡,丹眉之妖。篡盗短祚⑤,极于三六⑥,当有飞龙之秀,兴复祖宗。又历三七,当复有黄首之妖,天下大乱矣。自高祖建业,至于平帝之末,二百一十年,而王莽篡,盖因母后之亲。十八年而山东贼樊子都等起⑦,实丹其眉,故天下号曰"赤眉。"于是光武以兴祚,其名曰秀。至于灵帝中平元年而张角起⑧,置三十六方,徒众数十万,皆是黄巾,故天下号曰"黄巾贼"。至今道服由此而兴。初起于邺⑨,会于真定⑩,诳惑百姓曰:"苍天已死,黄天立。岁名甲子年,天下大吉。"起于邺者,天下始业也,会于真定也。小民相向跪拜趋信,荆、扬尤甚。乃弃财产,流沉道路,死者无数。角等初以二月起兵,其冬十二月悉破。自光武中兴至黄巾之起,未盈二百一十年,而天下大乱,汉祚废绝,方应三七之运。

[注释]①西园:上林苑的别名。 ②估服:商贩的衣服。 ③皂隶:古代服贱役者。此指沦为下贱之人。 ④赤厄:汉朝的厄运。汉自认火德,故称赤。三七:即下文所说二百一十年。 ⑤篡盗短祚:王莽的帝位是篡夺盗窃得来,所以享国时间短。 ⑥三六:即下文说的十八年。 ⑦樊子都:即樊崇、刁子都,西汉末人,赤眉农民起义军领袖。 ⑧中平元年:184年。中平,汉灵帝年号。张角:东汉末人,黄巾农民起义军领袖。 ⑨邺:古县名,今河北临漳西南。 ⑩真定:汉郡国名,治所今河北正定南。

154. 长短衣裾

灵帝建宁中①,男子之衣,好为长服而下甚短,女子好为长裾而上甚短②。是阳无下而阴无上,天下未欲平也。后遂大乱。

[注释]①建宁:汉灵帝年号,168～172年。 ②裾:衣服的前后襟,泛指衣服的前后部分。此当指女子的下裳。

155. 夫妇相食

灵帝建宁三年春,河内有妇食夫①,河南有夫食妇②。

夫妇阴阳二仪,有情之深者也。今反相食,阴阳相侵,岂特日月之眚哉③。灵帝既没,天下大乱,君有妄诛之暴,臣有劫弑之逆,兵革相残,骨肉为雠,生民之祸极矣。故人妖为之先作。恨而不遭辛有、屠黍之论④,以测其情也。

[注释]①河内:泛指黄河以北地区。 ②河南:泛指黄河以南地区。③眚:日月食。古以为日月食是自然的灾异。 ④辛有:周朝大夫。平王东迁,辛有至伊川,见有人披头散发在外祭祀,遂发感叹,此地礼失而戎居。屠黍:晋国太史,见晋乱,感叹之,奔周。屠黍,原作"屠乘",据《吕氏春秋·观世》及汪校改。

156. 寺壁黄人

灵帝熹平二年六月,洛阳民讹言:虎贲寺东壁中①,有黄人,形容须眉良是。观者数万,省内悉出,道路断绝。到中平元年二月,张角兄弟起兵冀州,自号"黄天"。三十六方,四面出和②。将帅星布,吏士外属。因其疲餧③,牵而胜之。

[注释]①虎贲寺:洛阳古寺名。 ②出和:出来响应。 ③疲餧(něi):疲惫和饥饿。

157. 木不曲直

灵帝熹平三年,右校别作中①,有两樗树,皆高四尺许。其一株宿昔暴长②,长一丈余,粗大一围,作胡人状,头目鬓须发俱具。其五年十月壬午,正殿侧有槐树,皆六七围,自拔,倒竖,根上枝下。又中平中,长安城西北六七里,空树中有人面,生鬓。其于《洪范》,皆为木不曲直③。

[注释]①右校:官署名,掌工徒。别作:附属工地。 ②宿昔暴长:短时间突然疯长。 ③木不曲直:树木没有按照自己的本性生长,即《后汉书·五行志》所谓的"木失其性而为灾"。

158. 雌鸡欲化雄

灵帝光和元年①,南宫侍中寺②,雌鸡欲化为雄,一身毛皆似雄,但头冠尚未变。

[注释]①灵帝光和元年:178年。 ②南宫:洛阳宫殿名,故址今洛阳东。侍中寺:侍中的官署。侍中,职官名,侍从皇帝左右,与闻朝政,是皇帝的亲信之臣。

159. 洛阳女生儿两头

灵帝光和二年①,洛阳上西门外女子生儿,两头,异肩共胸,俱前向。以为不祥,堕地弃之。自是之后,朝廷霿乱②,政在私门③,上下无别,二头之象。后董卓戮太后④,被以不孝之名,放废天子,后复害之。汉元以来⑤,祸莫踰此。

[注释]①灵帝光和二年:179年。 ②霿乱:黑暗昏乱。 ③政在私门:国家政权由豪门权贵控制。 ④董卓戮太后:董卓本为凉州豪强,后率兵入京,控制朝廷。废少帝刘辩,立献帝刘协,又借故杀何太后,专断残暴。 ⑤汉元以来:汉朝建立以来。

160. 梁伯夏之后

光和四年①,南宫中黄门寺有一男子②,长九尺,服白衣。中黄门解步呵问③:"汝何等人?白衣妄入宫掖。"曰:

"我,梁伯夏后④。天使我为天子。"步欲前收之,因忽不见。

[注释]①光和四年:181年。光和,汉灵帝年号。 ②中黄门寺:太监中黄门的官舍。 ③解步:停步、止步。 ④梁伯夏后:梁伯夏的后代。伯益之后秦仲有功,周平王封其少子康于夏阳,称梁伯。

161. 草作人状

光和七年①,陈留济阳、长垣②,济阴③,东郡冤句、离狐界中④,路边生草,悉作人状,操持兵弩,牛马龙蛇鸟兽之形,白黑各如其色,羽毛头目足翅皆备,非但彷佛,像之尤纯⑤。旧说曰:"近草妖也。"是岁有黄巾贼起,汉遂微弱。

[注释]①光和七年:184年。 ②陈留:郡名,治所今河南开封陈留镇,济阳、长垣是其属县。 ③济阴:郡名,治所今山东定陶。 ④东郡:郡名,治所今河南濮阳,冤句、离狐是其属县。 ⑤非但彷佛,像之尤纯:不只相似,特别相像。

162. 两头共身

灵帝中平元年六月壬申①,洛阳男子刘仓,居上西门外,妻生男,两头共身。至建安中②,女子生男,亦两头共身。

[注释]①灵帝中平元年:184年。 ②建安:汉灵帝之子汉献帝刘协年号,196~220年。

163. 怀陵雀

中平三年八月中①,怀陵上有万余雀②,先极悲鸣,已因乱斗,相杀,皆断头,悬着树枝枳棘③。到六年,灵帝崩。夫陵者,高大之象也;雀者,爵也。天戒若曰:"诸怀爵禄而尊厚者④,还自相害,至灭亡也。"

[注释]①中平三年:186年。 ②怀陵:汉冲帝刘炳陵墓,在洛阳东北。 ③枳棘:带刺的灌木或小乔木。比喻恶人、小人。 ④怀爵禄而尊厚者:拥有爵位俸禄,地位尊崇的人。此指汉末割据的军阀势力。

164. 魁櫑挽歌

汉时,京师宾婚嘉会,皆作魁櫑①,酒酣之后,续以挽歌②。魁櫑,丧家之乐;挽歌,执绋相偶和之者③。天戒若曰:"国家当急殄悴④,诸贵乐皆死亡也。"自灵帝崩后,京师坏灭,户有兼尸虫而相食者⑤,魁櫑、挽歌,斯之效乎?

[注释]①魁櫑:即傀儡,用土木制成的偶像,汉代用于丧乐及嘉会,后演变成木偶戏。 ②挽歌:哀悼死者的丧歌。 ③绋(fú):也作"綍",下葬时引柩入穴的绳索。 ④殄悴(tiǎn cuì):困顿、困苦。 ⑤尸虫:滋生在腐烂尸体上的虫。

165. 京师谣言

灵帝之末,京师谣言曰:"侯非侯,王非王。千乘万骑上北邙①。"到中平六年,史侯登蹑至尊②,献帝未有爵号,为中常侍段珪等所执③,公卿百僚,皆随其后,到河上,乃得还。

[注释]①北邙:即邙山,在河南洛阳北。汉晋时,王侯公卿多葬于此。②史侯:即汉少帝刘辩。因初养于道人史子助家,故称史侯。汉灵帝死,即位为帝,后被董卓废,迎立刘协为帝。至尊:天子之位。 ③中常侍:职官名,皇帝在宫中的侍从官,汉时专用宦官担任此职。

166. 桓氏复生

汉献帝初平中①,长沙有人姓桓氏②,死,棺敛月余,其母闻棺中有声,发之,遂生。占曰:"至阴为阳,下人为上。"其后曹公由庶士起③。

[注释]①初平:汉献帝年号,190~193年。 ②长沙:郡国名,治所今湖南长沙。 ③曹公:曹操。庶士:官府小吏。

167. 建安人妖

献帝建安七年,越巂有男子化为女子①,时周群上言②:"哀帝时亦有此变③,将有易代之事。"至二十五年,献帝封山阳公④。

[注释]①越巂(xí):郡名,今四川西昌东南。 ②周群:蜀人,习占侯之术,擅长天文历算。初仕刘章,刘备入川后,任儒林校尉。 ③哀帝:西汉哀帝刘欣。 ④献帝封山阳公:220年,曹丕代汉建魏,称帝,废汉献帝为山阳公。

168. 荆州童谣

建安初,荆州童谣曰:"八九年间始欲衰,至十三年无孑遗。"言自中兴以来①,荆州独全,及刘表为牧②,民又丰乐,至建安九年,当始衰。始衰者,谓刘表妻死,诸将并零落也③。十三年无子遗者,表又当死,因以丧败也。是时华容有女子④,忽啼呼曰:"将有大丧。"言语过差,县以为妖言,系狱。月余,忽于狱中哭曰:"刘荆州今日死。"华容去州数百里,即遣马里验视⑤,而刘表果死。县乃出之。续又歌吟曰:"不意李立为贵人。"后无几,曹公平荆州,以涿郡李立字建贤为荆州刺史⑥。

[注释]①中兴:指光武帝刘秀建立东汉政权。 ②刘表:字景升,山阳高平人,刘汉宗室。牧:州郡长官。 ③零落:衰败,消亡。 ④华容:县名,今湖北潜江西南。 ⑤马里:疑即马吏,骑兵头目。 ⑥涿郡:郡名,今河北涿州。

169. 伐树出血

建安二十五年正月,魏武在洛阳起建始殿①,伐濯龙树而血出②。又掘徙梨③,根伤而血出。魏武恶之,遂寝疾④,是月崩。是岁,为魏文黄初元年⑤。

[注释]①魏武:曹操。曹丕称帝后尊其父曹操为魏武帝。 ②濯龙:洛阳宫苑池名,在洛阳西南。 ③掘徙:挖掘移植。 ④寝疾:生病卧床。 ⑤黄初元年:220年。魏文,原作"魏武",据史志及汪校改。

170. 燕巢生鹰

魏黄初元年,未央宫中①,有鹰生燕巢中,口爪俱赤。至青龙中②,明帝为凌霄阁③,始构,有鹊巢其上。帝以问高堂隆④,对曰:"《诗》云⑤:'惟鹊有巢,惟鸠居之。'今兴起宫室,而鹊来巢,此宫室未成,身不得居之象也。"

[注释]①未央宫:西汉长安宫殿名,在长安城西南。 ②青龙:魏明帝

年号,233～237年。　③明帝:曹叡,曹操孙,曹丕子。　④高堂隆:字升平,平阳人。明帝时任散骑常侍。　⑤《诗》云:见《诗经·召南·鹊巢》。

171. 白马河妖马

魏齐王嘉平初①,白马河出妖马②,夜过官牧边鸣呼③,众马皆应。明日,见其迹,大如斛④,行数里,还入河。

[注释]①齐王:曹芳,魏明帝养子。明帝死,即位为帝,后被司马师所废。嘉平:曹芳年号,249～254年。　②白马河:在今河北饶阳南。　③官牧:官府牧地。　④斛:古代量器,一斛为十斗。

172. 燕生巨鷇

魏景初元年①,有燕生巨鷇于卫国李盖家②,形若鹰,吻似燕。高堂隆曰:"此魏室之大异,宜防鹰扬之臣于萧墙之内③。"其后宣帝起④,诛曹爽⑤,遂有魏室⑥。

[注释]①景初元年:237年。景初,魏明帝年号。　②卫国:古县名,今山东莘县观城镇。　③鹰扬:如鹰飞扬,形容威武,比喻权臣。萧墙之内:朝廷内部。萧墙,古代宫室内作为屏障的矮墙。　④宣帝:司马懿,曹魏重臣。后其孙司马炎代魏建晋,追尊为宣帝。　⑤曹爽:曹魏宗室,任大将军。魏明帝死,与司马懿受遗命共辅曹芳。后司马懿发动高平陵之变,诛曹爽及其党羽,控制朝政。　⑥有:占有,掌握。

173. 谯周书柱

蜀景耀五年①,宫中大树无故自折。谯周深忧之②,无所与言,乃书柱曰:"众而大,期之会③。具而授,若何复?"言曹者,众也;魏者,大也④。众而大,天下其当会也。具而授,如何复有立者乎。蜀既亡,咸以周言为验。

[注释]①景耀五年:262年。景耀,蜀后主刘禅年号。 ②谯周:字允南,三国时蜀著名学者、经学家。 ③期之会:一年后会合,指曹魏兼并统一蜀。 ④曹者,众也;魏者,大也:原作"曹者,大也",据《宋书·五行志》及汪校补。

174. 孙权死征

吴孙权太元元年八月朔①,大风,江海涌溢②,平地水深八尺。拔高陵树二千株③,石碑差动④,吴城两门飞落。明年,权死。

[注释]①孙权太元元年:251年。 ②涌溢:涌动溢出,犹今说海啸。③高陵:孙权父孙坚陵墓,在江苏丹阳西。 ④差:稍稍,略微。

175. 孙亮草妖

吴孙亮五凤元年六月①,交阯稗草化为稻。昔三苗将亡②,五谷变种。此草妖也。其后亮废。

[注释]①孙亮五凤元年:254年。孙亮,字子明,孙权少子。孙权死,即位为帝。后被孙綝废为会稽王。 ②三苗:古代部族名,主要活动在江淮和长江中游以南地区。

176. 大石自立

吴孙亮五凤二年五月①,阳羡县离里山大石自立②。是时,孙皓承废故之家③,得复其位之应也。

[注释]①孙亮五凤二年:255年。　②阳羡:今江苏宜兴南。　③孙皓:孙权之孙,孙和之子,吴末代皇帝。废故:衰落、衰败。

177. 陈焦复生

吴孙休永安四年①,安吴民陈焦②,死七日复生,穿冢出。乌程孙皓承废故之家③,得位之祥也。

[注释]①孙休永安四年:261年。孙休,孙权第六子。258年,孙綝发动政变,废孙亮,立孙休为帝。　②安吴:县名,今安徽泾县西南。　③废故之家:衰败的家业。此指东吴末年衰败的情势。据《宋书·五行志》,"乌程"后应有"侯"字。

178. 孙休服制

孙休后,衣服之制,上长下短,又积领五六①,而裳居一二②。盖上饶奢,下俭逼;上有余,下不足之象也。

[注释]①领:指称衣服、铠甲的量词,犹件。　②裳:下身穿的衣裙。

卷　七

179. 开石文字

初,汉元、成之世,先识之士有言曰:"魏年有和,当有开石于西三千余里,系五马,文曰'大讨曹。'"及魏之初兴也,张掖之柳谷有开石焉①。始见于建安②,形成于黄初③,文备于太和④。周围七寻⑤,中高一仞⑥,苍质素章⑦,龙马、麟鹿、凤皇、仙人之象,粲然咸著。此一事者,魏、晋代兴之符也。至晋泰始三年⑧,张掖太守焦胜上言:"以留郡本国图校今石文⑨,文字多少不同。谨具图上。"案其文有五马象:其一有人平上帻⑩,执戟而乘之;其一有若马形而不成。其字有"金",有"中",有"大司马",有"王",有"大吉",有"正",有"开寿";其一成行,曰:"金当取之。"

[注释]①张掖:郡名,治所今甘肃张掖西北。　②建安:汉献帝刘协年号,196～220年。　③黄初:魏文帝曹丕年号,220～226年。　④太和:魏明帝曹叡年号,227～233年。按,上文"魏年有和",即附会此。　⑤寻:古代长度单位,一寻为八尺。　⑥仞:古代长度单位,七尺为一仞。一说八尺。　⑦苍质素章:青色的质地,白色的纹路。　⑧泰始三年:267年。泰始,晋武

帝司马炎年号,265～274 年。　⑨留郡本国图:此当指高堂隆的《张掖郡玄石图》。　⑩帻(zé):包头发的丝巾。

180. 西晋服妖

晋武帝泰始初,衣服上俭下丰,着衣者皆厌腰①。此君衰弱、臣放纵之象也。至元康末②,妇人出两裆③,加乎交领之上④,此内出外也。为车乘者,苟贵轻细⑤,又数变易其形,皆以白篾为纯⑥,盖古丧车之遗象。晋之祸征也。

[注释]①厌腰:束腰,将上衣掩进下衣里。　②元康:晋惠帝年号,291～299 年。　③两裆:即裲裆。古代的一种长度仅至腰而不及于下,且只蔽胸背的上衣。形似今之背心。军士穿的称裲裆甲。一般人穿的称裲裆衫。　④交领:古代交叠于胸前的衣领。　⑤苟贵轻细:草率地以轻便细巧为贵。　⑥白篾:白色的薄竹片。纯:镶边。

181. 翟器翟食

胡床①、貊盘②,翟之器也③;羌煮④、貊炙⑤,翟之食也。自太始以来⑥,中国尚之。贵人富室,必畜其器,吉享嘉宾,皆以为先。戎翟侵中国之前兆也。

[注释]①胡床:一种可以折叠的轻便坐具,又称交床。　②貊(mò)盘:古代貊族装盛食物的器皿。貊,古代对东北方少数民族的称呼。　③翟:即狄,对古代北方少数民族的称呼。　④羌煮:古代西北少数民族的一种食品。　⑤貊炙:古代貊族烤猪的一种烹制方法。　⑥太始:即泰始,晋武帝年号。或以为此乃汉武帝年号,前 96～前 93 年。

182. 蟛蚑化鼠

晋太康四年①,会稽郡蟛蚑及蟹②,皆化为鼠。其众覆野,大食稻,为灾。始成,有毛肉而无骨,其行不能过田塍③。数日之后,则皆为牝④。

[注释]①太康四年:283年。太康,晋武帝年号,280~293年。 ②蟛蜞(péng qí):似蟹体小,活动于湖河沼泽中,是一种伤害禾苗、田埂的蟹类动物。 ③田塍(chéng):即田埂。 ④牝:鸟兽的雌性。此指母鼠。

183. 太康二龙

太康五年正月①,二龙见武库井中②。武库者,帝王威御之器所宝藏也。屋宇邃密③,非龙所处。是后七年,藩王相害。二十八年,果有二胡僭窃神器④,皆字曰"龙"⑤。

[注释]①太康五年:284年。 ②武库:储藏兵器的仓库。 ③邃密:幽深密闭。 ④神器:象征国家政权的实物,如玉玺、宝鼎之类。此借指帝位、政权。 ⑤皆字曰"龙":《宋书·五行志》此句前有"勒、虎二逆"四字,据此可知"二胡"当指石勒(字世龙)、石虎(字季龙)叔侄二人。

184. 两足虎

晋武帝太康六年①,南阳获两足虎。虎者,阴精而居乎阳,金兽也。南阳,火名也。金精入火,而失其形,王室乱之妖也。其七年十一月丙辰,四角兽见于河间②。天戒若曰:"角,兵象也。四者,四方之象。当有兵革起于四方。"后河间王遂连四方之兵③,作为乱阶。

[注释]①太康六年:285年。 ②河间:郡国名,治所今河北献县东南。 ③河间王:司马颙,司马懿之弟安平王司马孚之孙,晋武帝堂兄弟。

185. 死牛头语

太康九年①,幽州塞北有死牛头语②。时帝多疾病③,深以后事为念,而付托不以至公。思瞀乱之应也④。

[注释]①太康九年:288年。 ②幽州:古州名,治所今北京西南。③帝:指晋武帝司马炎。 ④瞀乱:指思维昏乱,糊涂。

186. 武库飞鱼

太康中,有鲤鱼二枚,现武库屋上。武库,兵府;鱼有鳞甲,亦是兵之类也。鱼既极阴,屋上太阳,鱼现屋上,象至阴以兵革之祸干太阳也①。及惠帝初②,诛皇后父杨骏③,矢交宫阙。废后为庶人,死于幽宫。元康之末,而贾后专制④,谤杀太子⑤,寻亦诛废。十年之间,母后之难再兴,是其应也。自是祸乱构矣。京房《易妖》曰:"鱼去水,飞入道路,兵且作。"

[注释]①干:冲犯。太阳:至阳,指皇帝。 ②惠帝:晋惠帝司马衷,晋武帝司马炎之子,昏庸无能,几近白痴。 ③杨骏:晋武帝杨皇后之父。曾任太傅、大都督,总揽朝政,后为贾后所杀。 ④贾后:晋惠帝皇后贾南风,晋初重臣贾充之女。为人阴险妒忌,曾设计杀晋宗室汝南王司马亮、楚王司马玮、太保卫瓘等,八王之乱由此引起。后被赵王司马伦矫诏赐死。 ⑤太子:指晋惠帝太子司马遹。

187. 方头屦

初作屦者①,妇人圆头,男子方头。盖作意欲别男女也②。至太康中,妇人皆方头屦,与男无异。此贾后专妒之征也。

[注释]①屐:俗称木屐,木制的鞋,鞋底有二齿,一般雨天行泥地时穿。②作意:故意。

188. 撷子髻

晋时,妇人结发者,既成,以缯急束其环①,名曰撷子髻②。始自宫中,天下翕然化之也。其末年,遂有怀、愍之事③。

[注释]①以缯急束其环:用丝带紧紧扎住束发的环。 ②撷子髻:晋时流行的妇女发髻名。撷,采摘。 ③怀、愍之事:指晋怀帝、晋愍帝被前赵刘曜俘虏到平阳杀害之事。愍,原作"惠",据汪校改。

189. 晋世宁舞

太康中,天下为《晋世宁》之舞。其舞,抑手以执杯盘而反覆之①。歌曰:"晋世宁,舞杯盘。"反覆,至危也。杯盘,酒器也。而名曰"晋世宁"者,言时人苟且饮食之间②,而其智不可及远,如器在手也。

[注释]①抑手以执杯盘而反覆之:压低手臂,拿着杯盘反扣过去,来回舞动。 ②苟且:只图眼前,得过且过。

190. 毡绔头

太康中,天下以毡为绔头及络带、袴口①。于是百姓咸相戏曰:"中国其必为胡所破也。"夫毡,胡之所产者也,而天下以为绔头、带身、袴口。胡既三制之矣,能无败乎?

[注释]①绔(mò)头:古代男子束发的头巾。又称帩头、陌头、帕头。络

带:腰带,又称罗带。袴口:裤管的边缘。袴,无裆分裹两胫的套袴。

191. 折杨柳歌

太康末,京洛为《折杨柳》之歌①。其曲始有兵革苦辛之辞,终以擒获斩截之事。自后杨骏被诛,太后幽死,《杨柳》之应也。

[注释]①《折杨柳》:乐府歌名,属《横吹曲》。

192. 辽东马生角

晋武帝太熙元年①,辽东有马生角,在两耳下,长三寸。及帝晏驾②,王室毒于兵祸③。

[注释]①晋武帝太熙元年:290年。 ②晏驾:对帝王死亡的讳称。③毒:毒害、祸害。兵祸:指西晋惠帝时发生的八王之乱。

193. 妇人兵饰

晋惠帝元康中,妇人之饰有五兵佩①。又以金、银、象角、玳瑁之属②,为斧、钺、戈、戟而载之,以当笄③。男女之别,国之大节,故服食异等。今妇人而以兵器为饰,盖妖之甚者也。于是遂有贾后之事。

[注释]①五兵佩:用五种兵器作佩饰。说法不一。颜师古《汉书注》以为指矛、戟、弓、剑、戈,近是。五兵佩,原作"五佩兵",据李剑国《新辑搜神记》改。 ②象角:即象牙。玳瑁:海中动物,其角质常用作妇女的头饰。③笄:发簪。

194. 六钟出涕

晋元康三年闰二月①,殿前六钟皆出涕②,五刻乃止③。前年贾后杀杨太后于金墉城④,而贾后为恶不悛⑤,故钟出涕,犹伤之也。

[注释]①元康三年:293年。 ②六钟:青铜制成的乐器,俗称铜钟。《北堂书钞》引《西征记》:"洛阳太极殿前,左右各三铜钟。" ③刻:古代计时单位,一昼夜分为一百刻。 ④金墉城:当时京都洛阳城西的小城。 ⑤悛(quān):悔改。

195. 一身二体

惠帝之世,京洛有人一身而男女二体①,亦能两用人道②,而性尤好淫。天下兵乱,由男女气乱而妖形作也。

[注释]①男女二体:指具有男女两种性器官,即今所说的阴阳人。 ②人道:指男女性交。

196. 安丰女子

惠帝元康中,安丰有女子曰周世宁①,年八岁,渐化为男。至十七八,而气性成②。女体化而不尽,男体成而不彻③,畜妻而无子。

[注释]①安丰:郡名,治所今安徽霍邱西南。 ②气性:气质,性情。 ③彻:完全,彻底。

197. 临淄大蛇

元康五年三月,临淄有大蛇①,长十许丈,负二小蛇,入城北门,径从市入汉城阳景王祠中②,不见。

[注释]①临淄:古城邑,今山东淄博东北。 ②汉城阳景王祠:汉城阳王刘章的祠庙。刘章,汉高祖刘邦之孙,齐悼惠王刘肥之子,因平定诸吕有功,封城阳王。死谥景。城阳,原作"阳城",从马银琴说改。

198. 吕县流血

元康五年三月,吕县有流血①,东西百余步。其后八载,而封云乱徐州②,杀伤数万人。

[注释]①吕县:古邑名,今江苏徐州铜山区。 ②封云:西晋末张昌农民起义军部将。据《晋书·惠帝纪》,封云攻徐州在晋惠帝太安二年(303)。

199. 霹雳破高禖石

元康七年,霹雳破城南高禖石①。高禖,宫中求子祠也。贾后妒忌,将杀愍怀②,故天怒贾后,将诛之应也。

[注释]①高禖:古代传说中的媒神。此指祭祀高禖的祠庙。 ②愍怀:愍怀太子司马遹。愍怀,原作"怀、愍",据《晋书·五行志》改。

200. 乌杖柱掖

元康中,天下始相效为乌杖,以柱掖①。其后稍施其镦②,住则植之。及怀、愍之世③,王室多故,而中都丧败④。元帝以藩臣树德东方⑤,维持天下,柱掖之应也。

[注释]①柱掖:作为拐杖支撑胳肢窝。掖,通"腋",胳肢窝。 ②镦:矛戟柄末的平底金属套。此指在杖头加一个平底金属套,可以使其站立。 ③怀、愍:晋怀帝司马炽,307~313年在位;晋愍帝司马邺,313~316年在位。

④中都:西晋都城洛阳。　⑤元帝:即东晋开国皇帝司马睿,司马懿曾孙,琅琊王司马觐之子。317~323年在位。

201. 贵游倮身

元康中,贵游子弟相与为散发倮身之饮①,对弄婢妾。逆之者伤好,非之者负讥。希世之士②,耻不与焉③。胡、狄侵中国之萌也。其后遂有二胡之乱④。

[注释]①贵游子弟:即贵族子弟。倮身:赤身裸体。倮,通"裸"。②希世之士:迎合世俗的人。　③耻不与焉:以不参与为耻。　④二胡之乱:311年,石勒攻宁平(今河南鹿邑),歼灭晋军十余万,俘杀太尉王衍;刘曜攻入洛阳,俘房怀帝,纵兵杀掠,天下混乱。史称永嘉之乱。

202. 浮石登岸

惠帝太安元年①,丹阳湖熟县夏架湖②,有大石,浮二百步而登岸。百姓惊叹,相告曰:"石来!"寻而石冰入建邺③。

[注释]①惠帝太安元年:302年。　②湖熟县:丹阳属县,在今江苏南京江宁区。　③寻:不久。石冰:西晋末张昌起义军部将。建邺:今江苏南京。

203. 贱人入禁庭

太安元年四月,有人自云龙门入殿前①,北面再拜,曰:"我当作中书监②。"即收斩之。禁庭尊秘之处,今贱人竟入,而门卫不觉者,宫室将虚,下人踰上之妖也。是后帝迁长安③,宫阙遂空焉。

[注释]①云龙门:洛阳皇宫门。　②中书监:魏晋时中书省长官,与中

书令同掌机要,地位略高于中书令。　③帝迁长安:永嘉之乱,晋怀帝被俘后。群臣拥立居长安的司马邺为帝,是为晋愍帝。故称迁长安。

204. 牛能言

太安中,江夏功曹张骋所乘牛忽言曰①:"天下方乱,吾甚极焉,乘我何之?"骋及从者数人皆惊怖,因绐之曰②:"令汝还,勿复言。"乃中道还。至家,未释驾③,又言曰:"归何早也?"骋益忧惧,秘而不言。安陆县有善卜者④,骋从之卜。卜者曰:"大凶。非一家之祸,天下将有兵起。一郡之内,皆破亡乎!"骋还家,牛又人立而行。百姓聚观。其秋,张昌贼起,先略江夏,诳曜百姓以汉祚复兴⑤,有凤凰之瑞,圣人当世。从军者皆绛抹头⑥,以彰火德之祥。百姓波荡,从乱如归。骋兄弟并为将军都尉,未几而败。于是一郡破残,死伤过半,而骋家族矣。京房《易妖》曰:"牛能言,如其言,占吉凶。"

[**注释**]①江夏:郡名,治所今湖北云梦。功曹:官名,郡守的佐吏。②绐:欺骗。　③释驾:卸下车驾。　④安陆:县名,今湖北安陆。　⑤诳曜:欺骗迷惑。　⑥绛抹头:用红色抹额头。

205. 败屩聚道

元康、太安之间,江、淮之域,有败屩自聚于道①,多者至四五十量。人或散去之②,投林草中,明日视之,悉复如故。或云见狸衔而聚之。世之所说:"屩者,人之贱服。而当劳辱,下民之象也。败者,疲弊之象也。道者,地理③,四方所以交通,王命所由往来也。今败屩聚于道者,象下民疲病,将相聚为乱,绝四方而壅王命也④。"

[注释]①败屦(juē):破烂草鞋。 ②人或散去之:《北堂书钞》作"余常亲将人散之"。《宋书·五行志》作"干宝尝使人散而去之"。 ③地理:大地的纹理。理,原作"里",据《太平御览》及汪校改。 ④壅:堵塞,阻隔。

206. 戟锋火光

晋惠帝永兴元年①,成都王之攻长沙也②,反军于邺,内外陈兵。是夜,戟锋皆有火光,遥望如悬烛,就视则亡焉③。其后终以败亡。

[注释]①永兴元年:304年。 ②成都王:司马炎之子司马颖。长沙:指长沙王司马乂。 ③就:靠近。

207. 万详婢生怪子

晋怀帝永嘉元年①,吴郡吴县万详婢生一子,鸟头,两足马蹄,一手无毛,尾黄色,大如碗。

[注释]①永嘉元年:307年。

208. 严根婢产异物

永嘉五年,抱罕令严根婢①,产一龙,一女,一鹅。京房《易传》曰:"人生他物,非人所见者,皆为天下大兵。"时帝承惠帝之后,四海沸腾,寻而陷于平阳②,为逆胡所害。

[注释]①抱罕:地名,今甘肃临夏。 ②平阳:县名,今山西临汾西南。晋怀帝被刘曜俘虏至此。

209. 狗作人言

永嘉五年，吴郡嘉兴张林家①，有狗忽作人言，云："天下人俱饿死。"于是果有二胡之乱，天下饥荒焉。

[注释]①嘉兴：县名，吴郡属县，今浙江嘉兴。

210. 延陵鼫鼠

永嘉五年十一月，有鼫鼠出延陵①。郭璞筮之，遇"临"之"益"②，曰："此郡之东县，当有妖人欲称制者③。寻亦自死矣。"

[注释]①延陵：县名，今江苏丹阳西南。　②临：《周易》卦名，兑下坤上。益：《周易》卦名，震下巽上。　③称制：皇帝即位执政，行使权力。

211. 徐馥作乱

永嘉六年正月，无锡县欻有四枝茱萸树相樛而生①，状若连理②。先是，郭璞筮延陵鼫鼠，遇"临"之"益"，曰："后当复有妖树生，若瑞而非，辛螫之木也③。倘有此，东西数百里，必有作逆者。"及此生木，其后吴兴徐馥作乱，杀太守袁琇。

[注释]①无锡：县名，今江苏无锡。欻：忽然。樛（jiū）：纠缠，盘缠。②连理：异根草木，枝干连生。旧以为吉祥之兆。　③辛螫：毒虫蜂虿噬咬人。此指辛辣有毒害。

212. 豕生人两头

永嘉中，寿春城内有豕生人①，两头，而不活。周馥取而观之②。识者云："豕,北方畜,胡狄象。两头者,无上也。生而死,不遂也。"天戒若曰:"易生专利之谋,将自致倾覆也。"俄为元帝所败③。

[注释]①寿春:古邑名,在今安徽寿县。 ②周馥:字祖宣。晋惠帝时任平东将军,怀帝时任镇东将军。 ③为元帝所败:永嘉五年,扬州都督周馥不受东海王司马越调遣,遣裴硕袭扬州。硕败,求救于司马睿。司马睿出兵将其击溃。周馥忧愤而卒。事见《晋书·周馥传》。

213. 生笺单衣

永嘉中,士大夫竞服生笺单衣①。识者怪之,曰:"此古缌衰之布②,诸侯所以服天子也。今无故服之,殆有应乎!"其后怀、愍晏驾。

[注释]①生笺单衣:细而稀疏的布缝制的单衣。 ②缌衰(suī cuī):古代小功五月之丧服。用细而疏的麻布制成。

214. 无颜帢

昔魏武军中无故作白帢①。此缟素凶丧之征也②。初,横缝其前以别后,名之曰"颜帢"③,传行之。至永嘉之间,稍去其缝,名"无颜帢"。而妇人束发,其缓弥甚④,纷之坚不能自立⑤,发被于额,目出而已。无颜者,愧之言也。覆额者,惭之貌也。其缓弥甚者,言天下亡礼与义,放纵情性,及其终极,至于大耻也。其后二年,永嘉之乱,四海分崩,下人悲难,无颜以生焉。

[注释]①帢:便帽。状如弁而缺四角,用缣帛缝制。相传为曹操创制。 ②缟素:白色丧服。 ③颜帢:有覆额似帽檐的便帽。 ④其缓弥甚:指头发

束得非常蓬松。 ⑤紒之坚不能自立:发髻不能坚挺自立。紒(jì),结发。

215. 二女连体

晋愍帝建兴四年①,西都倾覆,元皇帝始为晋王,四海宅心②。其年十月二十二日,新蔡县吏任乔妻胡氏③,年二十五,产二女,相向,腹心合,自腰以上,脐以下,各分。此盖天下未一之妖也。时内史吕会上言④:"按《瑞应图》云⑤:'异根同体,谓之连理。异亩同颖,谓之嘉禾⑥。'草木之属,犹以为瑞;今二人同心,天垂灵象,故《易》云:'二人同心,其利断金。'休显见生于陕东之国⑦,盖四海同心之瑞。不胜喜跃,谨画图上。"时有识者哂之⑧。君子曰:"知之难也。以臧文仲之才,独祀爰居焉⑨。布在方册,千载不忘。故士不可以不学。古人有言:'木无枝谓之瘣⑩,人不学谓之瞽。'当其所蔽,盖阙如也。可不勉乎?"

[注释]①建兴四年:316 年。 ②宅心:归心。心悦诚服而归附。③新蔡:县名,今河南新蔡。 ④内史:官名,诸侯国管理民政的官吏。⑤《瑞应图》:古代记录祥瑞感应物象的图籍。 ⑥嘉禾:生长奇异的禾苗,古人以为吉祥的征兆。王充《论衡·讲瑞》:"嘉禾生于禾中,与禾中异穗,谓之嘉禾。" ⑦休显:此指祥瑞的景象。陕东:原作"陈东",据《宋书·五行志》及汪校改。 ⑧哂:嘲笑,讥笑。 ⑨以臧文仲之才,独祀爰居焉:海鸟爰居曾降落在鲁国都城东门外,鲁国执政大臣臧文仲命人祭祀它,孔子批评臧文仲此举是"不知"。事见《左传·文公二年》。 ⑩瘣(huì):内伤之病。特指树木有病瘿肿,枝叶不荣。

216. 淳于伯冤死

晋元帝建武元年六月①,扬州大旱。十二月,河东地震。去年十二月,斩督运令史淳于伯②,血逆流,上柱二丈三尺,旋复下深四尺五寸。是时淳于伯冤死,遂频旱三年。刑罚妄加,群阴不附,则阳气胜之。罚③,又冤气之应也。

[注释]①建武元年:317 年。　②督运令史:督察漕运职掌文书的官。③罚:指地震、大旱等自然现象。

217. 牛生犊两头

晋元帝建武元年七月,晋陵东门有牛生犊①,一体两头。京房《易传》曰:"牛生子,二首一身,天下将分之象也。"

[注释]①晋陵:县名,今江苏常州。

218. 地震涌水

元帝太兴元年四月①,西平地震②,涌水出。十二月,庐陵、豫章、武昌、西陵地震③,涌水出,山崩。此王敦陵上之应也④。

[注释]①太兴元年:318 年。　②西平:郡名,今青海西宁。　③庐陵:郡名,今江西吉安。武昌:郡名,今湖北鄂州。西陵:郡名,今湖北宜昌。④王敦:东晋大臣,字处仲,琅琊人,王基之子,丞相王导从兄,娶晋武帝司马炎女襄城公主。曾谋篡司马氏政权,率兵攻入都城。陵上:犯上。

219. 牛生怪胎

太兴元年三月,武昌太守王谅有牛生子,两头,八足,两尾,共一腹。不能自生,十余人以绳引之。子死,母活。其三年,后苑中有牛生子①,一足三尾,生而即死。

[注释]①后苑:皇家畜养禽兽花木以供游乐的园林。

220. 马生驹两头

太兴二年,丹阳郡吏濮阳演马生驹①,两头,自项前别②。生而死。此政在私门,二头之象也。其后王敦陵上。

[注释]①濮阳演:人名。 ②自项前别:从脖颈前面分开。

221. 女阴在腹

太兴初,有女子,其阴在腹①,当脐下。自中国来至江东②,其性淫而不产。又有女子,阴在首,居在扬州,亦性好淫。京房《易妖》曰:"人生子,阴在首,则天下大乱。若在腹,则天下有事。若在背,则天下无后。"

[注释]①阴:阴部,指女性生殖器。 ②中国:中原。江东:长江下游南岸地区。

222. 武昌火灾

太兴中,王敦镇武昌,武昌灾,火起,兴众救之,救于此而发于彼,东西南北数十处俱应,数日不绝。旧说所谓"滥灾妄起①,虽兴师不能救"之谓也。此臣而行君,亢阳失节②。是时王敦陵上,有无君之心,故灾也。

[注释]①滥灾妄起:即泛滥成灾的意思。 ②亢阳失节:阳气极盛,失

去节制。

223. 绛囊缚纷

太兴中,兵士以绛囊缚纷①。识者曰:"纷在首,为乾,君道也。囊者,为坤,臣道也。今以朱囊缚纷,臣道侵君之象也。"为衣者,上带短,才至于掖;着帽者,又以带缚项。下逼上,上无地也②。为袴者,直幅为口,无杀③,下大之象也。寻而王敦谋逆,再攻京师。

[注释] ①绛囊缚纷:红色袋子束扎发髻。 ②上无地:国君无容身之地。 ③直幅为口,无杀:用直幅布作裤口,不加收束。为,原作"无",据汪校改。

224. 仪仗生花

太兴四年,王敦在武昌,铃下仪仗生花①,如莲花,五六日萎落。说曰:"《易》说:'枯杨生花,何可久也?'今狂花生枯木②,又在铃阁之间③,言威仪之富,荣华之盛,皆如狂花之发,不可久也。"其后王敦终以逆命,加戮其尸④。

[注释] ①铃下:指侍卫、门卒或仆役。仪仗:指用于仪卫的武器、旗帜、伞、扇等。 ②狂花:非正常开的花。 ③铃阁:将帅或州郡长官的办公之地。 ④加戮其尸:指王敦病死后被戮尸。

225. 长柄羽扇

旧为羽扇柄者,刻木象其骨形,列羽用十,取全数也。初,王敦南征,始改为长柄,下出,可捉,而减其羽,用八。识者尤之曰:"夫羽扇,翼之名也。创为长柄,将执其柄以制其羽翼也。改十为八,将未备夺已备也。此殆敦之擅权,以制朝廷之柄,又将以无德之材,欲窃非据也①。"

[注释]①非据:非分占据的职位,此指帝位。

226. 武昌大蛇

晋明帝太宁初①,武昌有大蛇,常居故神祠空树中,每出头从人受食。京房《易传》曰:"蛇见于邑,不出三年,有大兵,国有大忧。"寻有王敦之逆。

[注释]①晋明帝:司马绍,晋元帝司马睿之子,323~325年在位。

卷 八

227. 舜手握褒

虞舜耕于历山①,得玉历于河际之岩②。舜知天命在己,体道不倦。舜龙颜大口,手握褒。宋均注曰③:"握褒,手中有'褒'字。喻从劳苦受褒饬,致大祚也④。"

[注释]①虞舜:传说中的上古帝王。姓姚,名重华。历山:古山名,所在地说法不一,或以为在山西永济蒲州镇,或以为在河南濮阳,甚至有以为在浙江余姚的。 ②玉历:原指正朔,引申为历数、国运。 ③宋均:东汉末年人,经学大师郑玄弟子,曾任魏博士。 ④褒饬:嘉奖和告诫。大祚:帝位。

228. 汤祷桑林

汤既克夏①,大旱七年,洛川竭②。汤乃以身祷于桑林,翦其爪、发,自以为牺牲③,祈福于上帝。于是大雨即至,洽于四海。

[注释]①汤:即商汤,又称成汤。商朝开国之君。起兵灭夏,建立商朝。 ②洛川:洛水,今河南境内的洛河。 ③牺牲:供祭祀用的纯色全体牲畜,此指祭品。

229. 吕望钓于渭阳

吕望钓于渭阳①。文王出游猎②,占曰:"今日猎得一兽,非龙非螭③,非熊非罴。合得帝王师。"果得太公于渭之阳。与语,大悦,同车载而还。

[注释]①吕望:即姜尚,字子牙,又称姜太公、齐太公。辅佐周文王、周武王灭商,建立周朝。渭阳:渭水之北。 ②文王:周文王姬昌。 ③螭:古代传说中无角的龙。

230. 武王定风波

武王伐纣①,至河上,雨甚。疾雷,晦冥②,扬波于河。众甚惧。武王曰:"余在,天下谁敢干余者③!"风波立济④。

[注释]①武王:周武王姬发,周文王之子,周朝开国君主。纣:商朝最后一个国君帝辛。 ②晦冥:天色昏暗阴沉。 ③干:冒犯。 ④立济:指风波马上停止。

231. 孔子夜梦

鲁哀公十四年①,孔子夜梦三槐之间②,丰、沛之邦③,有赤氲气起④,乃呼颜回、子夏同往观之⑤。驱车到楚西北范氏街,见刍儿打麟⑥,伤其左前足,束薪而覆之。孔子曰:"儿来!汝姓为谁?"儿曰:"吾姓为赤松,名时乔,字受纪。"孔子曰:"汝岂有所见乎?"儿曰:"吾所见一禽,如麕⑦,羊头,头上有角,其末有肉。方以是西走。"孔子曰:"天下已有主也。为赤刘,陈、项为辅⑧。五星入井,从岁星⑨。"儿发薪下麟示孔子,孔子趋而往。麟向孔子,蒙其耳,吐三卷图,广三寸,长八寸,每卷二十四字。其言赤刘当起曰⑩:"周亡,赤气起,火耀兴,玄丘制命⑪,帝卯金⑫。"

[注释]①鲁哀公十四年:前481年。鲁哀公,春秋时鲁国最后一位国君。 ②孔子:名丘,字仲尼,春秋末期思想家、教育家,儒家学派的创立者。三槐之间:指外朝。相传周代宫廷外种有三棵槐树,三公朝天子时,面向三槐而立。后因以三槐喻三公。 ③丰:地名,今江苏丰县。沛:地名,今江苏沛县。 ④氤:烟气。 ⑤颜回、子夏:均为孔子的弟子。 ⑥刍儿:割草的小孩子。麟:麒麟。古人以为仁兽、瑞兽,象征祥瑞。 ⑦麕(jūn):即麇,獐子。⑧赤刘:指刘邦,传说刘邦是赤帝子。陈、项:指陈胜、项羽。均是秦末农民起义军领袖。 ⑨五星:木、火、土、金、水五大行星。井:二十八宿之一,也称东井。岁星:木星。 ⑩曰:原作"日",据《宋书·符瑞志》改。 ⑪玄丘:指孔子。 ⑫卯金:代指"刘"字。

232. 赤虹化玉

孔子修《春秋》①,制《孝经》②。既成,斋戒,向北辰而拜③,告备于天。天乃洪郁,起白雾摩地④。赤虹自上而下,化为黄玉,长三尺,上有刻文。孔子跪受而读之,曰:"宝文出,刘季握⑤。卯金刀,在轸北⑥。字禾子,天下服⑦。"

[注释]①《春秋》:儒家经典之一,相传为孔子据鲁国史书修订而成。②《孝经》:儒家经典之一,宣扬孝道。一般认为是孔子后学所作。 ③北辰:北极星。 ④天乃洪郁,起白雾摩地:天空云气浓密,白雾笼罩大地。 ⑤刘季:刘邦,字季,又称刘季。 ⑥卯金刀:"刘"字繁体拆分开为"卯金刀",此指刘邦的姓。轸:星宿名。二十八宿之一,南方朱雀七宿的最末一宿。有星四颗。 ⑦禾子:"季"字拆开即"禾子",指刘邦。

233. 陈仓祠

秦穆公时①,陈仓人掘地得物②,若羊非羊,若猪非猪。牵以献穆公,道逢二童子。童子曰:"此名为媪③。常在地食死人脑。若欲杀之,以柏插其首。"媪曰:"彼二童子名为陈宝,得雄者王,得雌者伯。"陈仓人舍媪逐二童子。童子化为雉,飞入平林。陈仓人告穆公,穆公发徒大猎,果得其雌。又化为石,置之汧、渭之间④。至文公时⑤,为立祠名陈宝。其雄者飞至南阳,今南阳雉县是其地也⑥。秦欲表其符,故以名县。每陈仓祠时,有赤光长十余丈,从雉县来,入陈仓祠中,有声殷殷如雄雉。其后,光武起于南阳。

[注释]①秦穆公:名任好,春秋时秦国国君,前659～前621年在位。②陈仓:县名,今陕西宝鸡东。　③媪:老妇人的通称。此为怪物名。④汧、渭:汧水和渭水。汧(qiān),渭水支流,今名千河。　⑤文公:秦文公。按,秦文公年代早于秦穆公,此处记载应有误。　⑥雉县:县名,今河南南召南。

234. 郱王天下

宋大夫邢史子臣明于天道①。周敬王之三十七年②,景公问曰③:"天道其何祥?"对曰:"后五十年五月丁亥,臣将死。死后五年五月丁卯,吴将亡。亡后五年,君将终。终后四百年,郱王天下④。"俄而皆如其言。所云"郱王天下"者,谓魏之兴也。郱,曹姓,魏亦曹姓,皆郱之后。其年数则错。未知刑史失其数耶?将年代久远⑤,注记者传而有谬也?

[注释]①邢史子臣:人名。天道:此指天象占验的方术。 ②周敬王之三十七年:前483年。 ③景公:即宋景公。 ④邾:春秋时国名,曹姓,在今山东邹城。 ⑤将:或许,或者。

235. 荧惑星

吴以草创之国,信不坚固,边屯守将,皆质其妻子,名曰"保质"①。童子少年,以类相与娱游者,日有十数。孙休永安三年三月②,有一异儿,长四尺余,年可六七岁,衣青衣,忽来从群儿戏。诸儿莫之识也,皆问曰:"尔谁家小儿,今日忽来?"答曰:"见尔群戏乐,故来耳!"详而视之,眼有光芒,爚爚外射③。诸儿畏之,重问其故。儿乃答曰:"尔恐我乎?我非人也,乃荧惑星也④。将有以告尔:三公归于司马⑤。"诸儿大惊,或走告大人,大人驰往观之。儿曰:"舍尔去乎!"耸身而跃,即以化矣。仰而视之,若曳一匹练以登天⑥。大人来者,犹及见焉。飘飘渐高,有顷而没。时吴政峻急,莫敢宣也。后四年而蜀亡,六年而魏废,二十一年而吴平,是归于司马也。

[注释]①保质:将戍边将士的妻子儿女作为人质进行担保。 ②永安三年:260年。 ③爚爚:光彩耀目。 ④荧惑星:古指火星。 ⑤三公归于司马:政权归于司马氏。三公:古代中央三种最高官衔的合称。此借指政权。 ⑥若曳一匹练以登天:像拖着一匹白练飞上天去。

236. 戴洋梦神

都水马武举戴洋为都水令史①。洋请急还乡②,将赴洛,梦神人谓之曰:"洛中当败,人尽南渡。后五年,扬州必有天子③。"洋信之,遂不去。既而皆如其梦。

[**注释**]①都水:即都水使者,官名,掌管舟船运输。都水令史:都水使者的属官。　②请急:请假。晋人称假为急。　③天子:指晋元帝司马睿。司马睿时任安东将军,都督扬州江南诸军事。

卷　九

237. 应妪见神光

后汉中兴初①,汝南有应妪者②,生四子而寡③。见神光照社。妪见光,以问卜人。卜人曰:"此天祥也。子孙其兴乎!"乃探得黄金。自是子孙宦学④,并有才名。至玚⑤,七世通显。

[注释]①中兴:指光武帝建立东汉。　②妪:老妇的通称。妪,原作"枢",据《艺文类聚》及汪校改。　③寡:原作"尽",据《后汉书·应劭传》及汪校改。　④宦学:做官和做学问。　⑤玚(yáng):即应玚,字德琏,汉末文学家,建安七子之一。按,《后汉书·应劭传》李贤注曰:"应顺,将作大匠;子叠,江夏太守;叠生郴,武陵太守;郴生奉,从事中郎;奉生劭,车骑将军掾;劭弟珣,司空掾;珣子玚,曹操辟为丞相掾。"

238. 冯绲绶笥有蛇

车骑将军巴郡冯绲①,字鸿卿,初为议郎②,发绶笥③,有二赤蛇,可长二尺,分南北走。大用忧怖。许季山孙宪,字宁方,得其先人秘要。绲请使卜,云:"此吉祥也。君后三岁,当为边将,东北四五千里④,官以东为名。"后五年,从大将军南征。居无何⑤,拜尚书郎、辽东太守、南征将军。

[注释]①巴郡:郡名,今重庆北。 ②议郎:官名,光禄勋的属官,备应对顾问。多征贤良方正之士任之。 ③绶笥:盛印绶的箱子。 ④四五千里:原缺"千"字,据《太平御览》卷九三四引《风俗通》补。 ⑤居无何:过了不久。

239. 张颢得金印

常山张颢①,为梁州牧。天新雨后,有鸟如山鹊,飞翔入市,忽然坠地。人争取之,化为圆石。颢椎破之,得一金印,文曰:"忠孝侯印。"颢以上闻,藏之秘府②。后议郎汝南樊衡夷上言:"尧舜时旧有此官。今天降印,宜可复置。"颢后官至太尉。

[注释]①常山:郡国名,今河北正定。 ②颢以上闻,藏之秘府:张颢把金印呈献皇帝,收藏在朝廷秘府中。

240. 张氏传钩

京兆长安①,有张氏,独处一室。有鸠自外入,止于床。张氏祝曰:"鸠来,为我祸也,飞上承尘②;为我福也,即入我怀。"鸠飞入怀。以手探之,则不知鸠之所在,而得一金钩。遂宝之。自是子孙渐富,资财万倍。蜀贾至长安③,闻之,乃厚赂婢。婢窃钩与贾。张氏既失钩,渐渐衰耗。而蜀贾亦数罹穷厄④,不为己利。或告之曰:"天命也。不可力求。"于是赍钩以反张氏⑤,张氏复昌。故关西称张氏传钩云⑥。

[注释]①京兆:汉代京畿的行政区域,为三辅之一。在今陕西西安以东至渭南华州区之间。 ②承尘:室内用以承接尘土的幕帐。指藻井、天花板。③贾:古指开设店铺做买卖的商人。此指商人。 ④罹:遭遇。穷厄:穷困。⑤赍:持。 ⑥关西:指函谷关和潼关以西地区。

241. 何比干得符策

汉征和三年三月①,天大雨。何比干在家,日中,梦贵客车骑满门。觉,以语妻。语未已,而门有老妪,可八十余,头白,求寄避雨。雨甚,而衣不沾渍。雨止,送至门,乃谓比干曰:"公有阴德②,今天锡君策,以广公之子孙。"因出怀中符策③,状如简,长九寸,凡九百九十枚,以授比干,曰:"子孙佩印绶者,当如此算。"

[注释]①征和三年:前90年。征和,汉武帝年号。 ②阴德:暗中做的有德于人的事。 ③符策:亦作"符册"。符契简策。胡三省曰:"符,铜虎符、竹使符之类……策,编简为之。古者诰命皆书之策。"

242. 魏舒诣野王

魏舒字阳元,任城樊人也①,少孤。尝诣野王②,主人妻夜产,俄而闻车马之声,相问曰:"男也?女也?"曰:"男。""书之。十五以兵死。"复问:"寝者为谁?"曰:"魏公。"舒后十五载,诣主人,问所生儿何在,曰:"因条桑③,为斧伤而死。"舒自知当为公矣。

[注释]①魏舒:西晋时大臣。任城:郡国名,今山东济宁。樊:任城属县,今山东济宁兖州区。 ②野王:县名,今河南沁阳。 ③条桑:采桑。

243. 贾谊《鵩鸟赋》

贾谊为长沙王太傅①,四月庚子日,有鵩鸟飞入其舍②,止于坐隅,良久乃去。谊发书占之,曰:"野鸟入室,主人将去。"谊忌之,故作《鵩鸟赋》,齐死生而等祸福③,以致命定志焉。

[注释]①贾谊:洛阳人,西汉初年著名政治家、文学家。汉文帝时,贬为长沙王太傅,后召回长安,改任梁怀王太傅。梁怀王坠马死,贾谊自责,抑郁而死。太傅:辅导太子的官。 ②鵩鸟:猫头鹰。 ③齐死生而等祸福:将生与死、祸与福等同看待。

244. 狗啮群鹅

王莽居摄①。东郡太守翟义②,知其将篡汉,谋举义兵。兄宣,教授,诸生满堂③。群鹅雁数十,在中庭,有狗从外入,啮之,皆死。惊救之,皆断头。狗走出门,求不知处。宣大恶之。数日,莽夷其三族④。

[注释]①居摄:因皇帝年幼不能亲政,由大臣代居其位处理政务,称居摄。此指王莽篡位之前把持朝政时。 ②东郡:今河南濮阳。 ③诸生:众弟子。 ④夷:诛灭。三族:说法不一。或以为指父族、母族、妻族;或以为指父、子、孙;或以为指父母、兄弟、妻子。

245. 公孙渊家数怪

魏司马太傅懿平公孙渊①,斩渊父子。先时,渊家数有怪。一犬着冠帻绛衣,上屋;欻有一儿②,蒸死甑中③。襄平北市生肉④,长围各数尺,有头目口喙⑤,无手足而动摇。占者曰:"有形不成,有体无声,其国灭亡。"

[注释]①魏司马太傅懿平公孙渊:公孙渊任魏辽东太守,后自立为燕王。魏派遣大将军司马懿征讨公孙渊,斩杀其父子。 ②欻:忽然。 ③甑:古代的蒸食炊器。 ④襄平:县名,今辽宁辽阳。 ⑤喙:鸟兽的嘴,此指人嘴。

246. 诸葛恪被杀

吴诸葛恪征淮南归①,将朝会之夜,精爽扰动②,通夕不寐。严毕趋出③,犬衔引其衣。恪曰:"犬不欲我行也。"出,仍入坐。少顷,复起,犬又衔衣。恪令从者逐之。及入,果被杀。其妻在室,语使婢曰:"尔何故血臭④?"婢曰:"不也。"有顷,愈剧。又问婢曰:"汝眼目瞻视,何以不常?"婢蹶然起跃⑤,头至于栋⑥,攘臂切齿而言曰⑦:"诸葛公乃为孙峻所杀。"于是大小知恪死矣。而吏兵寻至。

[注释]①诸葛恪:东吴大将,曾辅立孙亮,职掌朝政。后为孙峻所杀。淮南:指淮河以南、长江以北的地区。今安徽省的中部。 ②精爽扰动:精神骚动不安。 ③严毕:穿戴打扮齐整。 ④血臭:血腥味。 ⑤蹶然:忽然,突然。 ⑥栋:屋梁。 ⑦攘臂切齿:捋起袖子,举起胳膊,咬牙切齿。形容非常激愤。

247. 邓喜射人头

吴戍将邓喜,杀猪祠神,治毕悬之。忽见一人头,往食肉。喜引弓射,中之,咋咋作声,绕屋三日。后人白喜谋叛,合门被诛。

248. 贾充见府公

贾充伐吴时①,常屯项城②,军中忽失充所在。充帐下都督周勤,时昼寝,梦见百余人录充③,引入一径。勤惊觉,闻失充,乃出寻索。忽睹所梦之道,遂往求之。果见充。行至一府舍,侍卫甚盛,府公南面坐④,声色甚厉,谓充曰:"将乱吾家事者,必尔与荀勖⑤。既惑吾子,又乱吾孙,间使任恺黜汝而不去⑥,又使庾纯詈汝而不改⑦。今吴寇当平,汝方表斩张华⑧。汝之暗戆⑨,皆此类也。若不悛慎⑩,当旦夕加诛。"充因叩头流血。府公曰:"汝所以延日月而名器若此者⑪,是卫府之勋耳⑫。终当使系嗣死于钟虡之间⑬,大子毙于金酒之中,小子困于枯木之下。荀勖亦宜同。然其先德小浓,故在汝后。数世之外,国嗣亦替。"言毕命去。充忽然得还营,颜色憔悴,性理昏错,经日乃复。至后,谧死于钟下⑭,贾后服金酒而死⑮,贾午考竟用大杖终⑯。皆如所言。

[注释]①贾充:字公闾,晋惠帝皇后贾南风之父。司马氏篡魏,贾充积极参与,是重要的密谋和执行者。晋朝建立,曾任司空、侍中、尚书令等职,权倾一时。 ②项城:县名,今河南项城。 ③录:拘捕。 ④府公:六朝时王府僚属称其主为府公。贾充曾任司马氏僚属,故称。 ⑤荀勖:字公曾,西晋大臣、律学家,依附司马氏,曾任秘书监、光禄大夫、尚书令等职。 ⑥任恺:字元褒,西晋大臣,曾任侍中。为人耿直,曾劝晋武帝疏远贾充。后被贾充谮害。 ⑦庾纯:西晋大臣,曾任中书令。为人刚直,曾当面斥责贾充弑高贵乡公的罪恶。 ⑧张华:字茂先,西晋大臣、文学家。曾任散骑常侍、中书令。力主伐吴,遭贾充反对,要求晋武帝腰斩张华。 ⑨暗戆(zhuàng):愚昧。 ⑩悛慎:悔改戒慎。 ⑪名器:名号与车服仪制,用以区别贵贱等级。 ⑫卫府之勋:指高贵乡公曹髦攻司马昭丞相府时,贾充带人护卫丞相府一事。 ⑬系嗣:继嗣,后代。钟虡:宫廷中悬挂乐钟的格架。 ⑭谧:贾谧。贾充小女儿贾午之子,本名韩谧。贾充无子,韩谧过继给贾充为孙,改姓贾。八王之

乱中,被赵王司马伦所杀。　⑮贾后:贾充大女儿,晋惠帝皇后贾南风。
⑯贾午:贾充小女儿。考竟用大杖终:被囚禁,大刑拷问,死于狱中。

249. 庾亮受罚

庾亮字文康,鄢陵人①,镇荆州。登厕,忽见厕中一物,如方相②,两眼尽赤,身有光耀,渐渐从土中出。乃攘臂以拳击之,应手有声,缩入地。因而寝疾。术士戴洋曰:"昔苏峻事③,公于白石祠中祈福④,许赛其牛⑤,从来未解⑥,故为此鬼所考,不可救也。"明年,亮果亡。

[注释]①庾亮:东晋大臣,晋明帝皇后之兄。曾任中书令、征西大将军。鄢陵:县名,今河南鄢陵西北。　②方相:传说中驱除疫鬼和山川精怪的神灵,用于某场合以驱疫避邪。　③苏峻:字子高,东晋将领。庾亮执政时,欲解除其兵权。苏峻举兵反,攻入建康。后被陶侃、温峤率军击败而死。④白石:地名,今江苏苏州吴中区西北。　⑤许赛:犹许愿。赛,酬报神灵。⑥未解:没有还愿。

250. 刘宠军败

东阳刘宠①,字道和,居于湖熟②。每夜,门庭自有血数升,不知所从来。如此三四。后宠为折冲将军③,见遣北征。将行,而炊饭尽变为虫。其家人蒸䊚④,亦变为虫。其火愈猛,其虫愈壮。宠遂北征。军败于坛丘,为徐龛所杀⑤。

[注释]①东阳:今浙江金华。　②湖熟:县名,在今南京江宁区。③折冲将军:武官名。折冲,使敌人的战车后撤。冲,冲车,战车的一种。④䊚(chǎo):以米麦等炒熟后磨成粉的干粮。　⑤徐龛:晋泰山太守,曾叛降石勒。后又降晋,被石虎捉拿。

卷　十

251. 梦登梯扪天

汉和熹邓皇后①,尝梦登梯以扪天②,体荡荡正清滑③,有若钟乳状,乃仰嚱饮之④。以讯诸占梦,言:"尧梦攀天而上,汤梦及天舐之⑤,斯皆圣王之前占也。吉不可言。"

[注释]①和熹邓皇后:汉和帝皇后邓绥。殇帝、安帝时曾临朝执政,甚有政绩。　②扪:抚摸。　③体荡荡正清滑:天体广大平坦,清澈光滑。　④嚱:同"吸"。　⑤舐:用舌头舔物。

252. 梦日月入怀

孙坚夫人吴氏①,孕而梦月入怀,已而生策②。及权在孕③,又梦日入怀。以告坚曰:"妾昔怀策,梦月入怀;今又梦日,何也?"坚曰:"日月者,阴阳之精,极贵之象。吾子孙其兴乎。"

[注释]①孙坚:吴郡富春人,曾任长沙太守,汉末重要的军阀割据势力之一。　②策:孙策,孙坚之子,封吴侯。　③权:孙权,孙坚之子,孙策的弟弟,东吴开国君主。

253. 梦禾三穗

汉蔡茂字子礼,河内怀人也①。初在广汉②,梦坐大殿,极上有禾三穗③,茂取之,得其中穗,辄复失之。以问主簿郭贺④,贺曰:"大殿者,官府之形象也。极而有禾,人臣之上禄也。取中穗,是中台之象也⑤。于字,'禾''失'为'秩',虽曰失之,乃所以禄也。兖职有阙⑥,君其补之。"旬月而茂征焉。

[注释]①怀:县名,今河南武陟西南。 ②广汉:郡名,治所今四川广汉北。 ③极:屋梁。李贤《后汉书》注:"屋之大者,古通呼为殿也。极,殿梁也。" ④郭贺:字乔卿,洛阳人,曾任尚书令、河南尹等职。 ⑤中台:即尚书省。秦汉时尚书称中台,谒者称外台,御史称宪台,合称三台。 ⑥兖职:古代指三公的职位。亦借指三公。

254. 周擥啧梦

周擥啧者①,贫而好道。夫妇夜耕,困息卧,梦天公过而哀之,敕外有以给与②。司命按录籍③,云:"此人相贫,限不过此。唯有张车子应赐钱千万。车子未生,请以借之。"天公曰:"善。"曙觉,言之。于是夫妇戮力④,昼夜治生,所为辄得,赀至千万⑤。先时,有张妪者,尝往周家佣赁⑥,野合有身⑦,月满当孕,便遣出外,驻车屋下,产得儿。主人往视,哀其孤寒,作粥糜食之⑧。问:"当名汝儿作何?"妪曰:"今在车屋下而生,梦天告之,名为车子。"周乃悟曰:"吾昔梦从天换钱,外白以张车子钱贷我,必是子也。财当归之矣。"自是居日衰减。车子长大,富于周家。

[注释]①擥(lǎn):一作"孅"。 ②敕外有以给与:命令下属赐给他钱

财。 ③司命:掌管人生死的神。录籍:记录人富贵生死命运的账簿。
④戮力:尽力。 ⑤赀:钱财货物。 ⑥佣赁:受雇于人,雇佣。 ⑦野合:不合礼仪的婚配。 ⑧粥糜:即粥糜。煮烂的粥。

255. 梦入蚁穴

夏阳卢汾①,字士济,梦入蚁穴,见堂宇三间,势甚危豁②。题其额曰"审雨堂"③。

[注释]①夏阳:县名,今陕西韩城。 ②危豁:高大宽敞。 ③额:匾额。

256. 火浣单衫

吴选曹令史刘卓病笃①,梦见一人以白越单衫与之②,言曰:"汝着衫污,火烧便洁也。"卓觉,果有衫在侧。污辄火浣之③。

[注释]①选曹:职掌铨选官吏的机构。选曹令史,选曹的属官。 ②白越:细布名。 ③浣:洗。

257. 刘雅腹痛

淮南书佐刘雅①,梦见青蜥蜴②,从屋落其腹内。因苦腹痛病。

[注释]①淮南:郡国名,治所今安徽寿县。书佐:主管文书的官吏。②青蜥蜴:原作"青刺蜴",据《太平御览》及汪校改。

258. 张奂妻梦

后汉张奂为武威太守①,其妻梦带奂印绶②,登楼而歌。觉以告奂。奂令占之,曰:"夫人方生男,后临此郡,命终此楼。"后生子猛。建安中,果为武威太守,杀刺史邯郸商,州兵围急,猛耻见擒,乃登楼自焚而死。

[注释]①武威:郡名,治所今甘肃武威。 ②带奂:原作"帝与",据《东观汉记》及汪校改。

259. 汉灵帝梦

汉灵帝梦见桓帝怒曰:"宋皇后有何罪过①,而听用邪孽,使绝其命!渤海王悝既已自贬②,又受诛毙。今宋氏及悝,自诉于天,上帝震怒,罪在难救。"梦殊明察③。帝既觉而恐,寻亦崩。

[注释]①宋皇后:汉灵帝皇后。中常侍王甫诬陷汉桓帝弟弟刘悝,迫其自杀。因刘悝妃是宋皇后姑母,王甫担心宋皇后报复,又诬陷宋皇后在宫中行巫蛊。汉灵帝一怒废了皇后。皇后抑郁而死。 ②渤海王悝:刘悝,汉桓帝之弟。 ③明察:清楚、清晰。

260. 吕石梦死期

吴时,嘉兴徐伯始病①,使道士吕石安神座②。石有弟子戴本、王思二人,居住海盐③,伯始迎之,以助。石昼卧,梦上天北斗门下,见外鞍马三匹,云:"明日当以一迎石,一迎本,一迎思。"石梦觉,语本、思云:"如此,死期至。可急还,与家别。"不卒事而去④。伯始怪而留之。曰:"惧不得见家也。"间一日⑤,三人同时死。

[注释]①嘉兴:今浙江嘉兴。 ②神座:神主牌位,俗称神龛。亦指神像座位。 ③海盐:县名,今浙江海盐东北。 ④不卒事而去:法事没有做完

就赶快离开。　⑤间：隔。

261. 谢郭同梦

会稽谢奉与永嘉太守郭伯猷善①。谢忽梦郭与人于浙江上争樗蒲钱②，因为水神所责，堕水而死，已营理郭凶事③。及觉，即往郭许，共围棋。良久，谢云："卿知吾来意否？"因说所梦。郭闻之怅然，云："吾昨夜亦梦与人争钱，如卿所梦。何期太的的也④？"须臾，如厕，便倒气绝。谢为凶具⑤，一如其梦。

[注释]①谢奉：东晋人，字弘道，曾任安南将军、广州刺史、吏部尚书等职。永嘉：郡名，治所今浙江温州。　②浙江：即钱塘江。樗蒲：古代一种赌博游戏。　③营理：办理。凶事：丧事。　④的的：明明白白。　⑤凶具：棺木等丧葬用品。

262. 徐泰梦

嘉兴徐泰，幼丧父母，叔父隗养之，甚于所生。隗病，泰营侍甚勤①。是夜三更中，梦二人乘船持箱，上泰床头，发箱，出簿书示曰："汝叔应死。"泰即于梦中叩头祈请。良久，二人曰："汝县有同姓名人否？"泰思得，语二人云："有张隗②，不姓徐。"二人云："亦可强逼③。念汝能事叔父，当为汝活之。"遂不复见。泰觉，叔病乃差④。

[注释]①营侍：护理侍奉。　②有：原缺，据《太平御览》及汪校补。　③强逼：勉强接近，差不多相似。　④差：病除。

卷十一

263. 熊渠子射石

楚熊渠子夜行①,见寝石,以为伏虎,弯弓射之,没金铩羽②。下视,知其石也。因复射之,矢摧无迹。汉世复有李广③,为右北平太守④,射虎,得石,亦如之。刘向曰:"诚之至也,而金石为之开,况于人乎!夫唱而不和,动而不随,中必有不全者也。夫不降席而匡天下者,求之己也。"

[注释]①熊渠:西周后期楚国国君,曾为楚国开拓疆土打下重要基础。②没金铩羽:箭头射进石头里,箭上羽毛也被摧落。铩,原作"锻",据《津逮秘书》本改。　③李广:陇西人,西汉抗击匈奴的名将,人称飞将军。　④右北平:郡名,治所今辽宁宁城。

264. 养由基射猿

楚王游于苑,白猿在焉。王令善射者射之。矢数发,猿搏矢而笑①。乃命由基②。由基抚弓,猿即抱木而号。及六国时,更嬴谓魏王曰③:"臣能为虚发而下鸟。"魏王曰:"然则射可至于此乎?"嬴曰:"可。"有顷,闻雁从东方来,更嬴虚发而鸟下焉。

[注释]①搏矢:抓住箭。矢,箭。　②由基:即养由基,楚人,传说能够百步穿杨的射箭神手。　③更嬴:战国时魏人,著名的射箭高手。

265. 古冶子杀鼋

齐景公渡于江、沅之河①,鼋衔左骖②,没之。众皆惊惕。古冶子于是拔剑从之③,邪行五里,逆行三里,至于砥柱之下④。杀之,乃鼋也。左手持鼋头,右手挟左骖,燕跃鹄踊而出⑤。仰天大呼,水为逆流三百步。观者皆以为河伯也。

[注释]①齐景公:春秋时齐国国君,前547~前490年在位。江、沅:长江和沅江。按,齐景公并未到过江、沅之地,以文义推之,说者多以为故事发生在黄河。　②鼋:大鳖。俗称癞头鼋。左骖:古代驾车中左边的马。③古冶子:春秋时齐国三勇士之一,后被晏婴以二桃杀三士之计杀之。④砥柱:又称底柱山、三门山。在今河南三门峡,当黄河中流。以山在激流中矗立如柱,故名。　⑤燕跃鹄踊:像燕子、天鹅一样腾飞而出。

266. 三王墓

楚干将莫邪为楚王作剑①,三年乃成。王怒,欲杀之。剑有雌雄。其妻重身当产②,夫语妻曰:"吾为王作剑,三年乃成。王怒,往必杀我。汝若生子是男,大,告之曰:'出户,望南山,松生石上,剑在其背。'"于是即将雌剑往见楚王。王大怒,使相之③:"剑有二,一雄一雌。雌来,雄不来。"王怒,即杀之。莫邪子名赤比,后壮,乃问其母曰:

"吾父所在?"母曰:"汝父为楚王作剑,三年乃成。王怒,杀之。去时嘱我:'语汝子:出户,望南山,松生石上,剑在其背。'"于是子出户,南望,不见有山,但睹堂前松柱下,石砥之上④,即以斧破其背,得剑。日夜思欲报楚王。王梦见一儿,眉间广尺⑤,言欲报仇。王即购之千金。儿闻之,亡去。入山,行歌。客有逢者,谓:"子年少,何哭之甚悲耶?"曰:"吾干将莫邪子也。楚王杀吾父,吾欲报之。"客曰:"闻王购子头千金,将子头与剑来,为子报之。"儿曰:"幸甚。"即自刎,两手捧头及剑奉之,立僵⑥。客曰:"不负子也。"于是尸乃仆⑦。客持头往见楚王,王大喜。客曰:"此乃勇士头也。当于汤镬煮之⑧。"王如其言。煮头三日三夕,不烂。头踔出汤中⑨,瞋目大怒⑩。客曰:"此儿头不烂,愿王自往临视之,是必烂也。"王即临之。客以剑拟王⑪,王头随堕汤中。客亦自拟己头,头复堕汤中。三首俱烂,不可识别。乃分其汤肉葬之,故通名三王墓。今在汝南北宜春县界⑫。

[注释]①干将莫邪:春秋时楚国的铸剑名匠。或以为干将、莫邪是二人,为夫妻关系,莫邪为干将之妻;或以为干将莫邪是一人,干将是姓,莫邪是名。以文意审之,当以一人为是。 ②重(chóng)身:双身,指怀孕。 ③相(xiàng):察看。 ④石砥:柱下的石礅。砥,原作"低",依文义,当为砥字,从黄涤明译注改。 ⑤眉间广尺:两眉间有一尺宽,说明额头宽,夸张其形貌特征不同凡人。 ⑥立僵:人死后身体僵硬,挺立不倒。 ⑦仆:倒下。 ⑧汤镬:煮着滚水的大锅。镬(huò),古时的煮食器,亦作烹人的刑器,似鼎而无足。 ⑨踔(chuō):腾越跳跃。 ⑩瞋(zhì)目:当作"瞋目",瞪大眼睛。 ⑪拟:指向,比画。指用剑对准头砍去。 ⑫北宜春县:故址今河南汝南西南。

267. 贾雍失头

汉武时,苍梧贾雍为豫章太守①,有神术。出界讨贼,为贼所杀,失头,上马回营②。营中咸走来视雍。雍胸中语曰:"战不利,为贼所伤。诸君视有头佳乎?无头佳乎?"吏涕泣曰:"有头佳。"雍曰:"不然。无头亦佳。"言毕,遂死。

[注释]①苍梧:郡名,治所今广西梧州。 ②营:原本无,据《幽明录》补。

268. 断头能语

渤海太守史良好一女子①,许嫁而不果。良怒,杀之,断其头而归,投于灶下,曰"当令火葬。"头语曰:"使君,我相从②,何图当尔。"后梦见曰:"还君物。"觉而得昔所与香缨金钗之属③。

[注释]①渤海:郡名,治所今河北沧州。好:原作"姊",据《太平御览》改。 ②相从:相好。 ③香缨:古代妇女系的丝织饰物,许嫁时所佩。

269. 苌弘血化碧

周灵王时①,苌弘见杀②。蜀人因藏其血,三年,乃化而为碧③。

[注释]①周灵王:东周君主,前571~前545年在位。 ②苌弘:又作苌宏,周景王大臣刘文公家臣,因晋国内讧支持范氏,被赵氏所杀。传说其死后三年,血化为碧玉。事见《左传·哀公三年》。弘,原作"宏",从《左传》改。 ③碧:青绿色或青白色的玉。

270. 东方朔消患

汉武帝东游,未出函谷关,有物当道。身长数丈,其状象牛,青眼而曜睛①,四足入土,动而不徙。百官惊骇。东方朔乃请以酒灌之②。灌之数十斛而物消。帝问其故。答曰:"此名为患,忧气之所生也。此必是秦之狱地。不然,则罪人徒作之所聚③。夫酒忘忧,故能消之也。"帝曰:"吁!博物之士,至于此乎!"

[注释]①曜睛:眼光明亮。 ②东方朔:字曼倩,西汉著名文人、智者,汉武帝时曾任太中大夫。博物多识,诙谐滑稽。 ③罪人徒作之所聚:指犯人服劳役的场所。

271. 谅辅祈雨

后汉谅辅,字汉儒,广汉新都人①。少给佐吏②,浆水不交③。为从事④,大小毕举,郡县敛手⑤。时夏枯旱,太守自曝中庭,而雨不降。辅以五官掾⑥,出祷山川,自誓曰:"辅为郡股肱⑦,不能进谏纳忠,荐贤退恶,和调百姓,至令天地否隔⑧,万物枯焦,百姓喁喁⑨,无所控诉,咎尽在辅。今郡太守内省责己,自曝中庭,使辅谢罪,为民祈福,精诚恳到,未有感彻。辅今敢自誓,若至日中无雨,请以身塞无状⑩。"乃积薪柴,将自焚焉。至日中时,山气转黑,起雷,雨大作,一郡沾润。世以此称其至诚。

[注释]①广汉新都:今四川新都东。 ②佐吏:地方长官的属官。 ③浆水不交:浆水不沾。谓为官清廉。 ④从事:官名,汉三公及州郡长官的僚属。 ⑤敛手:拱手,表示钦佩。 ⑥五官掾:州郡的属官,负责民事物类。 ⑦股肱:大腿和胳膊。指得力助手或心腹之人。 ⑧否隔:隔绝不通。

⑨喁喁:仰望期待。　⑩无状:罪大不可言状。指罪过。

272. 何敞消灾

何敞,吴郡人。少好道艺①,隐居。里以大旱,民物憔悴,太守庆洪遣户曹掾致谒②,奉印绶,烦守无锡③。敞不受。退,叹而言曰:"郡界有灾,安能怀道!"因跋涉之县,驻明星屋中④。蝗蜮消死⑤,敞即遁去。后举方正、博士⑥,皆不就。卒于家。

[注释]①道艺:道教长生升仙之类的方术技艺。　②户曹掾:州郡负责民政的官吏。致谒:送上名帖。　③烦守无锡:劳驾他担任无锡县令。④明星:即太白金星。　⑤蝗蜮:蝗虫。　⑥方正:汉代选士的举荐科目之一,以德行方正为主要标准。博士:学官名,负责传授儒家经学。

273. 蝗虫避徐栩

后汉徐栩,字敬卿,吴由拳人①。少为狱吏,执法详平②。为小黄令时③,属县大蝗④,野无生草。过小黄界,飞逝不集。刺史行部责栩不治⑤。栩弃官,蝗应声而至。刺史谢,令还寺舍⑥,蝗即飞去。

[注释]①由拳:古县名,治所今浙江嘉兴南。　②详平:公正、公平。③小黄:古县名,属陈留郡,治所今河南开封东北。　④属县:指陈留郡其他各县。　⑤刺史:古代官名。原为朝廷所派督察地方官的使者,后沿为地方官职名称。行部:朝廷派遣官员督察地方官吏的政绩。　⑥寺舍:官舍。

274. 白虎墓

王业字子香,汉和帝时为荆州刺史。每出行部,沐浴斋素,以祈于天地:"当启佐愚心①,无使有枉百姓。"在州七年,惠风大行,苛慝不作②,山无豺狼。卒于枝江③,有二白虎,低头曳尾,宿卫其侧。及丧去,虎踰州境,忽然不见。民共为立碑,号曰"枝江白虎墓"。

[注释]①启佐愚心:启发帮助我愚昧的心灵。 ②苛慝(tè):暴虐邪恶。 ③枝江:汉县名,今湖北枝江。枝江,原作"湘江",据《陈留耆旧传》及汪校改,下同。

275. 葛祚碑

吴时,葛祚为衡阳太守①。郡境有大槎横水②,能为妖怪。百姓为立庙。行旅祷祀,槎乃沉没;不者,槎浮,则船为之破坏。祚将去官,乃大具斧斤③,将去民累。明日当至,其夜,闻江中汹汹有人声,往视之,槎乃移去,沿流下数里,驻湾中。自此行者无复沉覆之患。衡阳人为祚立碑,曰"正德祈禳,神木为移。"

[注释]①衡阳:郡名,治所今湖南衡阳。 ②槎(chá):大树砍断后剩余的树桩子。 ③具:准备。

276. 曾子孝感万里

曾子从仲尼在楚而心动①,辞归问母。母曰:"思尔,啮指。"孔子曰:"曾参之孝,精感万里。"

[注释]①曾子:曾参,孔子弟子,以孝闻名。仲尼:孔子的字。

277. 周畅仁孝

周畅性仁慈①,少至孝,独与母居。每出入,母欲呼之,常自啮其手,畅即觉手痛而至。治中从事未之信②,候畅在田,使母啮手,而畅即归。元初二年③,为河南尹④,时夏大旱,久祷无应。畅收葬洛阳城旁客死骸骨万余,为立义冢,应时澍雨⑤。

[注释]①周畅:字伯持,东汉人。　②治中从事:官名,州郡负责处理文书档案的官。　③元初二年:115年。元初,汉安帝年号。　④河南尹:都城地区的行政长官。　⑤澍雨:大暴雨。

278. 王祥剖冰求鲤

王祥字休征,琅邪人,性至孝。早丧亲,继母朱氏不慈,数谮之①。由是失爱于父,每使扫除牛下②。父母有疾,衣不解带。母常欲生鱼,时天寒冰冻,祥解衣,将剖冰求之。冰忽自解,双鲤跃出,持之而归。母又思黄雀炙,复有黄雀数十入其幙③,复以供母。乡里惊叹,以为孝感所致。

[注释]①谮(zèn):诬陷,谗毁。　②牛下:牛棚。　③幙:同"幕"。

279. 王延叩凌

王延,性至孝。继母卜氏,尝盛冬思生鱼①,敕延求而不获②,杖之流血。延寻汾③,叩凌而哭④。忽有一鱼,长五尺,跃出冰上。延取以进母。卜氏食之,积日不尽。于是心悟,抚延如己子。

[注释]①盛冬:数九寒冬。　②敕:告诫。此乃命令的意思。　③汾:汾河,黄河支流。源出山西宁武管涔山,至山西河津西入黄河。　④凌:

积冰。

280. 楚僚卧冰

楚僚早失母,事后母至孝。母患痈肿①,形容日悴。僚自徐徐吮之,血出,迨夜即得安寝②。乃梦一小儿,语母曰:"若得鲤鱼食之,其病即差,可以延寿。不然,不久死矣。"母觉而告僚。时十二月,冰冻,僚乃仰天叹泣,脱衣上冰卧之。有一童子,决僚卧处③,冰忽自开,一双鲤鱼跃出。僚将归奉其母,病即愈。寿至一百三十三岁。盖至孝感天神,昭应如此。此与王祥,王延事同。

[注释]①痈肿:毒疮脓肿。 ②迨:直到。 ③决:剖挖。

281. 盛母眼复明

盛彦字翁子,广陵人①。母王氏,因疾失明,彦躬自侍养。母食,必自哺之。母疾既久,至于婢使,数见捶挞②。婢忿恨,闻彦暂行,取蛴螬炙饴之③。母食,以为美,然疑是异物,密藏以示彦。彦见之,抱母恸哭,绝而复苏④。母目豁然即开,于此遂愈。

[注释]①广陵:今江苏扬州。 ②捶挞:杖击鞭打。 ③蛴螬:金龟子的幼虫。饴(sì):同"饲"。拿食物给人吃。 ④绝而复苏:气绝而又苏醒,即死去活来的意思。

282. 蚺蛇胆

颜含字宏都,次嫂樊氏,因疾失明。医人疏方①,须蚺蛇胆②,而寻求备至,无由得之。含忧叹累时。尝昼独坐,忽有一青衣童子,年可十三四,持一青囊授含。含开视,乃蛇胆也。童子逡巡出户③,化成青鸟飞去。得胆药成,嫂病即愈。

[注释]①疏方:开列药方。 ②蚺蛇:大蟒蛇。 ③逡巡:顷刻之间。

283. 郭巨埋儿

郭巨,隆虑人也①,一云河内温人②。兄弟三人,早丧父。礼毕,二弟求分。以钱二千万,二弟各取千万。巨独与母居客舍,夫妇佣赁,以给供养③。居有顷,妻产男。巨念与儿妨事亲,一也;老人得食,喜分儿孙,减馔,二也。乃于野凿地,欲埋儿。得石盖,下有黄金一釜④,中有丹书,曰:"孝子郭巨,黄金一釜,以用赐汝。"于是名振天下。

[注释]①隆虑:古县名,今河南林州。 ②温:地名,今河南温县。 ③供养:原作"公养",据《艺文类聚》改。 ④釜:古量器,也叫"䈖",似坛罐。

284. 刘殷居丧

新兴刘殷①,字长盛,七岁丧父,哀毁过礼②。服丧三年,未尝见齿③。事曾祖母王氏,尝夜梦人谓之曰:"西篱下有粟。"寤而掘之④,得粟十五钟⑤。铭曰:"七年粟百石,以赐孝子刘殷。"自是食之,七岁方尽。及王氏卒,夫妇毁瘠,几至灭性⑥。时柩在殡⑦,而西邻失火,风势甚猛,殷夫妇叩殡号哭,火遂灭。后有二白鸠,来巢其庭树。

[注释]①新兴:郡名,治所今山西忻州。 ②哀毁:因丧亲悲伤而损毁

身体。　③见齿:露齿,指开口笑。　④寤:睡醒,醒来。　⑤钟:古代容量单位,一钟十斛。　⑥灭性:因丧亲过度悲哀而毁灭生命。　⑦殡:死者入殓后停柩以待葬。

285. 杨伯雍种玉

杨公伯雍①,洛阳县人也。本以侩卖为业②,性笃孝。父母亡,葬无终山③,遂家焉。山高八十里,上无水,公汲水,作义浆于坂头④,行者皆饮之。三年,有一人就饮,以一斗石子与之,使至高平好地有石处种之,云:"玉当生其中。"杨公未娶,又语云:"汝后当得好妇。"语毕不见。乃种其石。数岁,时时往视,见玉子生石上,人莫知也。有徐氏者,右北平著姓⑤,女甚有行,时人求,多不许。公乃试求徐氏,徐氏笑以为狂,因戏云:"得白璧一双来,当听为婚。"公至所种玉田中,得白璧五双,以聘。徐氏大惊,遂以女妻公。天子闻而异之,拜为大夫。乃于种玉处,四角作大石柱,各一丈,中央一顷地,名曰"玉田。"

[注释]①杨:又作羊、阳、扬。　②侩:即牙侩,又称牙人,旧称买卖的中介人。　③无终山:在今河北玉田西北。　④义浆:免费供应的茶水。坂头:斜坡顶。　⑤著姓:名门望族。

286. 梦虎啮足

衡农字剽卿,东平人也①。少孤,事继母至孝。常宿于他舍,值雷风,频梦虎啮其足。农呼妻相出于庭,叩头三下。屋忽然而坏,压死者三十余人,唯农夫妻获免。

[注释]①东平:郡国名,治所今山东东平。

287. 罗威温席

罗威字德仁,八岁丧父,事母性至孝。母年七十,天大寒,常以身自温席,而后授其处。

288. 王裒守墓

王裒字伟元,城阳营陵人也①。父仪,为文帝所杀②。裒庐于墓侧,旦夕常至墓所拜跪,攀柏悲号,涕泣着树,树为之枯。母性畏雷,母没,每雷,辄到墓曰:"裒在此。"

[注释]①城阳:郡名,治所今山东莒县。营陵:县名,今山东昌乐。②文帝:指晋文帝司马昭。按,王裒祖父王修,父亲王仪。王仪曾任司马昭安东司马,后被司马昭所杀。王裒终身不再仕晋。

289. 白鸠郎

郑弘迁临淮太守①。郡民徐宪,在丧致哀,有白鸠巢户侧。弘举为孝廉②,朝廷称为"白鸠郎。"

[注释]①临淮:郡名,治所今江苏盱眙西北。 ②孝廉:汉代官吏人才选拔科目之一,以孝悌、清廉为重要标准。

290. 东海孝妇

汉时,东海孝妇,养姑甚谨①。姑曰:"妇养我勤苦。我已老,何惜余年,久累年少。"遂自缢死。其女告官云:"妇杀我母。"官收系之,拷掠毒治②。孝妇不堪苦楚,自诬服之③。时于公为狱吏④,曰:"此妇养姑十余年,以孝闻彻,必不杀也。"太守不听。于公争不得理,抱其狱词,哭于府而去。自后郡中枯旱,三年不雨。后太守至,于公曰:"孝妇不当死,前太守枉杀之,咎当在此。"太守即时身祭孝妇冢,因表其墓。天立雨,岁大熟。长老传云:"孝妇名周青。青将死,车载十丈竹竿,以悬五旛⑤。立誓于众曰:'青若有罪,愿杀,血当顺下;青若枉死,血当逆流。'既行刑已,其血青黄,缘旛竹而上标⑥,又缘旛而下云。"

[注释]①养姑甚谨:奉养婆婆非常恭谨。 ②拷掠毒治:严刑拷打,狠毒折磨。 ③诬服:屈打成招,被迫承认。 ④于公:汉宣帝时廷尉于定国的父亲,决狱公平。百姓为其立祠,号于公祠。 ⑤旛:长幅下垂的旗帜。 ⑥标:树梢,末梢。此指挂旗的竹竿顶端。

291. 犍为孝女

犍为叔先泥和①,其女名雄。永建三年②,泥和为县功曹③。县长赵祉,遣泥和拜檄谒巴郡太守④。以十月乘船,于城湍堕水死,尸丧不得。雄哀恸号咷,命不图存。告弟贤及夫人,令勤觅父尸:"若求不得,吾欲自沉觅之。"时雄年二十七,有子男贡,年五岁;贳,年三岁。乃各作绣香囊一枚,盛以金珠环,预婴二子⑤。哀号之声,不绝于口,昆族私忧。至十二月十五日,父丧不得。雄乘小船,于父堕处,哭泣数声,竟自投水中,旋流没底。见梦告弟云:"至二十一日,与父俱出。"至期,如梦,与父相持,并浮出江。县长表言,郡太守肃登承上尚书⑥,乃遣户曹掾为雄立碑,图象其形,令知至孝。

[注释]①犍(qián)为:郡名,治所今四川宜宾。叔先:复姓。 ②永建三年:128年。永建,汉顺帝年号。 ③功曹:官名。汉代郡守功曹,除掌人

事外,还参与郡的政务。 ④拜檄谒巴郡太守:带公函文书拜见巴郡太守。 ⑤预婴二子:给两个孩子预先系在颈上。 ⑥肃登:《华阳国志》作"萧登",人名。

292. 乐羊子妻

河南乐羊子之妻者,不知何氏之女也。躬勤养姑。尝有他舍鸡谬入园中,姑盗杀而食之。妻对鸡不食而泣。姑怪问其故,妻曰:"自伤居贫,使食有他肉。"姑竟弃之。后盗有欲犯之者,乃先劫其姑,妻闻,操刀而出。盗曰:"释汝刀。从我者,可全;不从我者,则杀汝姑。"妻仰天而叹,刎颈而死。盗亦不杀姑。太守闻之,捕杀盗贼,赐妻缣帛,以礼葬之。

293. 庾衮不畏疫

庾衮字叔褒,咸宁中①,大疫,二兄俱亡,次兄毗复殆②。疠气方盛③,父母诸弟皆出次于外④,衮独留不去。诸父兄强之,乃曰:"衮性不畏病。"遂亲自扶持,昼夜不眠。间复抚柩,哀临不辍⑤。如此十余旬。疫势既退,家人乃返。毗病得差,衮亦无恙。

[注释]①咸宁:晋武帝年号,275～280 年。 ②殆:病重危险。 ③疠气:瘟疫。 ④次:为悼念死者而避开正寝,出郊外暂住。 ⑤哀临不辍:哭吊死者的活动仪式不停。

294. 相思树

宋康王舍人韩凭①,娶妻何氏,美,康王夺之。凭怨,王囚之,论为城旦②。妻密遗凭书,缪其辞曰③:"其雨淫淫④,河大水深,日出当心。"既而王得其书,以示左右,左右莫解其意。臣苏贺对曰:"其雨淫淫,言愁且思也。河大水深,不得往来也。日出当心,心有死志也。"俄而凭乃自杀。其妻乃阴腐其衣⑤。王与之登台,妻遂自投台下⑥。左右揽之,衣不中手而死⑦。遗书于带曰:"王利其生,妾利其死。愿以尸骨,赐凭合葬。"王怒,弗听。使里人埋之,冢相望也。王曰:"尔夫妇相爱不已,若能使冢合,则吾弗阻也。"宿昔之间⑧,便有大梓木生于二冢之端,旬日而大盈抱,屈体相就,根交于下,枝错于上。又有鸳鸯,雌雄各一,恒栖树上,晨夕不去,交颈悲鸣,音声感人。宋人哀之,遂号其木曰"相思树"。"相思"之名,起于此也。南人谓此禽即韩凭夫妇之精魂。今睢阳有韩凭城⑨,其歌谣至今犹存。

[注释]①宋康王:战国时宋国国君,因残暴,人称桀宋。前318~前286年在位。舍人:王公贵人的门客。 ②城旦:古代一种筑城四年的劳役刑罚名。 ③缪其辞:话说隐讳曲折,犹打哑谜。 ④淫淫:雨水流落不止。比喻愁思不绝。 ⑤阴:暗地里,暗中。 ⑥下,原无,据《艺文类聚》补。 ⑦衣不中手:衣服腐朽,经不住手拉。 ⑧宿昔:旦夕,比喻时间短。 ⑨睢阳:古县名,今河南商丘南。

295. 饮水生儿

汉末,零陵郡太守史满有女①,悦门下书佐②,乃密使侍婢取书佐盥手残水饮之③,遂有妊。已而生子。至能行,太守令抱儿出,使求其父。儿匍匐直入书佐怀中④。

书佐推之,仆地,化为水。穷问之,具省前事⑤。遂以女妻书佐。

[注释]①零陵:郡名,治所今湖南永州。零陵,原作"零阳",据《太平御览》及汪校改。 ②书佐:主办文书的佐吏。 ③盥手残水:洗手剩下的水。 ④匍匐:爬行。 ⑤具省:完全知晓。

296. 望夫冈

鄱阳西有望夫冈①。昔县人陈明与梅氏为婚,未成,而妖魅诈迎妇去。明诣卜者,决云:"行西北五十里求之。"明如言,见一大穴,深邃无底。以绳悬入,遂得其妇。乃令妇先出,而明所将邻人秦文,遂不取明。其妇乃自誓执志②,登此冈首而望其夫,因以名焉。

[注释]①鄱(pó)阳:县名,今江西鄱阳东。 ②自誓执志:发誓坚守自己的志向,即爱情专一。

297. 邓元义妻改嫁

后汉,南康邓元义①,父伯考,为尚书仆射②。元义还乡里,妻留事姑,甚谨。姑憎之,幽闭空室,节其饮食,羸露③,日困,终无怨言。时伯考怪而问之。元义子朗,时方数岁,言:"母不病,但苦饥耳。"伯考流涕曰:"何意亲姑,反为此祸!"遣归家④,更嫁为应华仲妻⑤。仲为将作大匠⑥,妻乘朝车出⑦。元义于路旁观之,谓人曰:"此我故妇,非有他过,家夫人遇之实酷⑧,本自相贵。"其子朗,时为郎⑨,母与书,皆不答,与衣裳,辄以烧之。母不以介意。

母欲见之,乃至亲家李氏堂上,令人以他词请朗。朗至,见母,再拜涕泣,因起出。母追谓之曰:"我几死。自为汝家所弃,我何罪过,乃如此耶!"因此遂绝。

[注释]①南康:今江西于都。 ②尚书仆射:尚书令的副手,掌章奏文书档案。 ③羸露:瘦得皮包骨头。 ④遣:古代指丈夫休弃妻子。 ⑤应华仲:应奉的祖父应顺。 ⑥将作大匠:官名,掌宫庙陵寝的土木建筑。 ⑦朝车:古代君臣行朝夕礼及宴饮时的出入用车。 ⑧夫人:原作"天人",据《后汉书·应奉传》改。 ⑨郎:官名,皇帝的护卫侍从人员。

298. 严遵破案

严遵为扬州刺史,行部,闻道傍女子哭声不哀。问所哭者谁,对云:"夫遭烧死。"遵敕吏舁尸到①,与语讫,语吏云:"死人自道不烧死。"乃摄女②,令人守尸,云:"当有枉。"吏白:"有蝇聚头所。"遵令披视,得铁锥贯顶。考问,以淫杀夫。

[注释]①舁(yú):抬。 ②摄:拘捕。

299. 死友

汉范式,字巨卿,山阳金乡人也,一名氾。与汝南张劭为友,劭字元伯。二人并游太学,后告归乡里,式谓元伯曰:"后二年,当还。将过拜尊亲,见孺子焉。"乃共克期日①。后期方至,元伯具以白母,请设馔以候之。母曰:"二年之别,千里结言②,尔何相信之审耶③!"曰:"巨卿信士,必不乖违。"母曰:"若然,当为尔酝酒。"至期果到。升堂拜饮,尽欢而别。后元伯寝疾,甚笃,同郡郅君章、殷子征晨夜省视之④。元伯临终,叹曰:"恨不见我死友⑤。"子征曰:"吾与君章,尽心于子,是非死友,复欲谁求?"元伯曰:"若二子者,吾生友耳⑥。山阳范巨卿,所谓死友也。"寻而卒。式忽梦见元伯,玄冕乘缨,屣履而呼⑦,曰:"巨卿!吾以某日死,当以尔时葬,永归黄泉。子未忘我,岂能相及!"式恍然觉悟,悲叹泣下,便服朋友之服⑧,投其葬日,驰往赴之。未及到而丧已发引。既至圹⑨,将窆⑩,而柩不肯进。其母抚之曰:"元伯!岂有望耶?"遂停柩。移时,乃见素车白马,号哭而来。其母望之,曰:"是必范巨卿也。"既至,叩丧言曰:"行矣元伯!死生异路,永从此辞。"会葬者千人,咸为挥涕。式因执绋而引柩,于是乃前。式遂留止冢次,为修坟树,然后乃去。

[注释]①克:约定。 ②千里结言:千里之外的口头约定。 ③审:认真、慎重。 ④郲君章:名恽,汝南西平人,官至长沙太守。殷子征:上蔡人。郲,原作"到",据《后汉书》改。 ⑤死友:交情笃厚,生死不渝的好友。 ⑥生友:生活中的好友,指一般的朋友。 ⑦屣履:拖着鞋子走路。形容急忙的样子。 ⑧朋友之服:为朋友之丧所穿的衣服。 ⑨圹(kuàng):墓穴。 ⑩窆(biǎn):棺椁下葬。

卷十二

300. 五气变化

天有五气，万物化成①。木清则仁，火清则礼，金清则义，水清则智，土清则思，五气尽纯，圣德备也。木浊则弱，火浊则淫，金浊则暴，水浊则贪，土浊则顽，五气尽浊，民之下也。中土多圣人，和气所交也②。绝域多怪物，异气所产也③。苟禀此气，必有此形；苟有此形，必生此性。故食谷者智慧而文，食草者多力而愚，食桑者有丝而蛾，食肉者勇敢而悍，食土者无心而不息，食气者神明而长寿，不食者不死而神。大腰无雄，细腰无雌④；无雄外接，无雌外育。三化之虫⑤，先孕后交；兼爱之兽⑥，自为牝牡。寄生因夫高木⑦，女萝托乎茯苓⑧。木株于土，萍植于水。鸟排虚而飞，兽跖实而走，虫土闭而蛰，鱼渊潜而处。本乎天者亲上，本乎地者亲下，本乎时者亲旁：各从其类也。千岁之雉，入海为蜃⑨；百年之雀，入海为蛤；千岁龟鼋，能与人语；千岁之狐，起为美女；千岁之蛇，断而复续；百年之鼠，而能相卜：数之至也。春分之日，鹰变为鸠；秋分之日,鸠变为鹰:时之化也。故腐草之为萤也,朽苇之为蛬也⑩,稻之为䖝也⑪,麦之为蝴蝶也;羽翼生焉,眼目成焉,心智在焉。此自无知化为有知,而气易也。鹤之为獐也⑫,蛇之为鳖也⑬,蛬之为虾也,不失其血气,而形性变也。若此之类,不可胜论。应变而动,是为顺常;苟错其方,则为妖眚。故下体生于上,上体生于下,气之反者也。人生兽,兽生人,气之乱者也。男化为女,女化为男,气之贸者也⑭。鲁牛哀得疾⑮,七日化而为虎,形体变易,爪牙施张,其兄启户而入,搏而食之。方其为人,不知其将为虎也;方其为虎,不知其常为人也。故晋太康中,陈留阮士瑀伤于虺⑯,不忍其痛,数嗅其疮,已而双虺成于鼻中。元康中,历阳纪元载⑰,客食道龟⑱,已而成瘕⑲,医以药攻之,下龟子数升,大如小钱,头足壳备,文甲皆具,惟中药已死。夫妻非化育之气,鼻非胎孕之所,享道非下物之具⑳。从此观之,万物之生死也,与其变化也,非通神之思,虽求诸己,恶识所自来?然朽草之为萤,由乎腐也;麦之为蝴蝶,由乎湿也。尔则万物之变,皆有由也。农夫止麦之化者,沤之以灰;圣人理万物之化者,济之以道。其与不然乎?

[注释]①天有五气,万物化成:古人认为自然万物由木、火、土、金、水五种元气化合生成。五种元气按其属性又分清阳、阴浊两类。禀受不同,万物生成的性质自然也不同。 ②中土:中原地区。和气:阴阳和合之气。 ③绝域:边远地区。异气:非阴阳和合之气,即怪异阴浊之气。 ④大腰:指龟鳖类动物。细腰:指蜂类动物。 ⑤三化之虫:指蚕类动物。 ⑥兼爱之兽:《山海经》记载,有一种动物叫类,一身兼有雌雄两性。人食之就不生妒

忌。　⑦寄生:指菌芝类植物。　⑧女萝:此指地衣类植物。茯苓:寄生在松树根部的菌类植物。形状像甘薯,中医用以入药,有利尿、镇静等作用。⑨蜃(shèn):海蚌。　⑩蛩(qióng):蟋蟀。　⑪蛣(jiā):米中的小黑虫。⑫雚:同"鹳"。　⑬蛇之为鳖也:此句原无,据《法苑珠林》补。　⑭贸:交互,错杂。　⑮牛哀:鲁人。牛哀得疾化虎事,见《淮南子·俶真训》。　⑯阮士瑀伤于虺:相传建安七子之一阮瑀死后,毒疮生虺,或指此。　⑰历阳:今安徽和县。　⑱客食道龟:做客时误食了得道的神龟。　⑲瘕:腹中结块的病。⑳享道:消化道。

301. 穿井获羊

季桓子穿井①,获如土缶②,其中有羊焉。使问之仲尼,曰:"吾穿井而获狗,何耶?"仲尼曰:"以丘所闻,羊也。丘闻之,木石之怪,夔、魍魉③。水中之怪,龙、罔象④。土中之怪,曰贲羊⑤。"《夏鼎志》曰⑥:"罔象,如三岁儿,赤目,黑色,大耳,长臂,赤爪。索缚则可得食。"王子曰:"木精为游光,金精为清明也。"

[注释]①季桓子:季孙斯,春秋末鲁国大夫。　②缶:口小腹大,用以盛水的瓦器。　③夔:山林中的精怪,状如牛,苍身而无角,一足。魍魉:古代传说中的山川精怪。　④罔象:古代传说中的水怪,状如小儿,赤黑色,赤爪大耳长臂。　⑤贲羊:又作獖羊、羵羊,古代传说土中生的精怪。　⑥《夏鼎志》:书名,记载夏鼎所铸怪物图的书。《左传·宣公三年》:"昔夏之方有德也,远方图物,贡金九牧,铸鼎象物。"或即指此。

302. 掘地得犬

晋惠帝元康中,吴郡娄县怀瑶家①,忽闻地中有犬声隐隐。视声发处,上有小窍,大如蟮穴②。瑶以杖刺之,入数尺，觉有物。乃掘视之，得犬子，雌雄各一，目犹未开，形大于常犬。哺之而食。左右咸往观焉。长老或云："此名犀犬，得之者，令家富昌。宜当养之。"以目未开，还置窍中，覆以磨砻③。宿昔发视，左右无孔，遂失所在。瑶家积年无他祸福。至太兴中④，吴郡太守张懋，闻斋内床下犬声，求而不得。既而地坼⑤，有二犬子。取而养之，皆死。其后懋为吴兴兵沈充所杀⑥。《尸子》曰⑦："地中有犬，名曰地狼；有人，名曰无伤。"《夏鼎志》曰："掘地而得狗，名曰贾；掘地而得豚，名曰邪；掘地而得人，名曰聚。聚，无伤也。此物之自然，无谓鬼神而怪之。然则贾与地狼名异，其实一物也。"《淮南万毕》曰⑧："千岁羊肝，化为地宰；蟾蜍得苽⑨，卒时为鹑。"此皆因气化以相感而成也。

[注释]①娄县：县名，治所今江苏昆山。 ②螾：蚯蚓。 ③磨砻：磨盘石。 ④太兴：晋元帝司马睿年号，318～321年。 ⑤坼（chè）：裂开。 ⑥沈充：字士居，晋武康人，曾任王敦参军。 ⑦《尸子》：书名，战国时尸佼所著。原书已佚，清人有辑本。 ⑧《淮南万毕》：即《淮南万毕术》，淮南王刘安门客所著法术类著作。万毕，原作"毕万"，据《法苑珠林》改。 ⑨苽：即菰，植物名，生池沼中，今名茭白，可食。

303. 山精傒囊

吴诸葛恪为丹阳太守①，尝出猎，两山之间，有物如小儿，伸手欲引人。恪令伸之，乃引去故地②。去故地，即死。既而参佐问其故，以为神明。恪曰："此事在《白泽图》内③，曰：'两山之间，其精如小儿，见人则伸手欲引人，名曰傒囊。引去故地，则死。'无谓神明而异之。诸君偶未见耳。"

[注释]①丹阳:今安徽宣城。 ②故地:原来居住的地方。 ③《白泽图》:记载山川精怪之类事物的图书。白泽,兽名。

304. 池阳小人

王莽建国四年,池阳有小人景①,长一尺余,或乘车,或步行,操持万物,大小各自相称,三日乃止。莽甚恶之。自后盗贼日甚,莽竟被杀。《管子》曰②:"涸泽数百岁,谷之不徙,水之不绝者,生庆忌③。庆忌者,其状若人,其长四寸,衣黄衣,冠黄冠,戴黄盖,乘小马,好疾驰。以其名呼之,可使千里外一日反报。"然池阳之景者,或庆忌也乎?又曰:"涸小水精,生蚳④。蚳者,一头而两身,其状若蛇,长八尺。以其名呼之,可使取鱼鳖。"

[注释]①池阳:县名,治所今陕西泾阳。汉曾在此建池阳宫。此指池阳宫。景,即影。 ②《管子》:书名,相传是春秋时齐国管仲所作,实际是战国时期齐国稷下学派学者著作的汇集,内容庞杂,涉及各家学说。 ③庆忌:传说中的一种水怪。 ④蚳(chí):传说中的一种水中动物。

305. 霹雳落地

晋扶风杨道和,夏于田中,值雨①,至桑树下。霹雳下击之,道和以锄格②,折其股,遂落地,不得去。唇如丹,目如镜,毛角长三寸余,状似六畜,头似狝猴。

[注释]①值雨:碰上下雨。 ②格:格斗,搏斗。

306. 落头民

秦时,南方有落头民,其头能飞。其种人部有祭祀,号曰"虫落",故因取名焉。吴时,将军朱桓得一婢①,每夜卧后,头辄飞去,或从狗窦②,或从天窗中出入,以耳为翼。将晓,复还。数数如此③,傍人怪之。夜中照视,唯有身无头,其体微冷,气息裁属④。乃蒙之以被。至晓,头还,碍被不得安,两三度堕地,噫咤甚愁⑤,体气甚急⑥,状若将死。乃去被,头复起,傅颈⑦。有顷,和平。桓以为大怪,畏不敢畜,乃放遣之。既而详之,乃知天性也。时南征大将,亦往往得之。又尝有覆以铜盘者,头不得进,遂死。

[注释]①朱桓:孙权手下部将,官至前将军,青州牧。　②窦:洞。③数数:常常。　④气息裁属:呼吸勉强保持连续,即气息微弱。　⑤噫咤:悲痛呼号。　⑥体气:血气。此为脾气的意思。　⑦傅:接上,连上。

307. 貙人化虎

江汉之域,有貙人①。其先,禀君之苗裔也②,能化为虎。长沙所属蛮县东高居民③,曾作槛捕虎。槛发,明日,众人共往格之,见一亭长④,赤帻大冠,在槛中坐。因问:"君何以入此中?"亭长大怒曰:"昨忽被县召,夜避雨,遂误入此中。急出我。"曰:"君见召,不当有文书耶?"即出怀中召文书。于是即出之。寻视,乃化为虎,上山走。或云:"貙虎化为人,好着紫葛衣,其足无踵⑤。虎有五指者,皆是貙。"

[注释]①貙(chū)人:散居在长江、汉水流域一带的少数民族。　②禀

君:相传姓巴名务相,是巴人的祖先。苗裔:后代。 ③蛮县:少数民族聚居的地区。 ④亭长:负责地方行政治安事务的小吏。 ⑤踵:脚后跟。

308. 猳国马化

蜀中西南高山之上,有物与猴相类,长七尺,能作人行,善走逐人①,名曰猳国②,一名马化,或曰玃猿。伺道行妇女有美者,辄盗取将去,人不得知。若有行人经过其旁,皆以长绳相引,犹故不免。此物能别男女气臭③,故取女,男不取也。若取得人女,则为家室。其无子者,终身不得还。十年之后,形皆类之,意亦迷惑,不复思归。若有子者,辄抱送还其家,产子皆如人形。有不养者,其母辄死。故惧怕之,无敢不养。及长,与人不异。皆以杨为姓。故今蜀中西南多诸杨,率皆是猳国马化之子孙也。

[注释]①走逐:奔跑追赶。 ②猳(jiā):兽名。《尔雅》郭璞注:"猳,玃也,似猕猴而大,色苍黑,能攫持人。"玃猿即猳玃的别称。 ③气臭:气味。

309. 刀劳鬼

临川间诸山有妖物①,来常因大风雨,有声如啸,能射人。其所着者②,有顷便肿大。毒有雌雄,雄急而雌缓。急者不过半日间,缓者经宿。其旁人常有以救之,救之少迟则死。俗名曰刀劳鬼。故外书云③:"鬼神者,其祸福发扬之验于世者也。"《老子》曰④:"昔之得一者:天得一以清,地得一以宁,神得一以灵,谷得一以盈,侯王得一以为天下贞。"然则天地鬼神,与我并生者也。气分则性异,域别则形殊,莫能相兼也。生者主阳,死者主阴,性之所托,各安其生。太阴之中⑤,怪物存焉。

[注释]①临川:郡名,三国时,治所今江西南城东南。 ②着:指被射中。 ③外书:汪绍楹先生校注云,"汉人以谶纬之学为内学。因之道、佛二家,亦以非教内著作,称之为外书。此'外书云'以下,《太平御览》引无,疑亦《法苑珠林》增人。非原书有"。据此,此"外书"当佛教徒指佛经之外的典籍。④《老子》:又称《道德经》,春秋末期道家学派的创立者老聃所著,是道家的重要经典。引文见《老子》三十九章。 ⑤太阴:纯阴,幽暗之地。

310. 越地冶鸟

越地深山中有鸟,大如鸠,青色,名曰冶鸟。穿大树作巢,如五六升器,户口径数寸,周饰以土垩①,赤白相分,状如射侯②。伐木者见此树,即避之去。或夜冥不见鸟,鸟亦知人不见,便鸣唤曰:"咄,咄,上去!"明日便宜急上。"咄,咄,下去!"明日便宜急下。若不使去,但言笑而不已者,人可止伐也③。若有秽恶及其所止者④,则有虎通夕来守,人不去,便伤害人。此鸟,白日见其形,是鸟也;夜听其鸣,亦鸟也。时有观乐者⑤,便作人形,长三尺,至涧中取石蟹⑥,就火炙之,人不可犯也。越人谓此鸟是越祝之祖也⑦。

[注释]①周饰以土垩(è):四周用白色泥土涂饰。垩,通"垩",白色泥土。 ②射侯:箭靶子。 ③止:留下来。 ④秽恶:污秽不洁之物,指人粪便。止:停止伐木。 ⑤观乐:喜欢热闹。 ⑥石蟹:溪涧石缝中的小蟹。⑦祝:祭祀时司礼仪的人。

311. 南海鲛人

南海之外①,有鲛人②,水居如鱼,不废织绩③。其眼泣则能出珠。

[注释]①南海:郡名,治所今广东广州。 ②鲛人:神话传说中的人鱼。③织绩:织布与缉麻。泛指女性日常的缝纫纺织之事。传说鲛人能织一种入水不湿的薄纱"鲛绡"。

312. 大青小青

庐江皖、枞阳二县境上①,有大青、小青居山野之中②。时闻哭声,多者至数十人,男女大小,如始丧者。邻人惊骇,至彼奔赴,常不见人。然于哭地必有死丧。率声若多则为大家;声若小则为小家③。

[注释]①皖:原作"耽"。据《汉书·地理志》,庐江郡有皖县,与枞阳毗邻,但无耽县。耽,当为"皖"字之误,据改。皖县,今安徽潜山。 ②大青、小青:汪绍楹先生以为,大青、小青疑原作大黑、小黑,系秦汉人避讳改。"小青"后原有"黑"字,乃附注文误入正文,应删。故删去。 ③大家、小家:即大户人家、小户人家。

313. 裸身山都

庐陵大山之间①,有山都,似人,裸身,见人便走。有男女,可长四五丈②,能啸相唤。常在幽昧之中,似魑魅鬼物。

[注释]①庐陵:原作"庐江",据《初学记》引《异物志》及汪校改。②丈:《初学记》引《异物志》作"尺"。

314. 含沙射人

汉中平中①,有物处于江水,其名曰蜮,一曰短狐,能含沙射人。所中者,则身体筋急②,头痛,发热,剧者至死③。江人以术方抑之,则得沙石于肉中。诗所谓"为鬼为蜮,则不可测"也④。今俗谓之溪毒。先儒以为男女同川而浴⑤,淫女为主,乱气所生也。

[注释]①中平:汉灵帝刘宏年号,184~189年。"中平"前原有"光武"二字,但光武帝无"中平"年号,《法苑珠林》引文亦无"光武"二字,据删。 ②筋急:筋脉痉挛,身体抽搐。 ③剧:严重,厉害。 ④为鬼为蜮,则不可测:见《诗经·小雅·何人斯》。测,今本作"得"。 ⑤先儒:指刘向。说见《洪范五行传》。

315. 禁水鬼弹

汉永昌郡不韦县有禁水①,水有毒气,唯十一月、十二月,差可渡涉。自正月至十月,不可渡,渡辄病,杀人。其气中有恶物,不见其形,其作有声②,如有所投击。中木则折③,中人则害,土俗号为鬼弹。故郡有罪人,徙之禁旁④,不过十日,皆死。

[注释]①永昌郡:汉明帝永平十二年(69)年置。不韦县:治所今云南保山金鸡镇。不韦,原作"不违",据《汉书·地理志》改。 ②作:原作"似",据《水经注》改。 ③中:字前原有"内"字,据《水经注》删。 ④禁旁:原作"禁防",据《水经注》改。

316. 张小小

余外妇姊夫蒋士①,有佣客,得疾下血。医以中蛊②,乃密以蘘荷根布席下③,不使知。乃狂言曰④:"食我蛊者,乃张小小也。"乃呼:"小小亡去⑤。"今世攻蛊,多用蘘荷根,往往验。蘘荷,或谓嘉草。

[注释]①外妇姊夫:汪校以为当作"外姊夫",妻子的姐夫。 ②中蛊:得了蛊病。蛊,人腹中的寄生虫。 ③蘘(ráng)荷:又名蘘草、覆菹、菖蒩。多年生草本植物。根似姜,可入药。 ④狂言:指病人胡言乱语。 ⑤去:原作"云",据《太平御览》改。按,葛洪《肘后方》云:"以蘘荷叶密着病人卧席下,其病人即自呼蛊主姓名也。"可参考。

317. 赵寿犬蛊

鄱阳赵寿,有犬蛊①。时陈岑诣寿,忽有大黄犬六七,群出吠岑。后余伯妇与寿妇食,吐血几死。乃屑桔梗以饮之而愈②。蛊有怪物,若鬼,其妖形变化,杂类殊种,或为狗豕,或为虫蛇。其人皆自知其形状。行之于百姓,所中皆死。

[注释]①蛊:传说一种人工培育的毒虫。《通志·六书三》:"造蛊之法,以百虫置皿中,俾相啖食,其存者为蛊,故从虫皿也。"顾野王《舆地志》:"江南数郡有畜蛊者,主人行之以杀人,行食饮中,人不觉也。" ②屑:制成粉末。桔梗:多年生草本植物,根可入药,有宣肺、祛痰、排脓等功用。

318. 廖姓蛇蛊

营阳郡有一家①,姓廖,累世为蛊,以此致富。后取新妇,不以此语之。遇家人咸出,唯此妇守舍。忽见屋中有大缸,妇试发之,见有大蛇。妇乃作汤②,灌杀之。及家人归,妇具白其事,举家惊惋。未几,其家疾疫,死亡略尽。

[注释]①营阳郡:三国吴置,今湖南道县。营阳,原作"荥阳",据汪校改。 ②汤:热水、沸水。

卷十三

319. 泰山澧泉

泰山之东,有澧泉,其形如井,本体是石也。欲取饮者,皆洗心志①,跪而挹之②,则泉出如飞,多少足用。若或污漫③,则泉止焉。盖神明之尝志者也。

[注释]①洗心志:洗涤心胸,除去污秽杂念,使内心纯洁。 ②挹:酌,以瓢舀取。 ③污漫:指内心污浊。

320. 河神巨灵

二华之山①,本一山也。当河,河水过之而曲行。河神巨灵,以手擘开其上②,以足蹈离其下③,中分为两,以利河流。今观手迹于华岳上,指掌之形具在。脚迹在首阳山下④,至今犹存。故张衡作《西京赋》所称"巨灵赑屃,高掌远迹,以流河曲"是也⑤。

[注释]①二华之山:指太华山、少华山。太华山即五岳之一的西岳。在陕西华阴。 ②擘(bò):劈开。 ③蹈:踩踏。 ④首阳山:又名雷首山,在山西永济南,传说伯夷、叔齐曾隐居于此。 ⑤张衡:字平子,南阳人,东汉著

名文学家、科学家。赑屃（bìxì）：蠵龟别名，旧时石碑下的石座常雕作赑屃状，取其力大能负重之义。此意为猛壮有力。

321. 霍山镬

汉武徙南岳之祭于庐江灊县霍山之上①，无水。庙有四镬②，可受四十斛。至祭时，水辄自满，用之足了，事毕即空。尘土树叶，莫之污也。积五十岁，岁作四祭。后但作三祭，一镬自败。

[注释]①南岳：即五岳之一的衡山，在湖南衡山县西。灊县：古县名，治所今安徽霍山东北。霍山：又名天柱山，在县西北。 ②镬（huò）：无足的鼎。古时煮肉及鱼、腊之器。

322. 樊山火

樊口之东有樊山①，若天旱，以火烧山，即至大雨。今往往有验。

[注释]①樊口：地名，今湖北鄂城西北。是樊港入江处，故称。樊口之东，原作"樊东之口"，据汪校改。

323. 孔窦清泉

空桑之地①，今名为孔窦②，在鲁南山之穴③。外有双石，如桓楹起立④，高数丈。鲁人弦歌祭祀。穴中无水，每当祭时，洒扫以告，辄有清泉自石间出，足以周事。既已，泉亦止。其验至今存焉。

[注释]①空桑：又称穷桑，传为孔子的出生之地。空桑，原作"空乘"，据汪校改。 ②孔窦：原作"孔宝"，据《北堂书钞》及汪校改。 ③南山之穴：指

峄山的孔洞,俗称峄孔。　④桓楹:指古代天子诸侯葬时下棺所植的大柱子。柱上有孔,穿索悬棺以入墓穴。后多在宫殿、城垣、陵墓前立石柱以作装饰,俗称华表。

324. 湘穴

湘穴中有黑土,岁大旱,人则共壅水以塞此穴。穴淹,则大雨立至。

325. 龟化城

秦惠王二十七年①,使张仪筑成都城②,屡颓③。忽有大龟浮于江,至东子城东南隅而毙④。仪以问巫。巫曰:"依龟筑之。"便就。故名"龟化城"。

[注释]①秦惠王二十七年:前 311 年。秦惠王,即秦惠文王,战国时秦国国君,前 337~前 311 年在位。　②张仪:魏国安邑(今山西万荣)人,传说曾师从鬼谷子学习纵横之术,主张连横,曾任秦丞相,是战国时著名的纵横家和策士。　③颓:倒塌。　④子城:大城所属的小城,即内城的瓮城。

326. 城陷为湖

由拳县①,秦时长水县也。始皇时,童谣曰:"城门有血,城当陷没为湖。"有妪闻之,朝朝往窥。门将欲缚之,妪言其故。后门将以犬血涂门,妪见血,便走去。忽有大水欲没县。主簿令干入白令②。令曰:"何忽作鱼?"干曰:"明府亦作鱼。"遂沦为湖。

[注释]①由拳县:古县名,今浙江嘉兴南。　②干:主管此事的府吏。

327. 马邑城

秦时，筑城于武周塞内①，以备胡。城将成而崩者数焉。有马驰走，周旋反复。父老异之，因依马迹以筑城，城乃不崩，遂名马邑。其故城今在朔州②。

[注释]①武周塞：又称武州塞，古军事要塞名，在今山西大同西。②朔州：今山西朔州。

328. 天地劫灰

汉武帝凿昆明池①，极深，悉是灰墨，无复土。举朝不解，以问东方朔。朔曰："臣愚，不足以知之。可试问西域人②。"帝以朔不知，难以移问。至后汉明帝时，西域道人入来洛阳。时有忆方朔言者，乃试以武帝时灰墨问之。道人云："经云③：'天地大劫将尽，则劫烧。'此劫烧之余也。"乃知朔言有旨。

[注释]①昆明池：湖沼名，汉武帝元狩三年（前120年）于长安西南郊所凿，池周围四十里，以训练水军。宋以后湮没。 ②可：原作"曰"，据汪校改。③经：指佛教经典。

329. 丹砂井

临沅县有廖氏①，世老寿。后移居，子孙辄残折。他人居其故宅，复累世寿。乃知是宅所为，不知何故。疑井水赤，乃掘井左右，得古人埋丹砂数十斛②。丹汁入井，是以饮水而得寿。

[注释]①临沅县：属武陵郡，治所今湖南常德西。临沅，原作"临汜"，据

汪校改。 ②丹砂：即朱砂。矿物名。色深红，古代道教徒用以化汞炼丹,中医作药用,也可制作颜料。

330. 江东余腹

江东名余腹者①,昔吴王阖闾江行②,食脍,有余,因弃中流,悉化为鱼。今鱼中有名吴王脍余者,长数寸,大者如箸③,犹有脍形。

[注释]①余腹：鱼名,又称银鱼、面条鱼、脍残鱼等,主要生活在长江下游太湖一带。 ②阖闾(hélǘ)：吴国国君姬光,春秋末曾称霸一时,前514～前496年在位。 ③箸：筷子。

331. 蟛蜞长卿

蟛蜞①,蟹也。尝通梦于人,自称"长卿"。今临海人多以"长卿"呼之②。

[注释]①蟛蜞：蟹的一种,似蟹而小。又写作蟛蚏。 ②临海：县名,今浙江临海。

332. 青蚨还钱

南方有虫,名蟦蝎,一名蜗蠋,又名青蚨①。形似蝉而稍大,味辛美,可食。生子必依草叶,大如蚕子。取其子,母即飞来,不以远近。虽潜取其子,母必知处。以母血涂钱八十一文,以子血涂钱八十一文,每市物,或先用母钱,或先用子钱,皆复飞归,轮转无已。故《淮南子术》以之还钱②,名曰青蚨。

[注释]①蟦蜼(dūn yú)、蝛蠋(zéi zhú)、青蚨(fú)：均指南方一种名叫鱼伯的昆虫。 ②《淮南子术》：《太平御览》卷九五〇引刘安《淮南万毕术》曰："青蚨还钱：青蚨一名鱼，或曰蒲，以其子母各等，置瓮中，埋东行阴垣下，三日后开之，即相从。以母血涂八十一钱，亦以子血涂八十一钱，以其钱更互市，置子用母，置母用子，钱皆自还。"后因用以指钱。可以参看。

333. 果蠃育子

土蜂名曰蜾蠃①，今世谓蛔蠕，细腰之类。其为物，纯雄而无雌②，不交不产。常取桑虫或阜螽子育之③，则皆化成己子。亦或谓之螟蛉④。《诗》曰"螟蛉有子，果蠃负之"是也⑤。

[注释]①蜾蠃(guǒluò)：俗称细腰蜂。 ②纯：原无，据汪校补。③阜螽：蝗虫的幼虫。 ④螟蛉：螟蛾的幼虫，也泛指棉铃虫、菜粉蝶等昆虫的幼虫。蜾蠃常捕螟蛉喂它的幼虫，古人误为蜾蠃养螟蛉为己子。后用为养子的代称。 ⑤《诗》曰：见《诗经·小雅·小宛》。

334. 木蠹

木蠹生虫，羽化为蝶。

335. 刺猬

猬多刺，故不使超踰杨柳。

336. 火浣布

昆仑之墟①，地首也。是惟帝之下都②，故其外绝以弱水之深，又环以炎火之山。山上有鸟兽草木，皆生育滋长于炎火之中，故有火浣布③。非此山草木之皮枲④，则其鸟兽之毛也。汉世，西域旧献此布⑤，中间久绝。至魏初时，人疑其无有。文帝以为火性酷裂，无含生之气，著之《典论》⑥，明其不然之事，绝智者之听。及明帝立，诏三公曰："先帝昔著《典论》，不朽之格言。其刊石于庙门之外及太学⑦，与石经并⑧，以永示来世。"至是，西域使人献火浣布袈裟，于是刊灭此论，而天下笑之。

[注释]①昆仑：传说中的西方仙山。墟：即墟，大土丘。 ②帝之下都：天帝在人间居住的都城。 ③火浣布：即耐火烧的石棉布。 ④皮枲：树皮表层纤维。 ⑤西域：对我国玉门关、阳关以西地区的总称。后泛指我国西部地区。 ⑥《典论》：魏文帝曹丕著，原书五卷，已佚，今存有佚文。 ⑦太学：我国古代设于京城的最高学府。 ⑧石经：刻在石上的儒家经典。此指汉灵帝熹平四年(175)，蔡邕用隶书写成的"熹平石经"。

337. 金燧

夫金之性一也。以五月丙午日中铸，为阳燧①；以十一月壬子夜半铸，为阴燧②。（言丙午日铸为阳燧，可取火；壬子夜铸为阴燧，可取水也。）③

[注释]①阳燧：古代利用日光取火的凹面铜镜。 ②阴燧：古时月夜承接露水的盘子。 ③按，括号内文字为原注所有。

338. 焦尾琴

汉灵帝时，陈留蔡邕以数上书陈奏①，忤上旨意，又内宠恶之②，虑不免，乃亡命江海，远迹吴会③。至吴，吴人有烧桐以爨者，邕闻火烈声，曰："此良材也。"因请之，削以为琴,果有美音。而其尾焦,因名焦尾琴。

[注释]①蔡邕:字伯喈,圉(今河南杞县)人。东汉末著名文学家、音乐家、书法家。陈奏:向皇帝上书陈言。 ②内宠:宫廷中得宠的宦官。 ③吴会:吴郡和会稽郡。此泛指江浙地区。

339. 柯亭竹笛

蔡邕尝至柯亭①,以竹为椽。邕仰眄之②,曰:"良竹也。"取以为笛,发声辽亮。一云邕告吴人曰:"吾昔尝经会稽高迁亭,见屋东间第十六竹椽,可为笛。取用,果有异声。"

[注释]①柯亭:又称高迁亭、千秋亭,在浙江绍兴西南。 ②眄:看。

卷十四

340. 蒙双氏

昔高阳氏①,有同产而为夫妇②,帝放之于崆峒之野③,相抱而死。神鸟以不死草覆之,七年,男女同体而生,二头,四手足,是为蒙双氏。

[注释]①高阳氏:即颛顼,黄帝之孙,昌意之子,传说中的上古帝王。②同产:一母同胞的兄弟姐妹。 ③崆峒:山名,地点说法不一。或以为在今甘肃平凉市西,或以为在今河南汝州市西南,还有的认为在山西临汾南。

341. 盘瓠子孙

高辛氏①,有老妇人居于王宫,得耳疾历时。医为挑治,出顶虫②,大如茧。妇人去后,置以瓠篱③,覆之以盘。俄尔顶虫乃化为犬,其文五色,因名盘瓠,遂畜之。时戎吴强盛④,数侵边境。遣将征讨,不能擒胜。乃募天下有能得戎吴将军首者,购金千斤,封邑万户,又赐以少女。后盘瓠衔得一头,将造王阙。王诊视之,即是戎吴。为之奈何?群臣皆曰:"盘瓠是畜,不可官秩,又不可妻。虽有功,无施也。"少女闻之,启王曰:"大王既以我许天下矣。盘瓠衔首而来,为国除害,此天命使然,岂狗之智力哉。王者重言,伯者重信⑤,不可以女子微躯,而负明约于天下⑥,国之祸也。"王惧而从之。令少女从盘瓠。盘瓠将女上南山,草木茂盛,无人行迹。于是女解去衣裳,为仆竖之结⑦,着独力之衣,随盘瓠升山入谷,止于石室之中。王悲思之,遣往视觅,天辄风雨,岭震云晦,往者莫至。盖经三年,产六男六女。盘瓠死后,自相配偶,因为夫妇。织绩木皮,染以草实。好五色衣服,裁制皆有尾形。后母归,以语王,王遣使迎诸男女,天不复雨。衣服褊褆⑧,言语侏僸⑨,饮食蹲踞,好山恶都。王顺其意,赐以名山广泽,号曰蛮夷。蛮夷者,外痴内黠,安土重旧,以其受异气于天命,故待以不常之律。田作贾贩,无关繻、符传、租税之赋⑩,有邑君长,皆赐印绶。冠用獭皮,取其游食于水。今即梁、汉、巴、蜀、武陵、长沙、庐江郡夷是也。用糁杂鱼肉⑪,叩槽而号,以祭盘瓠,其俗至今。故世称"赤髀横裙⑫,盘瓠子孙"。

[**注释**]①高辛氏:即帝喾,黄帝曾孙,传说中的上古帝王。 ②顶虫:生长于头颅内的虫。 ③瓠篱:葫芦制成的器具。 ④戎吴:古戎族的一支。 ⑤伯:同"霸"。 ⑥明约:即盟约,结盟时所订立的誓约或条约。 ⑦仆竖之结:奴仆的发束装扮。 ⑧褊褆:即斑斓,色彩灿烂。 ⑨侏僸:指语言怪异,难以理解。 ⑩关繻:出入关隘的通行证。符传:调兵遣将或传达朝廷命令时的凭证。 ⑪糁(sǎn):米饭粒。 ⑫赤髀(bì):裸露着大腿。横裙:横系以遮前身的短裙。

342. 夫余王

槁离国王侍婢有娠①,王欲杀之。婢曰:"有气如鸡子,从天来下,故我有娠。"后生子,捐之猪圈中,猪以喙嘘之;徙至马枥中②,马复以气嘘之;故得不死。王疑以为天子也,乃令其母收畜之,名曰东明。常令牧马。东明善射,王恐其夺己国也,欲杀之。东明走,南至掩施水③,以弓击水,鱼鳖浮为桥,东明得渡。鱼鳖解散,追兵不得渡。因都王夫余④。

[注释]①槁离:北方少数民族所建国名。 ②马枥:马槽。 ③掩施水:水名,原作"施掩",据汪校改。 ④夫余:古国名,在今吉林省北部。

343. 鹄苍衔卵

古徐国宫人①,娠而生卵,以为不祥,弃之水滨。有犬,名鹄苍②,衔卵以归,遂生儿,为徐嗣君。后鹄苍临死,生角而九尾,实黄龙也。葬之徐里中,见有狗垄在焉③。

[注释]①徐国:古国名,在今江苏泗洪南。 ②鹄苍:传说中的神犬。 ③见:同"现"。狗垄:葬狗的墓冢。

344. 谷乌菟

斗伯比父早亡①,随母归在舅姑之家。后长大,乃奸妘子之女②,生子文。其妘子妻耻女不嫁而生子,乃弃于山中。妘子游猎,见虎乳一小儿,归与妻言,妻曰:"此是我女与伯比私通,生此小儿。我耻之,送于山中。"妘子乃迎归养之,配其女与伯比。楚人因呼子文为谷乌菟。仕至楚相也。

[注释]①斗伯比：春秋时楚国国君若骜之子。　②妘子：妘国国君。

345. 齐顷公无野

齐惠公之妾萧同叔子①，见御有身。以其贱，不敢言也。取薪而生顷公于野②，又不敢举也。有狸乳而鹯覆之③，人见而收，因名曰无野。是为顷公。

[注释]①齐惠公：春秋时齐国国君，齐桓公之子，前608～前599年在位。　②顷公：齐惠公之子，前598～前582年在位。　③狸：野猫。鹯（zhān）：亦称晨风，猛禽名。

346. 羌豪袁钔

袁钔者，羌豪也①。秦时，拘执为奴隶，后得亡去。秦人追之急迫，藏于穴中。秦人焚之，有景相如虎②，来为蔽，故得不死。诸羌神之，推以为君。其后种落炽盛。

[注释]①袁钔（rì）：《后汉书·西羌传》作"爰剑"。羌豪：羌族的部落首领。羌，古代民族名。主要分布在我国甘肃、青海、四川一带。部落众多，总称西羌。　②景相如虎：像老虎一样的东西。

347. 窦氏蛇

后汉定襄太守窦奉妻①，生子武，并生一蛇。奉送蛇于野中。及武长大，有海内俊名。母死将葬，未窆②，宾客聚集，有大蛇从林草中出，径来棺下，委地俯仰③，以头击棺，血涕并流，状若哀恸，有顷而去。时人知为窦氏之祥。

[**注释**]①窦奉:窦武之父,汉桓帝窦皇后祖父。　②窆(biǎn):指埋葬。③俯仰:头一起一伏,即磕头的意思。

348. 金龙池

晋怀帝永嘉中,有韩媪者,于野中见巨卵。持归育之,得婴儿,字曰撅儿。方四岁,刘渊筑平阳城①,不就,募能城者。撅儿应募。因变为蛇,令媪遗灰志其后②。谓媪曰:"凭灰筑城,城可立就。"竟如所言。渊怪之,遂投入山穴间,露尾数寸,使者斩之,忽有泉出穴中,汇为池,因名金龙池。

[**注释**]①刘渊:南匈奴单于于扶罗的孙子,自认是汉朝外孙,改姓刘。十六国时期建立政权,国号称汉。　②遗灰志其后:在其身后洒下灰线作为标志。

349. 羽衣人

元帝永昌中①,暨阳人任谷②,因耕息于树下。忽有一人着羽衣就淫之。既而不知所在。谷遂有妊。积月将产,羽衣人复来,以刀穿其阴下,出一蛇子,便去。谷遂成宦者,诣阙自陈③,留于宫中。

[**注释**]①永昌:晋元帝司马睿年号,322～323年。　②暨阳:古县名,今江苏江阴东南长寿镇。　③诣阙自陈:到宫廷陈述自己的经历。

350. 马皮蚕女

旧说,太古之时,有大人远征,家无余人,唯有一女。牡马一匹,女亲养之。穷居幽处,思念其父,乃戏马曰:

"尔能为我迎得父还,吾将嫁汝。"马既承此言,乃绝缰而去。径至父所。父见马,惊喜,因取而乘之。马望所自来①,悲鸣不已。父曰:"此马无事如此,我家得无有故乎!"亟乘以归。为畜生有非常之情,故厚加刍养。马不肯食,每见女出入,辄喜怒奋击。如此非一。父怪之,密以问女,女具以告父:"必为是故。"父曰:"勿言,恐辱家门。且莫出入。"于是伏弩射杀之,暴皮于庭。父行,女与邻女于皮所戏,以足蹙之曰②:"汝是畜生,而欲取人为妇耶!招此屠剥,如何自苦!"言未及竟,马皮蹶然而起③,卷女以行。邻女忙怕,不敢救之,走告其父。父还求索,已出失之。后经数日,得于大树枝间。女及马皮,尽化为蚕,而绩于树上④。其茧纶理厚大,异于常蚕。邻妇取而养之,其收数倍。因名其树曰桑。桑者,丧也。由斯百姓竞种之,今世所养是也。言桑蚕者,是古蚕之余类也。案《天官》,辰为马星⑤。《蚕书》曰⑥:"月当大火⑦,则浴其种。"是蚕与马同气也。《周礼》马质职掌"禁原蚕者"注云⑧:"物莫能两大。禁原蚕者,为其伤马也。"汉礼,皇后亲采桑,祀蚕神,曰:"菀窳妇人,寓氏公主⑨。"公主者,女之尊称也。菀窳妇人,先蚕者也。故今世或谓蚕为女儿者,是古之遗言也。

[注释]①望所自来:望着马所来的方向。　②蹙:来回踩踏。　③蹶(jué)然:忽然、突然。　④绩:蚕吐丝缠绕。　⑤《天官》:即《周礼·天官》,儒家重要经典的篇名。辰:二十八宿之一的心宿,又称大火星。东方苍龙七宿的第四宿房宿凡四星,又称天驷、房驷,亦称辰星,故称辰为马星。　⑥《蚕书》:古代论述养蚕的书,亦称《蚕经》。　⑦大火:即大火星。月亮位置心宿,

时为农历二月。 ⑧马质:周代官名,掌管马匹的购买与鉴定。马质,原作"校人",据《周礼》改。 ⑨菀窳(wǎn yǔ)妇人、寓氏公主:汉代祭祀的两位蚕神的名字。卫宏《汉旧仪下》:"春,桑生而皇后亲桑于苑中,蚕室养蚕千薄以上,祠以中牢羊豕,祭蚕神,曰菀窳妇人、寓氏公主,凡二神。"

351. 嫦娥奔月

羿请无死之药于西王母①,嫦娥窃之以奔月②。将往,枚筮之于有黄③。有黄占之曰:"吉。翩翩归妹④,独将西行。逢天晦芒⑤,毋恐毋惊。后且大昌。"嫦娥遂托身于月,是为蟾蜍⑥。

[注释]①羿:亦称后羿,神话传说中善射的英雄。传说尧时十日并出,苦害人类,后羿射九日,为民除害。 ②嫦娥:又称姮娥,相传是羿的妻子,窃不死之药以奔月。 ③枚筮:古代不告其事而占卜吉凶的一种占卜方法。有黄:卜师的名字。 ④归妹:《周易》卦名,此指嫦娥。 ⑤晦芒:昏暗不明。 ⑥蟾蜍:即蟾蜍。俗称癞蛤蟆。

352. 帝女怪草

舌堆山①,帝之女死②,化为怪草,其叶郁茂,其华黄色,其实如兔丝③。故服怪草者,恒媚于人焉。

[注释]①舌堆(duǒ)山:神话传说中的仙山。《山海经》作"姑媱之山"。 ②帝之女:《山海经·中山经》:"帝女死焉,其名为女尸,化为䔄草。"《水经注》:"宋玉所谓天帝之季女,名曰瑶姬。"可参看。 ③兔丝:植物名,一名女萝,即菟丝子。

353. 兰岩双鹤

荥阳县南百余里①,有兰岩山,峭拔千丈。常有双鹤,素羽皦然②,日夕偶影翔集。相传云:"昔有夫妇,隐此山数百年,化为双鹤,不绝往来。忽一旦,一鹤为人所害,其一鹤岁常哀鸣。至今响动岩谷,莫知其年岁也。"

[注释]①荥阳:县名,今河南荥阳。据《河南通志》,兰岩山在今河南荥阳西南。荥阳,汪校以为当作"营阳",可参考。 ②皦然:洁白明亮。

354. 羽衣女

豫章新喻县男子①,见田中有六七女,皆衣毛衣,不知是鸟。匍匐往,得其一女所解毛衣②,取藏之,即往就诸鸟。诸鸟各飞去,一鸟独不得去。男子取以为妇,生三女。其母后使女问父,知衣在积稻下,得之,衣而飞去③。后复以迎三女,女亦得飞去。

[注释]①新喻:县名,今江西新余。 ②解:脱下。 ③衣:穿上毛衣。

355. 黄母化鼋

汉灵帝时,江夏黄氏之母浴盘水中①,久而不起,变为鼋矣。婢惊走告。比家人来,鼋转入深渊。其后时时出见。初浴,簪一银钗②,犹在其首。于是黄氏累世不敢食鼋肉。

[注释]①江夏:郡名,治所今湖北安陆北。盘水:水名,在今湖北房县南神农架林区。 ②簪:插、戴。

356. 宋母化鳖

魏黄初中,清河宋士宗母①,夏天于浴室里浴,遣家中大小悉出，独在室中。良久，家人不解其意，于壁穿中窥之，不见人体，见盆水中有一大鳖。遂开户，大小悉入，了不与人相承②。尝先着银钗，犹在头上。相与守之啼泣，无可奈何。意欲求去，永不可留。视之积日，转懈。自捉出户外③。其去甚驶④，逐之不及，遂便入水。后数日，忽还。巡行宅舍如平生，了无所言而去。时人谓士宗应行丧治服。士宗以母形虽变，而生理尚存，竟不治丧。此与江夏黄母相似。

[注释]①清河：郡国名，治所今山东临清东。　②相承：交流沟通。③捉出：趁空溜出。　④驶：速度快。

357. 宣母化鼋

吴孙皓宝鼎元年六月晦①，丹阳宣骞母，年八十矣，亦因洗浴，化为鼋。其状如黄氏。骞兄弟四人，闭户卫之，掘堂上作大坎②，泻水其中。鼋入坎游戏。一二日间，恒延颈外望③。伺户小开，便轮转自跃，入于深渊。遂不复还。

[注释]①宝鼎元年：266年。晦：农历每月的最后一天。　②大坎：大坑。　③恒：常常，总是。延颈：伸着脖子。

358. 老翁作怪

汉献帝建安中，东郡民家有怪。无故瓮器自发，訇訇作声，若有人击。盘案在前①，忽然便失。鸡生子，辄失去。如是数岁，人甚恶之。乃多作美食，覆盖，着一室中。

阴藏户间窥伺之。果复重来,发声如前。闻,便闭户,周旋室中②,了无所见。乃阇以杖挝之③。良久,于室隅间有所中,便闻呻吟之声,曰:"哊④!哊!宜死。"开户视之,得一老翁,可百余岁,言语了不相当,貌状颇类于兽。遂行推问,乃于数里外得其家,云:"失来十余年。"得之哀喜。后岁余,复失之。闻陈留界复有怪如此,时人咸以为此翁。

[注释]①盘案:盛饭的餐具。 ②周旋:环绕视察。 ③阇以杖挝之:昏暗中漫无目的地敲打。 ④哊:呻吟声,犹今嘿哟。

卷十五

359. 王道平妻

秦始皇时,有王道平,长安人也。少时,与同村人唐叔偕女,小名父喻,容色俱美,誓为夫妇。寻王道平被差征伐①,落堕南国②,九年不归。父母见女长成,即聘与刘祥为妻。女与道平,言誓甚重,不肯改事。父母逼迫,不免,出嫁刘祥。经三年,忽忽不乐,常思道平,忿怨之深,悒悒而死③。死经三年,平还家,乃诘邻人:"此女安在?"邻人云:"此女意在于君,被父母凌逼,嫁与刘祥。今已死矣。"平问:"墓在何处?"邻人引往墓所。平悲号哽咽,三呼女名,绕墓悲苦,不能自止。平乃祝曰④:"我与汝立誓天地,保其终身。岂料官有牵缠⑤,致令乖隔。使汝父母与刘祥。既不契于初心⑥,生死永诀。然汝有灵圣,使我见汝生平之面。若无神灵,从兹而别。"言讫,又复哀泣。逡巡⑦,其女魂自墓出,问平:"何处而来? 良久契阔⑧。与君誓为夫妇,以结终身。父母强逼,乃出聘刘祥,已经三年,日夕忆君,结恨致死,乖隔幽途。然念君宿念不忘,再求相慰,妾身未损,可以再生,还为夫妇。且速开冢破棺,出我即活。"平审言,乃启墓门,扪看其女,果活。乃结束随平还家⑨。其夫刘祥闻之,惊怪,申诉于州县。检律断之⑩,无条,乃录状奏王。王断归道平为妻。寿一百三十岁。实谓精诚贯于天地,而获感应如此。

[注释]①寻:不久。 ②落堕南国:流落江南地区。 ③悒悒:心情愁闷。 ④祝:祈祷发愿。 ⑤官有牵缠:因公事纠缠。 ⑥不契于初心:不合于最初的情意。 ⑦逡巡:顷刻,极短时间。 ⑧契阔:久别。 ⑨结束:装束,打扮。 ⑩检律断之:查验法律条文进行决断。

360. 河间郡男女

晋惠帝世①,河间郡有男女私悦②,许相配适。寻而男从军,积年不归。女家更欲适之,女不愿行,父母逼之,不得已而去,寻病死。其男戍还,问女所在,其家具说之。乃至冢,欲哭之尽哀,而不胜其情,遂发冢,开棺,女即苏活。因负还家③。将养数日,平复如初。后夫闻,乃往求之。其人不还,曰:"卿妇已死,天下岂闻死人可复活耶?此天赐我,非卿妇也。"于是相讼,郡县不能决,以谳廷尉④。秘书郎王导奏⑤:"以精诚之至,感于天地,故死而更生。此非常事,不得以常礼断之。请还开冢者。"朝廷从其议。

[注释]①晋惠帝:原作"晋武帝"。按,王导任秘书郎在晋惠帝永康年间,非武帝时。据《晋书·王导传》及汪校改。 ②河间:今河北献县东南。 ③负:背。 ④谳(yàn):上报,请示。廷尉:官名,九卿之一,掌管刑狱。 ⑤秘书郎:官名,掌管图书典籍。王导:字茂弘,琅琊临沂人,辅佐司马睿建立

东晋,曾任司徒、丞相等显职。

361. 贾文合

汉献帝建安中,南阳贾偶,字文合,得病而亡。时有吏将诣太山①,司命阅簿②,谓吏曰:"当召某郡文合,何以召此人?可速遣之。"时日暮,遂至郭外树下宿。见一年少女独行。文合问曰:"子类衣冠③,何乃徒步?姓字为谁?"女曰:"某,三河人④,父见为弋阳令⑤,昨被召来,今却得还。遇日暮,惧获瓜田李下之讥⑥。望君之容,必是贤者,是以停留,依凭左右。"文合曰:"悦子之心,愿交欢于今夕。"女曰:"闻之诸姑,女子以贞专为德,洁白为称。"文合反复与言,终无动志。天明,各去。文合卒已再宿,停丧将殓,视其面,有色,扪心下,稍温。少顷,却苏。后文合欲验其实,遂至弋阳,修刺谒令⑦,因问曰:"君女宁卒而却苏耶⑧?"具说女子姿质服色,言语相反覆本末。令人问女,所言皆同。乃大惊叹,竟以此女配文合焉。

[注释]①太山:即泰山,传说是阴曹地府所在地。 ②司命:泰山府君属下掌管人性命生死的官吏。 ③衣冠:高门大户人家,代指缙绅、士大夫。 ④三河:汉代以河内、河东、河南三郡为三河,今黄河中游南北地区。 ⑤弋阳:县名,今河南潢川西。 ⑥瓜田李下:嫌疑的意思。古诗《君子行》:"君子防未然,不处嫌疑间。瓜田不纳履,李下不正冠。" ⑦修刺:书写名帖。谒:拜见。 ⑧宁:确实,果真。

362. 李娥

汉建安四年二月①,武陵充县妇人李娥②,年六十岁,病卒，埋于城外，已十四日。娥比舍有蔡仲，闻娥富，谓殡当有金宝，乃盗发冢求金。以斧剖棺，斧数下，娥于棺中言曰："蔡仲！汝护我头。"仲惊遽，便出走，会为县吏所见③，遂收治。依法，当弃市。娥儿闻母活，来迎出，将娥回去。武陵太守闻娥死复生，召见，问事状。娥对曰："闻谬为司命所召，到时得遣出。过西门外，适见外兄刘伯文，惊相劳问，涕泣悲哀。娥语曰：'伯文！我一日误为所召，今得遣归，既不知道，不能独行，为我得一伴否？又我见召，在此已十余日，形体又为家人所葬埋，归，当那得自出？'伯文曰：'当为问之。'即遣门卒与户曹相问④：'司命一日误召武陵女子李娥，今得遣还。娥在此积日，尸丧又当殡殓，当作何等得出？又女弱，独行，岂当有伴耶？是吾外妹，幸为便安之。'答曰：'今武陵西界，有男子李黑，亦得遣还，便可为伴。兼敕黑过娥比舍蔡仲，发出娥也。'于是娥遂得出。与伯文别，伯文曰：'书一封，以与儿佗。'娥遂与黑俱归。事状如此。"太守闻之，慨然叹曰："天下事真不可知也。"乃表，以为"蔡仲虽发冢，为鬼神所使，虽欲无发，势不得已，宜加宽宥⑤"。诏书报可。太守欲验语虚实，即遣马吏于西界，推问李黑，得之，与黑语协。乃致伯文书与佗。佗识其纸，乃是父亡时送箱中文书也⑥。表文字犹在也，而书不可晓。乃请费长房读之⑦，曰："告佗：我当从府君出案行部，当以八月八日日中时，武陵城南沟水畔顿。汝是时必往。"到期，悉将大小于城南待之。须臾果至。但闻人马隐隐之声，诣沟水，便闻有呼声曰："佗来！汝得我所寄李娥书不耶？"曰："即得之，故来至此。"

伯文以次呼家中大小,久之,悲伤断绝,曰:"死生异路,不能数得汝消息。吾亡后,儿孙乃尔许大!"良久,谓佗曰:"来春大病,与此一丸药,以涂门户,则辟来年妖疠矣⑧。"言讫,忽去,竟不得见其形。至来春,武陵果大病,白日皆见鬼,唯伯文之家,鬼不敢向。费长房视药丸,曰:"此方相脑也。"

[注释]①建安四年:199年。 ②充县:古县名,属武陵郡,今湖南桑植。 ③会:恰巧,正好。 ④户曹:原作"尸曹",据《后汉书·五行志》注改。 ⑤宽宥:宽恕,赦免。 ⑥送箱:死者埋葬时陪葬的箱子。 ⑦费长房:东汉方术之士,学仙不成,但能驱鬼使符。后神符失灵,被鬼所杀。 ⑧辟:除去,消除。

363. 史姁

汉陈留考城史姁①,字威明,年少时,尝病,临死,谓母曰:"我死当复生。埋我,以竹杖柱于瘞上②,若杖折,掘出我。"及死埋之,柱如其言。七日,往视,杖果折。即掘出之,已活。走至井上,浴,平复如故。后与邻船至下邳卖锄③,不时售④。云:"欲归。"人不信之,曰:"何有千里暂得归耶?"答曰:"一宿便还。"即书,取报以为验实⑤。一宿便还,果得报。考城令江夏鄳贾和姊病,在乡里⑥,欲急知消息,请往省之。路遥三千,再宿还报。

[注释]①考城:县名,今河南兰考。姁(xū):人名。 ②柱:竖立。瘞:坟墓。 ③下邳:今江苏睢宁古邳镇。 ④不时售:没有按时售完。 ⑤取报:得到回信。 ⑥乡里:原作"邻里",据《太平广记》改。

364. 贺瑀得疾

会稽贺瑀,字彦琚,曾得疾,不知人,惟心下温,死三日,复苏。云:"吏人将上天,见官府,入曲房①,房中有层架。其上层有印,中层有剑,使瑀惟意所取。而短不及上层②,取剑以出。门吏问:'何得?'云:'得剑,'曰:'恨不得印,可策百神③。剑惟得使社公耳④。'"疾愈,果有鬼来,称社公。

[注释]①曲房:密室。 ②短:个子矮。 ③策:役使,差遣。 ④使:驱使,指使。

365. 戴洋复生

戴洋字国流,吴兴长城人①。年十二,病死,五日而苏。说:"死时,天使其为酒藏吏②,授符箓,给吏从幡麾③,将上蓬莱、昆仑、积石、太室、庐、衡等山④。既而遣归。"妙解占候⑤。知吴将亡,托病不仕,还乡里。行至濑乡⑥,经老子祠,皆是洋昔死时所见使处,但不复见昔物耳。因问守藏应凤曰:"去二十余年⑦,尝有人乘马东行,经老君祠而不下马,未达桥,坠马死者否?"凤言有之。所问之事,多与洋同。

[注释]①长城:古县名,属吴兴郡,治所今浙江长兴东。 ②为:原缺,据汪校补。酒藏吏:掌管酿造、储藏酒等事务的官吏。 ③吏从:随从。幡麾:指挥用的幡旗。 ④积石:即积石山,昆仑山支脉,在甘肃临夏西北。太室:即嵩山,在今河南登封北。庐:庐山,在江西九江南,又名匡山、匡庐。衡:一名岣嵝山,又名霍山,古称南岳,为五岳之一。位于湖南中部。 ⑤占候:以天象变化附会人事来预言吉凶的一种方术。 ⑥濑乡:地名,今河南鹿邑

太清宫。　⑦去:去今,距今。

366. 柳荣张悌

吴临海松阳人柳荣①,从吴相张悌至扬州②。荣病死船中二日,军士已上岸,无有埋之者。忽然大叫,言:"人缚军师!人缚军师!"声甚激扬,遂活。人问之,荣曰:"上天北斗门下③,卒见人缚张悌④,意中大愕⑤,不觉大叫言:'何以缚军师!'门下人怒荣,叱逐使去。荣便怖惧,口余声发扬耳⑥。"其日,悌即死战。荣至晋元帝时犹存。

[注释]①松阳:古县名,今浙江松阳。　②张悌:字巨先,襄阳人。孙皓时曾任军师、丞相。　③北斗门:北斗星君所居之地。　④卒:同"猝",突然。　⑤意中大愕:心中大惊的意思。　⑥口余声:嘴里没有说完的话。

367. 马势妇

吴国富阳人马势妇①,姓蒋。村人应病死者,蒋辄恍惚熟眠经日②,见病人死,然后省觉。觉则具说,家中人不信之。语人云:"某中病,我欲杀之,怒强魂难杀,未即死。我入其家内,架上有白米饭,几种鲑③。我暂过灶下戏,婢无故犯我,我打其脊,使婢当时闷绝,久之乃苏。"其兄病,有乌衣人令杀之,向其请乞,终不下手。醒,乃语兄云:"当活。"

[注释]①富阳:县名,今浙江杭州富阳区。　②恍惚熟眠经日:迷迷糊糊熟睡一整天。　③鲑(xié):古代鱼类菜肴的总称。

368. 颜畿托梦

晋咸宁二年十二月①,琅琊颜畿字世都,得病,就医张瑳使治②,死于张家。棺敛已久。家人迎丧,旐每绕树木而不可解③。人咸为之感伤。引丧者忽颠仆,称畿言曰:"我寿命未应死,但服药太多,伤我五脏耳。今当复活,慎无葬也。"其父拊而祝之④,曰:"若尔有命,当复更生,岂非骨肉所愿。今但欲还家,不尔葬也。"旐乃解。及还家,其妇梦之曰:"吾当复生,可急开棺。"妇便说之。其夕,母及家人又梦之。即欲开棺,而父不听。其弟含,时尚少,乃慨然曰:"非常之事,自古有之。今灵异至此,开棺之痛,孰与不开相负⑤?"父母从之,乃共发棺,果有生验,以手刮棺,指爪尽伤,然气息甚微,存亡不分矣。于是急以绵饮沥口⑥,能咽,遂与出之。将护累月,饮食稍多,能开目视瞻,屈伸手足,不与人相当⑦。不能言语,饮食所须,托之以梦。如此者十余年。家人疲于供护,不复得操事。含乃弃绝人事,躬亲侍养,以知名州党。后更衰劣,卒复还死焉。

[注释]①咸宁二年:276 年。 ②瑳(cuō):人名。 ③旐(zhào):丧葬时引柩的招魂幡。 ④拊:拍抚。祝:祝祷。 ⑤开棺之痛,孰与不开相负:开棺的痛苦,与不开棺的痛苦相比,哪一个更能承受。 ⑥绵饮沥口:用丝绵蘸水连续不断往口里滴。 ⑦不与人相当:即不能与人沟通交流的意思。

369. 羊祜取金镮

羊祜年五岁时①,令乳母取所弄金镮。乳母曰:"汝先无此物。"祜即诣邻人李氏东垣桑树中探得之②。主人惊曰："此吾亡儿所失物也，云何持去？"乳母具言之③。李氏悲惋。时人异之。

[注释]①羊祜(hù)：字叔子，泰山南城（今山东新泰）人，西晋著名军事家、政治家，曾官尚书右仆射、车骑将军、征南大将军，积极筹划平吴，为西晋统一全国发挥了重要作用。　②东垣：宅院的东墙。　③具：详细，一一。

370. 汉宫人冢

汉末，关中大乱，有发前汉宫人冢者①，宫人犹活。既出，平复如旧。魏郭后爱念之②，录置宫内，常在左右，问汉时宫中事，说之了了③，皆有次绪。郭后崩，哭泣过哀，遂死。

[注释]①前汉：即刘邦建立的西汉政权。历史上习惯将刘邦开国（前206～8年）与刘秀开国（25～220）的汉政权分别称为西汉、东汉或前汉、后汉。　②郭后：指魏文帝曹丕的皇后郭氏。　③了了：明白，清楚。

371. 棺中活妇

魏时，太原发冢①，破棺，棺中有一生妇人②。将出与语，生人也。送之京师，问其本事，不知也。视其冢上树木，可三十岁。不知此妇人三十岁常生于地中耶？将一朝欻生，偶与发冢者会也？

[注释]①太原：郡名，治所今山西太原西南。　②生：活，与死相对。

372. 杜锡婢

晋世杜锡①，字世嘏，家葬而婢误不得出。后十余年，开冢祔葬②,而婢尚生。云:"其始如瞑目,有顷渐觉。"问之,自谓"当一再宿耳③"。初婢埋时,年十五六。及开冢后,姿质如故。更生十五六年,嫁之,有子。

[**注释**]①杜锡:西晋著名将领、学者杜预之子。 ②祔(fù)葬:夫妻合葬,也指将子孙与祖先合葬一起。 ③一再宿:一两晚上。表示时间短。

373. 冯贵人

汉桓帝冯贵人病亡①。灵帝时,有盗贼发冢,七十余年,颜色如故,但肉小冷②。群贼共奸通之,至斗争相杀,然后事觉。后窦太后家被诛③,欲以冯贵人配食④。下邳陈公达议⑤:"以贵人虽是先帝所幸,尸体秽污,不宜配至尊。"乃以窦太后配食。

[**注释**]①贵人:皇帝妃嫔的称号,地位仅次于皇后。 ②肉小冷:即尸体有些冰凉的意思。 ③窦太后:汉桓帝皇后窦妙。 ④配食:祔祭,配享。与皇帝一起享受祭祀。 ⑤陈公:陈球,字伯真,汉灵帝时任廷尉。

374. 广陵大冢

吴孙休时,戍将于广陵掘诸冢,取版以治城①,所坏甚多。复发一大冢,内有重阁②,户扇皆枢转,可开闭,四周为徼道③,通车,其高可以乘马。又铸铜人数十,长五尺,皆大冠朱衣,执剑,侍列灵坐。皆刻铜人背后面壁,言殿中将军,或言侍郎、常侍,似公侯之冢。破其棺,棺中有人,发已班白,衣冠鲜明,面体如生人。棺中云母④,厚尺许,以白玉璧三十枚藉尸⑤。兵人辈共举出死人,以倚冢壁。有一玉,长尺许,形似冬瓜,从死人怀中透出,堕地。两耳及孔鼻中皆有黄金,如枣许大。

[注释]①版:即棺材板。 ②重阁:层叠的楼阁。 ③徼(jiào)道:巡逻警戒的道路。 ④云母:矿石名,俗称千层纸。晶体为鳞片状,有光泽,半透明,耐高温,耐潮防腐,也可供药用。 ⑤藉:铺垫、衬垫。

375. 栾书冢

汉广川王好发冢①。发栾书冢②,其棺柩盟器③,悉毁烂无余。唯有一白狐,见人惊走。左右逐之,不得,戟伤其左足。是夕,王梦一丈夫,须眉尽白,来谓王曰:"何故伤吾左足?"乃以杖叩王左足。王觉,肿痛,即生疮。至死不差。

[注释]①广川王:汉景帝之子刘越之孙刘去。 ②栾书:春秋时晋国大夫,死后谥栾武子。 ③盟器:即明器。古代随葬品的统称。

卷十六

376．三疫鬼

昔颛顼氏有三子，死而为疫鬼：一居江水，为疟鬼①；一居若水，为魍魉鬼②；一居人宫室，善惊人小儿，为小鬼。于是正岁命方相氏③，帅肆傩以驱疫鬼④。

[注释]①江水：长江。疟鬼：古人认为疟疾是因为鬼作祟所致，故称主此病者为疟鬼。　②若水：古水名，即今雅砻江。其与金沙江合流后的一段，古时亦称若水。魍魉鬼：传说中的山川精怪，此指疫神。　③正岁：农历正月。方相氏：官名，夏官之属，由武夫充任，职掌驱除疫鬼和山川精怪。④傩（nuó）：古代一种迎神以驱逐疫鬼的风俗仪式。傩礼一年数次，大傩在腊日前举行，俗称傩戏，流行在我国西南少数民族地区。

377．挽歌

挽歌者，丧家之乐；执绋者，相和之声也。挽歌辞有《薤露》、《蒿里》二章①，汉田横门人作②。横自杀，门人伤之，悲歌，言：人如薤上露，易稀灭。亦谓人死，精魂归于蒿里。故有二章。

[注释]①《薤露》、《蒿里》：崔豹《古今注》卷中："《薤露》、《蒿里》，并丧歌也。出田横门人，横自杀，门人伤之，为之悲歌，言人命如薤上之露，易晞灭也，亦谓人死，魂魄归乎蒿里……至孝武时，李延年乃分为二曲，《薤露》送王公贵人，《蒿里》送士大夫庶人，使挽柩者歌之，世呼为挽歌。"属乐府《相和曲》。　②田横：本齐国贵族。秦汉之际，随其兄田儋参加反秦义军，建立齐国。刘邦统一天下，横不愿称臣于汉。刘邦命其往洛阳，横于途中自杀。门人闻讯亦皆自杀。

378. 阮瞻与鬼客

阮瞻字千里①，素执无鬼论，物莫能难。每自谓此理足以辨正幽明②。忽有客通名诣瞻，寒温毕③，聊谈名理④。客甚有才辨，瞻与之言良久，及鬼神之事，反复甚苦⑤。客遂屈，乃作色曰："鬼神，古今圣贤所共传，君何得独言无？即仆便是鬼。"于是变为异形，须臾消灭。瞻默然，意色太恶⑥。岁余，病卒。

[注释]①阮瞻：陈留尉氏人，竹林七贤之一阮咸之子。官至太子舍人。②幽明：阴阳生死之事。　③寒温：寒暄，见面相互问候。　④名理：辨名析理，此特指魏晋清谈家辨析事物名理的是非同异。　⑤反复：指互相驳难。⑥意色太恶：神色沮丧。

379. 黑衣客

吴兴施续为寻阳督①，能言论②。有门生亦有理意③，常秉无鬼论。忽有一黑衣白袷客来，与共语，遂及鬼神。移日，客辞屈，乃曰："君辞巧，理不足。仆即是鬼。何以云无。"问："鬼何以来？"答曰："受使来取君。期尽明日食时。"门生请乞酸苦④。鬼问："有人似君者否？"门生云：

"施续帐下都督,与仆相似。"便与俱往,与都督对坐。鬼手中出一铁凿,可尺余,安着都督头,便举椎打之。都督云:"头觉微痛。"向来转剧⑤,食顷便亡。

[注释]①吴兴:郡名,治所今浙江湖州。寻阳:郡名。治所今江西九江。施续:汪绍楹校注以为当作"施绩"。 ②言论:谈论,特指魏晋名士的清谈。③理意:指清谈家辨名析理的理论见解。 ④酸苦:凄苦。 ⑤剧:激烈。

380. 蒋济亡儿

蒋济字子通,楚国平阿人也①。仕魏,为领军将军②。其妇梦见亡儿涕泣曰:"死生异路。我生时为卿相子孙,今在地下,为泰山伍伯③,憔悴困苦,不可复言。今太庙西讴士孙阿④,见召为泰山令,愿母为白侯⑤,属阿令转我得乐处。"言讫,母忽然惊寤。明日以白济。济曰:"梦为虚耳,不足怪也。"日暮,复梦曰:"我来迎新君,止在庙下。未发之顷,暂得来归。新君明日日中当发。临发多事,不复得归。永辞于此。侯气强⑥,难感悟,故自诉于母。愿重启侯,何惜不一试验之!"遂道阿之形状,言甚备悉。天明,母重启济:"虽云梦不足怪,此何太適適⑦。亦何惜不一验之?"济乃遣人诣太庙下,推问孙阿,果得之,形状证验,悉如儿言。济涕泣曰:"几负吾儿。"于是乃见孙阿,具语其事。阿不惧当死,而喜得为泰山令,惟恐济言不信也,曰:"若如节下言⑧,阿之愿也。不知贤子欲得何职?"济曰:"随地下乐者与之。"阿曰:"辄当奉教。"乃厚赏之。言讫,遣还。济欲速知其验,从领军门至庙下,十步安一人,以传消息。辰时,传阿心痛;巳时,传阿剧;日中,传阿亡⑨。济曰:"虽哀吾儿之不幸,且喜亡者有知。"后月余,儿复来,语母曰:"已得转为录事矣⑩。"

[注释]①楚国:曹操之子曹彪的封国。平阿:县名,今安徽怀远,隶属楚国。　②领军将军:官名。曹操为丞相时所设,本为相府属官,后更名中领军。魏晋时改称领军将军,统率禁军,与护军将军或中护军同掌中央军队,是重要的军事长官之一。　③伍伯:役卒。多从事前导或执杖等杂事。　④太庙:天子诸侯的祖庙。讴士:太庙中唱颂歌的人。　⑤侯:对其父蒋济的敬称。蒋济曾封昌陵亭侯,故称。　⑥气强:性格倔强固执。　⑦適適(dí):通"的",明白,清晰。　⑧节下:犹麾下,对将帅的敬称。　⑨辰时:上午7~9时。巳时:上午9~11时。日中:正午,上午11时~下午1时。　⑩录事:掌管文书的官吏。

381. 辽水浮棺

汉令支县有孤竹城①,古孤竹君之国也。灵帝光和元年②,辽西人见辽水中有浮棺③,欲斫破之,棺中人语曰:"我是伯夷之弟④,孤竹君也。海水坏我棺椁⑤,是以漂流。汝斫我何为?"人惧,不敢斫。因为立庙祠祀。吏民有欲发视者,皆无病而死。

[注释]①令支:县名,今河北迁安西。令支,原作"不其"。《史记索隐》引《括地志》:"孤竹城在辽西令支县。"据此及汪校改。　②光和元年:178年。　③辽西:郡名,治所今辽宁义县西。　④伯夷:商末孤竹君长子。伯夷兄弟三人,父欲传位于伯夷之弟叔齐。孤竹君死后,叔齐让位于伯夷,伯夷不受。后伯夷叔齐兄弟二人先后弃国奔周。周武王伐商,伯夷叔齐叩马谏阻。周武王灭商,伯夷叔齐耻食周粟,饿死于首阳山。此伯夷弟当指留国即位的那个弟弟,非叔齐。　⑤椁:棺外的套棺。

382. 温序死节

温序字公次，太原祁人也①。任护军校尉，行部至陇西②，为隗嚣将所劫③，欲生降之。序大怒，以节挝杀人。贼趋欲杀序④，荀宇止之曰⑤："义士欲死节。"赐剑，令自裁。序受剑，衔须着口中，叹曰："无令须污土。"遂伏剑死。世祖怜之⑥，送葬到洛阳城旁，为筑冢。长子寿，为邹平侯，梦序告之曰"久客思乡。"寿即弃官，上书乞骸骨归葬。帝许之。

[注释]①祁：县名，今山西祁县东南。祁，原作"祈"，据《后汉书·温序传》改。　②陇西：地名，今甘肃陇西地区，治所今甘肃临洮。　③隗（wěi）嚣：西汉末天水人，两汉之际盘踞西北地区的重要地方豪强和军阀割据势力。④趋：急促，迫切。　⑤荀宇：隗嚣的部将。　⑥世祖：光武帝刘秀。世祖，原作"更始"，据汪校改。

383. 文颖移棺

汉南阳文颖，字叔良①，建安中为甘陵府丞②。过界止宿，夜三鼓时，梦见一人跪前曰："昔我先人，葬我于此，水来湍墓③，棺木溺，渍水处半，然无以自温。闻君在此，故来相依。欲屈明日暂住须臾④，幸为相迁高燥处。"鬼披衣示颖，而皆沾湿。颖心怆然，即寤，语诸左右，曰："梦为虚耳，亦何足怪。"颖乃还眠。向寐复梦见⑤，谓颖曰："我以穷苦告君，奈何不相愍悼乎⑥？"颖梦中问曰："子为谁？"对曰："吾本赵人，今属汪芒氏之神⑦。"颖曰："子棺今何所在？"对曰："近在君帐北十数步，水侧枯杨树下，即是吾也。天将明，不复得见，君必念之。"颖答曰："喏！"忽然便瘖。天明,可发,颖曰:"虽云梦不足怪,此何太適。"左右曰:"亦何惜须臾,不验之耶?"颖即起,率十数人将导顺水上,果得一枯杨,曰:"是矣。"掘其下,未几,果得棺。棺甚朽坏,半没水中。颖谓左右曰:"向闻于人,谓之虚矣。世俗所传,不可无验。"为移其棺,葬之而去。

[注释]①叔良:原作"叔长",据颜师古《汉书叙例》改。 ②甘陵:郡国名,治所今山东清河南。 ③湍:冲刷。 ④屈:委屈。暂住:暂停。 ⑤向寐:刚睡着。 ⑥愍悼:哀悼,哀怜。 ⑦汪芒:古国名。夏禹时,国君名防风。故地在今浙江德清武康镇。

384. 鹄奔亭

汉九江何敞,为交州刺史,行部到苍梧郡高要县①,暮宿鹄奔亭。夜犹未半,有一女从楼下出,呼曰:"妾姓苏,名娥,字始珠,本居广信县②,修里人。早失父母,又无兄弟,嫁与同县施氏。薄命夫死,有杂缯帛百二十匹,及婢一人,名致富。妾孤穷羸弱③,不能自振④,欲之旁县卖缯。从同县男子王伯,赁牛车一乘⑤,直钱万二千,载妾并缯,令致富执辔⑥,乃以前年四月十日,到此亭外。于时日已向暮,行人断绝,不敢复进,因即留止。致富暴得腹痛,妾之亭长舍,乞浆取火。亭长龚寿,操戈持戟,来至车旁,问妾曰:'夫人从何所来?车上所载何物?丈夫安在?何故独行?'妾应曰:'何劳问之?'寿因持妾臂曰:'少年爱有色,冀可乐也。'妾惧怖不从,寿即持刀刺胁下,一创立死。又刺致富,亦死。寿掘楼下,合埋,妾在下,婢在上。取财物去,杀牛,烧车。车釭及牛骨⑦,贮亭东空井中。妾既冤死，痛感皇天，无所告诉，故来自归于明使君。"敞曰："今欲发出汝尸，以何为验？"女曰："妾上下着白衣，青丝履，犹未朽也。愿访乡里，以骸骨归死夫。"掘之，果然。敞乃驰还，遣吏捕捉，拷问，具服。下广信县验问，与娥语合。寿父母兄弟，悉捕系狱。敞表寿："常律，杀人不至族诛。然寿为恶首，隐密数年，王法自所不免。令鬼神诉者，千载无一。请皆斩之，以明鬼神，以助阴诛⑧。"上报听之。

[**注释**]①高要：县名，今广东肇庆。高要，原作"高安"，据《太平寰宇记》改。　②广信：苍梧郡治所，今广西梧州。　③孤穷羸弱：孤苦穷困，身体瘦弱。　④自振：独立谋生。　⑤赁：租借，租赁。　⑥致富：人名。执辔：手握马缰绳，此指驾车。　⑦车釭：车轮上用来穿轴的做车毂的铁圈。车釭，原作"车缸"，据《太平御览》改。　⑧阴诛：冥冥之中受到诛罚，即表明鬼神会对恶人进行惩罚。

385. 曹公船

濡须口有大船①，船覆在水中，水小时便出见。长老云："是曹公船②。"尝有渔人夜宿其旁，以船系之，但闻筝笛弦歌之音，又香气非常。渔人始得眠，梦人驱遣，云："勿近官妓③。"相传云曹公载妓船覆于此，至今在焉。

[**注释**]①濡须口：濡须水入江处，今安徽无为东南。濡须水，今称运漕河，源出安徽巢湖，东流至芜湖裕溪口入长江，古代江淮间的水路交通要道。②曹公：曹操。　③官妓：古代官府供养用来供奉官员应酬会宴的乐妓。

386. 苟奴见鬼

夏侯恺字万仁，因病死。宗人儿苟奴①，素见鬼。见恺数归,欲取马,并病其妻②。着平上帻③,单衣,入坐生时西壁大床④,就人觅茶饮。

[注释]①宗人:古代官名。掌宗庙、谱牒、祭祀等。 ②病:担心。 ③平上帻:亦称平巾帻,魏晋以来武官戴的一种平顶头巾。 ④大床:古代可以供人坐卧的坐具。

387. 产亡点面

诸仲务一女显姨,嫁为米元宗妻,产亡于家。俗间①,产亡者,以墨点面。其母不忍,仲务密自点之,无人见者。元宗为始新县丞②,梦其妻来上床,分明见新白妆面上有黑点。

[注释]①俗间:原作"俗闻",据《太平广记》改。 ②始新:县名,今浙江淳安西。

388. 弓弩射鬼

晋世新蔡王昭①,平辌车在厅事上②,夜,无故自入斋室中③,触壁而出。后又数闻呼噪攻击之声,四面而来。昭乃聚众设弓弩战斗之备,指声弓弩俱发,而鬼应声接矢数枚,皆倒入土中。

[注释]①新蔡王昭:汪绍楹先生校注以为"昭"当作"绍"。绍,新蔡王司马腾之子。 ②平辌车:平舆车之类非载重的小车。厅事:厅堂。官府治事之所,后亦指私宅大厅。 ③斋室:斋戒时的居室。

389. 杨度遇鬼

吴赤乌三年①,句章民杨度至余姚②。夜行,有一年少,持琵琶,求寄载。度受之。鼓琵琶数十曲,曲毕,乃吐舌擘目③,以怖度而去。复行二十里许,又见一老父,自云姓王名戒。因复载之。谓曰:"鬼工鼓琵琶,甚哀。"戒曰:"我亦能鼓。"即是向鬼。复擘眼吐舌,度怖几死。

[注释]①赤乌三年:240年。赤乌,吴大帝孙权年号。 ②句(gōu)章:县名,今浙江余姚东南。 ③擘:裂开。

390. 秦巨伯斗鬼

琅琊秦巨伯,年六十。尝夜行饮酒,道经蓬山庙①,忽见其两孙迎之。扶持百余步,便捉伯颈着地,骂:"老奴!汝某日捶我,我今当杀汝。"伯思惟某时信捶此孙。伯乃佯死,乃置伯去。伯归家,欲治两孙。两孙惊愕,叩头言:"为子孙宁可有此?恐是鬼魅,乞更试之。"伯意悟。数日,乃诈醉,行此庙间,复见两孙来扶持伯。伯乃急持,鬼动作不得。达家,乃是两偶人也②。伯着火炙之,腹背俱焦坼③。出着庭中,夜皆亡去。伯恨不得杀之。后月余,又佯酒醉夜行,怀刃以去,家不知也。极夜不还④,其孙恐又为此鬼所困,乃俱往迎伯。伯竟刺杀之。

[注释]①蓬山庙:祭祀蓬莱山神的祠庙。 ②偶人:鬼神的木偶像。偶,原缺,据汪校补。 ③焦坼:焦枯开裂。 ④极夜:彻夜,终夜。

391. 三鬼醉酒

汉建武元年①,东莱人姓池,家常作酒。一日,见三奇客,共持面饭至②,索其酒饮,饮竟而去。顷之,有人来,云见三鬼酣醉于林中。

[注释]①建武元年:25年。建武,光武帝刘秀年号。建武,原作"武建",据《幽明录》改。　②面饭:麦面粉制作的食品。

392. 钱小小

吴先主杀武卫兵钱小小①。形见大街②,顾借赁人吴永,使永送书与街南庙,借木马二匹。以酒噀之③,皆成好马,鞍勒俱全。

[注释]①吴先主:孙权。　②形:指钱小小的魂灵显形。　③噀(xùn):含在口中喷出。

393. 宗定伯卖鬼

南阳宗定伯①,年少时,夜行逢鬼。问之,鬼言:"我是鬼。"鬼问:"汝复谁?"定伯诳之,言:"我亦鬼。"鬼问:"欲至何所?"答曰:"欲至宛市②。"鬼言:"我亦欲至宛市。"遂行数里。鬼言:"步行太迟,可共递相担③,何如?"定伯曰:"大善。"鬼便先担定伯数里。鬼言:"卿太重,将非鬼也。"定伯言:"我新鬼,故身重耳。"定伯因复担鬼,鬼略无重。如是再三。定伯复言:"我新鬼,不知有何所畏忌?"鬼答言:"惟不喜人唾。"于是共行。道遇水,定伯令鬼先渡,听之,了然无声音。定伯自渡,漕漼作声④。鬼复言:"何以有声?"定伯曰:"新死,不习渡水故耳。勿怪吾也。"行欲至宛市,定伯便担鬼着肩上,急执之。鬼大呼,声咋咋然⑤,索下,不复听之。径至宛市中,下着地,化为一羊,便卖之。恐其变化,唾之。得钱千五百,乃去。当时石崇有言⑥:"定伯卖鬼,得钱千五。"

[**注释**]①宗:原作"宋",据《列异传》改。　②宛:县名,今河南南阳。宛市:宛县的集市。　③共递相担:相互交替着背。　④漕漼:象声词,形容水声。　⑤咋咋:象声词,形容呼叫声、咬牙声等。　⑥石崇:字季伦,西晋人,曾官侍中、荆州刺史,靠劫商客大发横财,生活奢靡。八王之乱中,结党齐王冏,被赵王伦所杀。

394. 紫玉

吴王夫差小女①,名曰紫玉,年十八,才貌俱美。童子韩重,年十九,有道术。女悦之,私交信问②,许为之妻。重学于齐、鲁之间,临去,属其父母使求婚。王怒,不与女。玉结气死,葬阊门之外③。三年,重归,诘其父母④,父母曰:"王大怒,玉结气死,已葬矣。"重哭泣哀恸,具牲币往吊于墓前⑤。玉魂从墓出,见重流涕,谓曰:"昔尔行之后,令二亲从王相求,度必克从大愿⑥。不图别后,遭命奈何⑦!"玉乃左顾宛颈而歌曰:"南山有乌,北山张罗。乌既高飞,罗将奈何!意欲从君,谗言孔多。悲结生疾,没命黄垆⑧。命之不造,冤如之何!羽族之长,名为凤凰。一日失雄,三年感伤。虽有众鸟,不为匹双。故见鄙姿,逢君辉光。身远心近,何当暂忘⑨。"歌毕,歔欷流涕,要重还家。重曰:"死生异路,惧有尤愆⑩,不敢承命。"玉曰:"死生异路,吾亦知之。然今一别,永无后期。子将畏我为鬼而祸子乎?欲诚所奉⑪,宁不相信。"重感其言,送之还家。玉与之饮燕,留三日三夜,尽夫妇之礼。临出,取径寸明珠以送重,曰:"既毁其名,又绝其愿,复何言哉!时节自爱⑫。若至吾家,致敬大王。"重既出,遂诣王,自说其事。王大怒曰:"吾女既死,而重造讹言,以玷秽亡灵。此不过发冢取物,托以鬼神。"趣收重⑬。重走脱,至玉墓所诉之。玉曰:"无忧。今归白王。"王妆梳,忽见玉,惊愕悲喜,问曰:"尔缘何生?"玉跪而言曰:"昔诸生韩重来求玉⑭,大王不许,玉名毁义绝,自致身亡。重从远还,闻玉已死,故赍牲币,诣冢吊唁。感其笃终⑮,辄与相见,因以珠遗之。不为发冢,愿勿推治⑯。"夫人闻之,出而抱之,玉如烟然。

[注释]①夫差:春秋时吴国国君,阖闾之子,前495~前473年在位。②私交信问:私下互通音信。 ③阊门:吴国都城(今苏州市)西门。 ④诘:盘问。 ⑤具:备办。牲币:祭祀用的牺牲和财帛。 ⑥度:揣度、预计。克从大愿:实现美好的愿望。 ⑦不图:不料想。遭命奈何:遭遇这样悲惨的命运,指死去。 ⑧黄垆:即黄泉,地下。 ⑨何当:何尝,何时。 ⑩尤愆(qiān):罪过,此指意外之祸。 ⑪欲诚所奉:想真诚地奉侍你。 ⑫时节自爱:时时保重身体。 ⑬趣:催促。收:捕系。 ⑭诸生:年轻的读书人。 ⑮笃终:原指古代送葬的礼制,此兼指韩重始终不渝的深情厚谊。 ⑯推治:审问治罪。

395. 驸马都尉

陇西辛道度者,游学至雍州城四五里①,比见一大宅,有青衣女子在门。度诣门下求飧②。女子入告秦女,女命召入。度趋入阁中,秦女于西榻而坐。度称姓名,叙起居。既毕,命东榻而坐,即治饮馔。食讫,女谓度曰:"我秦闵王女,出聘曹国③,不幸无夫而亡。亡来已二十三年,独居此宅。今日君来,愿为夫妇。"经三宿三日后,女即自言曰:"君是生人,我鬼也。共君宿契④,此会可三宵,不可久居,当有祸矣。然兹信宿⑤,未悉绸缪⑥,既已分飞,将何表信于郎?"即命取床后盒子开之,取金枕一枚,与度为信。乃分袂泣别,即遣青衣送出门外。未逾数步,不见舍宇,惟有一冢。度当时荒忙出走,视其金枕在怀,乃无异变。寻至秦国,以枕于市货之。恰遇秦妃东游,亲见度卖金枕,疑而索看,诘度何处得来?度具以告。妃闻,悲泣不能自胜,然尚疑耳。乃遣人发冢,启柩视之,原葬悉在,唯不见枕。解体看之,交情宛若⑦。秦妃始信之。叹曰:"我女大圣,死经二十三年,犹能与生人交往。此是我真女婿也。"遂封度为驸马都尉⑧,赐金帛车马,令还本国。因此以来,后人名女婿为驸马。今之国婿,亦为驸马矣。

[注释]①雍州城:即秦国国都,今陕西凤翔南。 ②飱:平常的饭食。 ③出聘:出嫁。 ④宿契:宿缘,前世的缘分。 ⑤信宿:连宿两夜。 ⑥未悉绸缪:没有尽情享受情意缠绵的夫妻生活。 ⑦交情宛若:指男女交合的情状痕迹还在。 ⑧驸马都尉:汉武帝时设置的近侍官官名。三国时何晏始以公主丈夫拜驸马都尉,后皇帝的女婿照例加此称号,简称驸马。因以专指皇帝的女婿。

396. 谈生妻鬼

汉谈生者,年四十,无妇,常感激读《诗经》①。夜半,有女子年可十五六②,姿颜服饰,天下无双,来就生,为夫妇。乃言曰③:"我与人不同,勿以火照我也。三年之后,方可照耳。"与为夫妇。生一儿,已二岁,不能忍,夜伺其寝后,盗照视之④。其腰已上,生肉如人;腰已下,但有枯骨。妇觉,遂言曰:"君负我。我垂生矣⑤,何不能忍一岁,而竟相照也?"生辞谢。涕泣不可复止,云:"与君虽大义永离⑥,然顾念我儿,若贫不能自偕活者⑦,暂随我去,方遗君物。"生随之去,入华堂,室宇器物不凡。以一珠袍与之,曰:"可以自给。"裂取生衣裾⑧,留之而去。后生持袍诣市,睢阳王家买之⑨,得钱千万。王识之曰:"是我女袍,那得在市?此必发冢。"乃取拷之。生具以实对,王犹不信。乃视女冢,冢完如故。发视之,棺盖下果得衣裾。呼其儿视,正类王女。王乃信之。即召谈生,复赐遗之,以为女婿。表其儿为郎中⑩。

[注释]①感激:感动发愤。　②可:大约。　③乃:原作"之",据明抄本《太平广记》改。　④盗:偷偷地。　⑤垂:将。生:指还阳。　⑥大义:夫妻之义。　⑦自偕活:自己携带孩子共同生活。　⑧衣裾:衣服前襟。　⑨睢阳:汉代睢阳属梁国,治所今河南商丘。　⑩郎中:秦汉官名,皇帝的侍从,多由贵族子弟担任,无专职。

397. 卢充幽婚

卢充者,范阳人①。家西三十里,有崔少府墓②。充年二十,先冬至一日,出宅西猎戏。见一獐,举弓而射,中之。獐倒复起,充因逐之,不觉远。忽见道北一里许,高门瓦屋,四周有如府舍,不复见獐。门中一铃下唱③:"客前。"充曰:"此何府也?"答曰:"少府府也。"充曰:"我衣恶,那得见少府?"即有一人提一襆新衣④,曰:"府君以此遗郎。"充便着讫,进见少府,展姓名。酒炙数行,谓充曰:

"尊府君不以仆门鄙陋,近得书,为君索小女婚,故相迎耳。"便以书示充。充父亡时虽小,然已识父手迹,即欷歔,无复辞免。便敕内:"卢郎已来,可令女郎妆严⑤。"且语充云:"君可就东廊。"及至黄昏,内白:"女郎妆严已毕。"充既至东廊,女已下车,立席头,却共拜。时为三日给食⑥。三日毕,崔谓充曰:"君可归矣。女有娠相,若生男,当以相还,无相疑。生女,当留自养。"敕外严车送客。充便辞出。崔送至中门,执手涕零。出门,见一犊车,驾青牛⑦,又见本所着衣及弓箭,故在门外。寻传教将一人提襥衣与充,相问曰:"姻缘始尔,别甚怅恨。今复致衣一袭,被褥自副。"充上车,去如电逝,须臾至家。家人相见悲喜。推问,知崔是亡人而入其墓,追以懊惋。别后四年,三月三日,充临水戏,忽见水旁有二犊车,乍沉乍浮。既而近岸,同坐皆见。而充往开车后户,见崔氏女与三岁男共载。充见之忻然,欲捉其手,女举手指后车曰:"府君见人。"即见少府,充往问讯。女抱儿还充,又与金碗⑧,并赠诗曰:"煌煌灵芝质,光丽何猗猗⑨!华艳当时显,嘉异表神奇。含英未及秀,中夏罹霜萎。荣耀长幽灭,世路永无施。不悟阴阳运,哲人忽来仪⑩。会浅离别速,皆由灵与祇。何以赠余亲,金碗可颐儿。恩爱从此别,断肠伤肝脾。"充取儿、碗及诗,忽然不见二车处。充将儿还,四坐谓是鬼魅,佥遥唾之,形如故。问儿:"谁是汝父?"儿径就充怀。众初怪恶,传省其诗,慨然叹死生之玄通也⑪。充后乘车入市卖碗,高举其价,不欲速售,冀有识。欻有一老婢识此,还白大家曰⑫:"市中见一人乘车,卖崔氏女郎棺中碗。"大家,即崔氏亲姨母也。遣儿视之,果如其婢言。上车,叙姓名。语充曰:"昔我姨嫁少府,生女,未出而亡。家亲痛之,赠一金碗,着棺中。可说得碗本末。"充以事对。此儿亦为之悲咽。赍还白母,母即令诣充家,迎儿视之。诸亲悉集。儿有崔氏之状,又复似充貌。儿、碗俱验。姨母曰:"我外甥三月末间产。父曰:'春,暖温也。愿休强也。'即字温休。温休者,盖幽婚也,其兆先彰矣。"儿遂成令器⑬,历郡守二千石,子孙冠盖相承至今。其后植⑭,字子干,有名天下。

[注释]①范阳:郡名,三国魏改涿郡置范阳郡,治所今河北涿州。②少府:官名,九卿之一,掌皇家财政和官府手工业制造。③铃下:侍卫、门卒或仆役。④襆(fú):包裹衣物的包袱。⑤妆严:梳妆打扮。⑥三日给食:魏晋风俗,婚后第三日,宴集宾客。⑦青牛:原作"青衣",据《太平广记》改。⑧椀:同"碗"。⑨猗猗:美盛貌。⑩哲人:智慧卓越的人,此指卢充。来仪:比喻爱慕之人来临。⑪玄通:暗中相通。⑫大家:即大姑,奴仆对女主人的尊称。⑬令器:优秀的人才。⑭植:即卢植,字子干,东汉末著名文人,马融弟子,曾任尚书。

398. 西门亭鬼魅

后汉时,汝南汝阳西门亭有鬼魅①。宾客止宿,辄有死亡。其厉厌者②,皆亡发失精。寻问其故,云:"先时颇已有怪物。其后,郡侍奉掾宜禄郑奇来③,去亭六七里,有一端正妇人乞寄载。奇初难之,然后上车。入亭,趋至楼下。亭卒白:'楼不可上。'奇云:'吾不恐也。'时亦昏冥,遂上楼,与妇人栖宿。未明,发去。亭卒上楼扫除,见一死妇,大惊,走白亭长。亭长击鼓,会诸庐吏共集诊之④,乃亭西北八里吴氏妇。新亡,夜临殡火灭,及火至,失之。其家即持去。奇发行数里,腹痛,到南顿利阳亭加剧⑤,物故⑥。楼遂无敢复上。"

[注释]①汝阳:县名,治所今河南商水西北。 ②厉厌:厉害严重。 ③侍奉掾:郡守的属官,负责处理日常杂务。宜禄:县名,治所今河南沈丘北。 ④庐吏:乡里的小吏。 ⑤加剧:加深,指病情严重。 ⑥物故:死亡。

399. 钟繇杀女鬼

颍川钟繇①,字元常,尝数月不朝会,意性异常②。或问其故,云:"常有好妇来,美丽非凡。"问者曰:"必是鬼物,可杀之。"妇人后往,不即前,止户外。繇问;"何以?"曰:"公有相杀意。"繇曰:"无此。"勤勤呼之③,乃入。繇意恨④,有不忍之,然犹斫之,伤髀⑤。妇人即出,以新绵拭,血竟路。明日,使人寻迹之,至一大冢。木中有好妇人,形体如生人,着白练衫,丹绣裲裆⑥。伤左髀,以裲裆中绵拭血。

[注释]①钟繇:长社人,钟会之父,汉魏之际名士,曾官太傅。 ②意性:情致状态。 ③勤勤:频频,不间断地。 ④意恨:内心感觉遗憾。 ⑤髀(bì):大腿根部。 ⑥裲裆:古代一种长度及腰只蔽胸背的上衣,俗称裲裆衫。形似今之背心。

卷十七

400. 鬼骗张汉直家

陈国张汉直①,到南阳从京兆尹延叔坚学《左氏传》②。行后数月,鬼物持其妹,为之扬言曰:"我病死,丧在陌上,常苦饥寒。操二三量不借挂屋后楮上③,傅子方送我五百钱,在北墉下④,皆忘取之。又买李幼一头牛,本券在书箧中⑤。"往索取之,悉如其言。妇尚不知有此,妹新从婿家来,非其所及。家人哀伤,益以为审⑥。父母诸弟衰绖到来迎丧⑦,去舍数里,遇汉直与诸生十余人相追⑧。汉直顾见家人,怪其如此。家见汉直,谓其鬼也,怅惘良久。汉直乃前为父拜,说其本末,且悲且喜。凡所闻见,若此非一,得知妖物之为。

[注释]①陈国:春秋时国名,都宛丘(今河南淮阳),后被楚国所灭。此指原属陈国的地区。 ②延叔坚:即延笃,东汉南阳人,曾任京兆尹,后因病归家,收徒传授儒学。《左氏传》:即《春秋左氏传》,相传左丘明撰,儒家重要经典之一。 ③不借:草鞋。楮(chǔ):即构树。 ④墉:宅屋的墙壁。 ⑤券:契据。古代常用竹木等刻成,分为两半,各执其一,合以征信。后世多以纸为之。 ⑥审:真实,事实。 ⑦衰绖(cuīdié):穿着丧服。 ⑧追:跟

随,追随。

401. 范丹贞节

汉陈留外黄范丹①,字史云。少为尉从佐使②,檄谒督邮③。丹有志节,自恚为厮役小吏④,乃于陈留大泽中,杀所乘马,捐弃冠帻⑤,诈逢劫者。有神下其家曰:"我史云也,为劫人所杀。疾取我衣于陈留大泽中。"家取得一帻。丹遂之南郡⑥,转入三辅⑦,从英贤游学,十三年乃归,家人不复识焉。陈留人高其志行,及没,号曰贞节先生。

[注释]①外黄:古县名,治所今河南民权西北。 ②尉从佐使:县尉属下的佐吏。 ③檄:信函,文书。此指送信函文书的杂务。督邮:官名,郡的重要属吏,代表太守督察县乡,宣达教令,兼司狱讼捕亡。 ④自恚:怨恨自己。 ⑤冠帻:原作"官帻",据明抄本《太平广记》改。 ⑥南郡:郡名,治所今湖北荆州。 ⑦三辅:汉代治理京畿地区的三个职官的合称。汉置左、右内史,与主爵都尉负责管理京畿地区,合称三辅。后泛称京城附近地区。

402. 费季客楚

吴人费季,久客于楚。时道多劫,妻常忧之。季与同辈旅宿庐山下,各相问出家几时。季曰:"吾去家已数年矣。临来,与妻别,就求金钗以行,欲观其志当与吾否耳。得钗,乃以着户楣上①。临发,失与道,此钗故当在户上也。"尔夕,其妻梦季曰:"吾行遇盗,死已二年。若不信吾言,吾行时取汝钗,遂不以行,留在户楣上,可往取之。"妻觉,揣钗得之,家遂发丧。后一年余,季乃归还。

[注释]①户楣:即门楣,门框上面的横木。

403. 鬼扮虞定国

余姚虞定国,有好仪容。同县苏氏女,亦有美色。定国常见,悦之。后见定国来,主人留宿,中夜,告苏公曰:"贤女令色,意甚钦之。此夕能令暂出否?"主人以其乡里贵人,便令女出从之。往来渐数,语苏公云:"无以相报。若有官事①,某为君任之②。"主人喜。自尔后,有役召事,往造定国。定国大惊曰:"都未尝面命③,何由便尔?此必有异。"具说之。定国曰:"仆宁肯请人之父而淫人之女④?若复见来,便当斫之。"后果得怪。

[注释]①官事:官府差役之事。 ②任:担当。 ③面命:当面告语。 ④宁肯:岂肯,岂能,即怎么可能。

404. 朱诞给使

吴孙皓世,淮南内史朱诞,字永长,为建安太守。诞给使妻有鬼病①,其夫疑之为奸。后出行,密穿壁隙窥之。正见妻在机中织,遥瞻桑树上,向之言笑。给使仰视树上,有一年少人,可十四五,衣青衿袖,青幖头②。给使以为信人也,张弩射之。化为鸣蝉,其大如箕,翔然飞去。妻亦应声惊曰:"噫!人射汝。"给使怪其故。后久时,给使见二小儿在陌上共语,曰:"何以不复见汝?"其一即树上小儿也,答曰:"前不遇为人所射③,病疮积时。"彼儿曰:"今何如?"曰:"赖朱府君梁上膏以傅之,得愈。"给使白诞曰:"人盗君膏药,颇知之否?"诞曰:"吾膏久致梁上,人安得盗之?"给使曰:"不然。府君视之。"诞殊不信,试为视之,封题如故④。诞曰:"小人故妄言,膏自如故。"给使曰:"试开之。"则膏去半。为掊刮,见有趾迹。诞因大惊。乃详问之,具道本末。

[注释]①给使:供役使的下人。 ②嶕(qiāo)头:即帩头、帕头,古代男子束发的头巾。 ③不遇:不意,不幸。 ④封题:物品封装妥善后,在封口处的题签。犹今封条。

405. 倪彦思家鬼魅

吴时,嘉兴倪彦思居县西埏里①。忽见鬼魅入其家,与人语,饮食如人,惟不见形。彦思奴婢有窃骂大家者,云:"今当以语。"彦思治之,无敢詈之者。彦思有小妻,魅从求之,彦思乃迎道士逐之。酒殽既设,魅乃取厕中草粪,布着其上。道士便盛击鼓,召请诸神。魅乃取伏虎②,于神座上吹作角声音③。有顷,道士忽觉背上冷,惊起解衣,乃伏虎也。于是道士罢去。彦思夜于被中窃与妪语,共患此魅。魅即屋梁上谓彦思曰:"汝与妇道吾,吾今当截汝屋梁。"即隆隆有声。彦思惧梁断,取火照视,魅即灭火,截梁声愈急。彦思惧屋坏,大小悉遣出,更取火,视梁如故。魅大笑,问彦思:"复道吾否?"郡中典农闻之④,曰:"此神正当是狸物耳。"魅即往谓典农曰:"汝取官若干百斛谷,藏着某处。为吏污秽,而敢论吾!今当白于官,将人取汝所盗谷。"典农大怖而谢之。自后无敢道者。三年后去,不知所在。

[注释]①埏(yán)里：地名。在今浙江嘉兴西。　②伏虎：即虎子。状似蹲兽的便壶。　③角：古乐器名。出西北游牧民族，鸣角以示晨昏。军中多用作军号。　④典农：即典农校尉，掌管屯田和农事生产的官吏。

406．顿丘鬼魅

魏黄初中，顿丘界有人骑马夜行①，见道中有一物，大如兔，两眼如镜，跳跃马前，令不得前。人遂惊惧，堕马。魅便就地捉之。惊怖，暴死，良久得苏。苏已失魅，不知所在。乃更上马，前行数里，逢一人，相问讯已，因说："向者事变如此，今相得为伴，甚欢。"人曰："我独行，得君为伴，快不可言。君马行疾，且前，我在后相随也。"遂共行。语曰："向者物何如，乃令君怖惧耶？"对曰："其身如兔，两眼如镜，形甚可恶。"伴曰："试顾视我耶②。"人顾视之，犹复是也。魅便跳上马，人遂坠地，怖死。家人怪马独归，即行推索，乃于道边得之。宿昔乃苏③，说状如是。

[注释]①顿丘：古县名，今河南清丰西南。　②顾视：转视，回视。即回头看。　③宿昔：过了一夜。

407．度朔君

袁绍字本初①，在冀州。有神出河东②，号度朔君，百姓共为立庙。庙有主簿，大福③。陈留蔡庸为清河太守，过谒庙。有子名道，亡已三十年。度朔君为庸设酒，曰："贵子昔来，欲相见。"须臾，子来。度朔君自云父祖昔作兖州。有一士姓苏，母病往祷。主簿云："君逢天士留待。"闻西北有鼓声而君至。须臾，一客来，着皂角单衣，头上五色毛,长数寸。去后,复一人,着白布单衣,高冠,冠似鱼头,谓君曰:"昔临庐山,共食白李,忆之未久,已三千岁。日月易得,使人怅然。"去后,君谓士曰:"先来,南海君也。"士是书生,君明通五经,善《礼记》④,与士论礼,士不如也。士乞救母病。君曰:"卿所居东有故桥,人坏之。此桥乡人所行⑤,卿母犯之。能复桥,便差。"曹公讨袁谭⑥,使人从庙换千匹绢,君不与。曹公遣张郃毁庙⑦。未至百里,君遣兵数万,方道而来。郃未达二里,云雾绕郃军,不知庙处。君语主簿:"曹公气盛,宜避之。"后苏并邻家有神下,识君声,云:"昔移入胡⑧,阔绝三年。"乃遣人与曹公相闻:"欲修故庙,地衰不中居,欲寄住。"公曰:"甚善。"治城北楼以居之。数日,曹公猎,得物大如麂⑨,大足,色白如雪,毛软滑可爱。公以摩面,莫能名也。夜闻楼上哭云:"小儿出行不还。"公拊掌曰:"此子言真衰也。"晨将数百犬,绕楼下。犬得气,冲突内外。见有物大如驴,自投楼下。犬杀之,庙神乃绝。

[注释]①袁绍:字本初,汝南人,袁逢之子,曾任司隶校尉等职。汉末重要的军阀割据势力,拥有冀、青、幽、并四州,后为曹操所败。 ②河东:郡名,治所今山西夏县北。 ③大福:指香火很旺。 ④《礼记》:儒家重要经典之一,是研究古代中国社会典章制度的重要著作。 ⑤乡人:原缺,据明抄本《太平广记》补。 ⑥袁谭:字显思,袁绍之子,后为曹操部将所杀。 ⑦张郃:三国时名将,初从袁绍,官渡之战时投奔曹操,后屡建奇功,封鄚侯。 ⑧胡:原作"湖",据明抄本《太平广记》改。 ⑨麂:幼鹿。

408. 筋竹长人

临川陈臣家大富。永初元年①,臣在斋中坐,其宅内有一町筋竹②,白日忽见一人,长丈余,面如方相,从竹中出,径语陈臣:"我在家多年,汝不知。今辞汝去,当令汝知之。"去一月许日,家大失火,奴婢顿死。一年中,便大贫。

[注释]①永初元年:107年。永初,汉安帝刘祜年号。 ②町:古代地积单位名。筋竹:一种中实而强劲的竹子,竹梢尖锐,可作矛用。

409. 釜中白头公

东莱有一家姓陈,家百余口。朝炊,釜不沸。举甑看之,忽有一白头公,从釜中出。便诣师卜。卜云:"此大怪,应灭门。便归,大作械。械成,使置门壁下,坚闭门在内。有马骑麾盖来扣门者①,慎勿应。"乃归,合手伐得百余械②,置门屋下。果有人至,呼,不应。主帅大怒,令缘门入。从人窥门内,见大小械百余,出门还说如此。帅大惶悁③,语左右云:"教速来,不速来,遂无一人当去④,何以解罪也?从此北行可八十里,有一百三口,取以当之。"后十日,此家死亡都尽。此家亦姓陈云。

[注释]①马骑麾盖:车马仪仗,此指拥有车马仪仗队伍的人。 ②合手:全家齐心协力。 ③惶悁:惶惑惋惜。 ④当:抵当。

410. 服留鸟

晋惠帝永康元年①,京师得异鸟,莫能名。赵王伦使人持出②,周旋城邑匝以问人③。即日,宫西有一小儿见之,遂自言曰:"服留鸟。"持者还白伦。伦使更求,又见之,乃将入宫。密笼鸟,并闭小儿于户中。明日往视,悉不复见。

[注释]①永康元年:300年。 ②赵王伦:即司马伦,司马懿第九子。③匝:环绕,此乃到处、四处的意思。匝,原作"市",据《宋书·五行志》改。

411. 南康甘子

南康郡南东望山①,有三人入山,见山顶有果树。众果毕植,行列整齐如人行。甘子正熟②,三人共食致饱,乃怀二枚,欲出示人。闻空中语云:"催放双甘③,乃听汝去。"

[注释]①南康:今江西于都。 ②甘子:即柑子,柑橘之类。 ③催放:赶快放下。

412. 秦瞻脑入蛇

秦瞻居曲阿彭皇野①,忽有物如蛇,突入其脑中。蛇来,先闻臭气,便于鼻中入,盘其头中。觉哄哄②,仅闻其脑间食声哑哑③。数日而出去,寻复来。取手巾缚鼻口,亦被入。积年无他病,唯患头重。

[注释]①曲阿:古县名,今江苏丹阳。 ②哄哄:指脑子里嘈杂纷乱。③哑哑:象声词。吮吸时发出的响声。

卷十八

413. 饭臿怪

魏景初中①,咸阳县吏王臣家有怪。无故闻拍手相呼,伺,无所见。其母夜作②,倦,就枕寝息。有顷,复闻灶下有呼声曰:"文约,何以不来?"头下枕应曰:"我见枕,不能往。汝可来就我饮。"至明,乃饭臿也③。即聚烧之,其怪遂绝。

[注释]①景初:魏明帝曹叡年号,237～239年。 ②夜作:晚上从事家务劳动。 ③饭臿:即饭叉,盛饭用的工具。

414. 细腰杵

魏郡张奋者①,家本巨富,忽衰老财散,遂卖宅与程应。应入居,举家病疾,转卖邻人何文。文先独持大刀,暮入北堂中梁上。至三更竟,忽有一人长丈余,高冠黄衣,升堂呼曰:"细腰!"细腰应诺。曰:"舍中何以有生人气也?"答曰:"无之。"便去。须臾,有一高冠青衣者,次之,又有高冠白衣者,问答并如前。及将曙,文乃下堂中,如向法呼之②,问曰:"黄衣者为谁?"曰:"金也。在堂西壁下。""青衣者为谁?"曰:"钱也。在堂前井边五步。""白衣者为谁?"曰:"银也。在墙东北角柱下。""汝复为谁?"曰:"我,杵也③。今在灶下。"及晓,文按次掘之,得金银五百斤,钱千万贯。仍取杵焚之。由此大富,宅遂清宁。

[注释]① 魏郡:郡名,治所今河北临漳西南。 ②向法:指先前数人呼唤细腰的方法。 ③杵:舂捣谷物、药物或筑土、捣衣等用的棒槌。

415. 怒特祠梓树

秦时,武都故道有怒特祠①,祠上生梓树。秦文公二十七年②,使人伐之,辄有大风雨。树创随合,经日不断。文公乃益发卒,持斧者至四十人,犹不断。士疲,还息。其一人伤足,不能行,卧树下,闻鬼语树神曰:"劳乎攻战?"其一人曰:"何足为劳。"又曰:"秦公将必不休,如之何?"答曰:"秦公其如予何③。"又曰:"秦若使三百人被发,以朱丝绕树,赭衣,灰坌伐汝④,汝得不困耶?"神寂无言。明日,病人语所闻。公于是令人皆衣赭,随斫创,坌以灰。树断,中有一青牛出,走入丰水中⑤。其后,青牛出丰水中,使骑击之,不胜。有骑堕地,复上,髻解被发⑥,牛畏之,乃入水,不敢出。故秦自是置旄头骑⑦。

[注释]①武都:地名,今甘肃陇南武都区。故道:县名,治所今陕西凤县。怒特:体健气壮的牛。 ②秦文公二十七年:前739年。秦文公,秦襄公之子,前765~前716年在位。 ③如予何:能对我怎么样。 ④灰坌(bèn):即撒灰扬尘的意思。 ⑤丰水:水名,在陕西境内,渭水的支流。 ⑥髻解被发:发髻松开,头发披散。 ⑦旄头骑:古代皇帝仪仗中,手持牦牛

尾,走在队列前面的骑兵。

416. 树神黄祖

庐江龙舒县陆亭①,流水边有一大树,高数十丈,常有黄鸟数千枚巢其上。时久旱,长老共相谓曰:"彼树常有黄气,或有神灵,可以祈雨。"因以酒脯往。亭中有寡妇李宪者,夜起,室中忽见一妇人,着绣衣,自称曰:"我,树神黄祖也,能兴云雨。以汝性洁,佐汝为生。朝来父老皆欲祈雨,吾已求之于帝,明日日中大雨。"至期,果雨。遂为立祠。神谓宪曰②:"诸卿在此,吾居近水,当致少鲤鱼。"言讫,有鲤鱼数十头,飞集堂下,坐者莫不惊悚③。如此岁余,神曰:"将有大兵,今辞汝去。"留一玉环,曰:"持此可以避难。"后刘表、袁术相攻④,龙舒之民皆徙去,唯宪里不被兵。

[注释]①龙舒:庐江郡属县,治所今安徽舒城。 ②神谓:原无,据《太平寰宇记》及汪校补。 ③惊悚:惊慌恐惧;震惊。 ④袁术:字公路,汝南汝阳人,袁逢之子,袁绍之弟,汉末群雄之一。曾割据扬州,僭号称帝,后被吕布、曹操所败,呕血而死。

417. 张辽杀树怪

魏桂阳太守江夏张辽①,字叔高,去鄢陵②,家居买田。田中有大树十余围,枝叶扶疏③,盖地数亩,不生谷。遣客伐之。斧数下,有赤汁六七斗出。客惊怖,归白叔高。叔高大怒曰:"树老汁赤,如何得怪!"因自严行④,复斫之,血大流洒。叔高使先斫其枝,上有一空处,见白头公,可长四五尺,突出,往赴叔高。高以刀逆格之。如此,凡杀四五头,并死。左右皆惊怖伏地,叔高神虑怡然如旧⑤。徐熟视,非人非兽,遂伐其木。此所谓"木石之怪,夔、魍魉"者乎?是岁,应司空辟侍御史、兖州刺史⑥。以二千石之尊⑦,过乡里,荐祝祖考⑧,白日绣衣荣羡,竟无他怪。

[注释]①桂阳:郡名,治所今湖南郴州。 ②鄢陵:地名,今河南鄢陵西北。 ③扶疏:枝叶繁茂分披貌。 ④严行:急行。 ⑤神虑:精神,心神。 ⑥司空:官名。东汉时与大司马、大司徒并列为三公。侍御史:司空的属官。 ⑦二千石:汉制,郡守俸禄为二千石,后世因作为郡守的代称。 ⑧荐祝:指祭祀。

418. 陆敬叔烹怪

吴先主时,陆敬叔为建安太守①,使人伐大樟树,不数斧,忽有血出。树断,有物人面狗身,从树中出。敬叔曰:"此名彭侯。"乃烹食之,其味如狗。《白泽图》曰:"木之精名'彭侯',状如黑狗,无尾,可烹食之。"

[注释]①建安:郡名,今福建建瓯。

419. 船自飞下水

吴时,有梓树巨围,叶广丈余,垂柯数亩①。吴王伐树作船,使童男女三十人牵挽之。船自飞下水,男女皆溺死。至今潭中时有唱唤督进之音也②。

[注释]①柯:树的枝条。 ②唱唤督进之音:拉船下水时所唱的劳动号子。一人领唱,众人应和,以统一步伐节奏和气力。

420. 董仲舒戏老狸

董仲舒下帷讲诵,有客来诣,舒知其非常。客又云:"欲雨。"舒戏之曰:"巢居知风,穴居知雨。卿非狐狸,则是鼷鼠①。"客遂化为老狸。

[注释]①鼷(xī)鼠:最小的一种鼠类,色黑有毒。啮人畜至死不觉痛,故又称甘口鼠。

421. 斑狐书生

张华字茂先,晋惠帝时为司空。于时燕昭王墓前①,有一斑狐,积年能为变幻。乃变作一书生,欲诣张公。过问墓前华表曰:"以我才貌,可得见张司空否?"华表曰:"子之妙解,无为不可。但张公智度,恐难笼络②。出必遇辱,殆不得返。非但丧子千岁之质,亦当深误老表。"狐不从,乃持刺谒华。华见其总角风流③,洁白如玉,举动容止,顾盼生姿,雅重之。于是论及文章,辨校声实④,华未尝闻。比复商略三史⑤,探赜百家,谈老、庄之奥区,披风、雅之绝旨,包十圣⑥,贯三才⑦,箴八儒⑧,擿五礼⑨,华无不应声屈滞。乃叹曰:"天下岂有此年少!若非鬼魅,则是狐狸。"乃扫榻延留,留人防护。此生乃曰:"明公当尊贤容众,嘉善而矜不能,奈何憎人学问?墨子兼爱⑩,其若是耶?"言卒,便求退。华已使人防门,不得出。既而又谓华曰:"公门置甲兵栏骑,当是致疑于仆也。将恐天下之人,卷舌而不言;智谋之士,望门而不进。深为明公惜之。"华不应,而使人防御甚严。时丰城令雷焕⑪,字孔章,博物士也,来访华。华以书生白之。孔章曰:"若疑之,何不呼猎犬试之?"乃命犬以试,竟无惮色。狐曰:"我天生才智,反以为妖,以犬试我,遮莫千试万虑⑫,其能为患乎?"华闻,益怒曰:"此必真妖也。闻魑魅忌狗,所别者数百年物耳,千年老精,不能复别。惟得千年枯木照之,则形立见。"孔章曰:"千年神木,何由可得?"华曰:"世传燕昭王墓前华表木,已经千年。"乃遣人伐华表。使人欲至木所,忽空中有一青衣小儿来,问使曰:"君何来也?"使曰:"张司空有一年少来谒,多才巧辞,疑是妖魅。使我取华表照之。"青衣曰:"老狐不智,不听我言,今日祸已及我,其可逃乎!"乃发声而泣,倏然不见。使乃伐其木,血流,便将木归。燃之以照书生,乃一斑狐。华曰:"此二物不值我⑬,千年不可复得。"乃烹之。

[注释]①燕昭王:战国时燕国国君姬职,前311～前279年在位。②笼络:掌握,控制。 ③总角:古时儿童束发为两结,向上分开,形状如角,故称总角。泛指青少年。 ④辨校声实:辨别考校名实的关系。 ⑤商略:品评。三史:六朝时期指《史记》、《汉书》、《东观汉记》三部史书。 ⑥十圣:泛指古代圣人,如尧、舜、禹、汤、文、武、周公等。 ⑦三才:指天、地、人。《周易·说卦》:"是以立天之道曰阴与阳,立地之道曰柔与刚,立人之道曰仁与义。兼三才而两之,故《易》六画而成卦。" ⑧八儒:相传孔子死后,儒家分为八派,故称。《韩非子·显学》:"自孔子之死也,有子张之儒,有子思之儒,有颜氏之儒,有孟氏之儒,有漆雕氏之儒,有仲良氏之儒,有孙氏之儒,有乐正氏之儒。" ⑨五礼:古代的五种礼制,即吉礼、凶礼、军礼、宾礼、嘉礼。 ⑩墨子:名翟,战国初鲁国人,墨家思想学派的创始人。兼爱:墨子针对儒家爱有等差的说法而提出的一种伦理学说,主张爱无差别等级,不分厚薄亲疏。⑪丰城:县名,今江西丰城。 ⑫遮莫:尽管,任凭。 ⑬值:遇到,碰上。

422. 吴兴老狸

晋时，吴兴一人有二男，田中作时，尝见父来骂詈赶打之①。儿以告母，母问其父，父大惊，知是鬼魅，便令儿斫之。鬼便寂不复往。父忧，恐儿为鬼所困，便自往看。儿谓是鬼，便杀而埋之。鬼便遂归，作其父形，且语其家："二儿已杀妖矣。"儿暮归，共相庆贺，积年不觉。后有一法师过其家②，语二儿云："君尊候有大邪气③。"儿以白父，父大怒。儿出，以语师，令速去。师遂作声入，父即成大老狸，入床下，遂擒杀之。向所杀者，乃真父也。改殡治服。一儿遂自杀，一儿忿懊，亦死。

[注释]①骂詈：责骂。赶打：追打。　②法师：此指能够降妖驱邪的道士或方士。　③尊：对他人父亲的敬称。候：气色，症候。候，原作"侯"，据《法苑珠林》及汪校改。

423. 句容狸婢

句容县麋村民黄审①，于田中耕。有一妇人过其田，自塍上度②，从东适下而复还③。审初谓是人，日日如此，意甚怪之。审因问曰："妇数从何来也？"妇人少住，但笑而不言，便去。审愈疑之。预以长镰，伺其还，未敢斫妇，但斫所随婢。妇化为狸走去。视婢，乃狸尾耳。审追之不及。后人有见此狸出坑头，掘之，无复尾焉。

[注释]①句容：县名，今江苏句容。　②塍（chéng）：田埂。　③适：刚刚。

424. 刘伯祖与狸神

博陵刘伯祖为河东太守①,所止承尘上有神②,能语,常呼伯祖与语。及京师诏书诰下消息③,辄预告伯祖。伯祖问其所食啖,欲得羊肝。乃买羊肝,于前切之,脔随刀不见,尽两羊肝。忽有一老狸,眇眇在案前④。持刀者欲举刀斫之,伯祖呵止。自着承尘上,须臾大笑曰:"向者啖羊肝,醉忽失形,与府君相见,大惭愧。"后伯祖当为司隶⑤,神复先语伯祖曰:"某月某日,诏书当到。"至期如言。及入司隶府,神随逐在承尘上,辄言省内事⑥。伯祖大恐怖,谓神曰:"今职在刺举⑦,若左右贵人闻神在此⑧,因以相害。"神答曰:"诚如府君所虑,当相舍去。"遂即无声。

[注释]①博陵:郡名,治所今河北蠡县。 ②承尘:天花板。 ③诏书诰:古代帝王、皇太后或皇后发布的命令、文告。 ④眇眇:模模糊糊,模糊不清。 ⑤司隶:即司隶校尉的简称,负责纠察京师近郡百官违法犯罪的官员。 ⑥省内:皇宫禁地之内。 ⑦刺举:检举奸恶。 ⑧贵人:显贵之人。

425. 山魅阿紫

后汉建安中,沛国郡陈羡为西海都尉①。其部曲王灵孝无故逃去②,羡欲杀之。居无何,孝复逃走。羡久不见,囚其妇,妇以实对。羡曰:"是必魅将去,当求之。"因将步骑数十,领猎犬,周旋于城外求索,果见孝于空冢中。闻人犬声,怪遂避去。羡使人扶孝以归,其形颇象狐矣,略不复与人相应,但啼呼"阿紫"。阿紫,狐字也。后十余日,乃稍稍了悟③。云:"狐始来时,于屋曲角鸡栖间,作好妇形,自称阿紫,招我。如此非一。忽然便随去,即为妻,暮辄与共还其家。遇狗不觉。"云乐无比也。道士云："此山魅也。"《名山记》曰："狐者，先古之淫妇也，其名曰阿紫，化而为狐。故其怪多自称阿紫。"

[注释]①西海都尉：汉无西海都尉之职。《后汉书·和帝纪》："（永元二年）己亥，复置西河、上郡属国都尉官。"汪绍楹先生以为，"海"当为"河"字之误。　②部曲：古代军队编制单位。大将军营五部，部有校尉一人；部有曲，曲有军候一人。此指部属，属下。　③了悟：此指头脑清醒。

426. 宋大贤杀鬼

南阳西郊有一亭，人不可止，止则有祸。邑人宋大贤，以正道自处，尝宿亭楼，夜坐鼓琴，不设兵仗。至夜半时，忽有鬼来，登梯与大贤语，盯目磋齿①，形貌可恶。大贤鼓琴如故。鬼乃去，于市中取死人头来，还语大贤曰："宁可少睡耶②？"因以死人头投大贤前。大贤曰："甚佳！我暮卧无枕，正欲得此。"鬼复去，良久乃还，曰："宁可共手搏耶？"大贤曰："善！"语未竟，鬼在前，大贤便逆捉其腰。鬼但急言："死。"大贤遂杀之。明日视之，乃老狐也。自是亭舍更无妖怪。

[注释]①盯目磋齿：瞪眼磨牙。　②宁可：六朝习用语，表示疑问，是否可以的意思。

427. 郅伯夷击魅

北部督邮西平郅伯夷①，年三十许，大有才决，长沙太守郅君章孙也②。日晡时到亭③，敕前导入且止④。录事掾白⑤："今尚早，可至前亭。"曰："欲作文书。"便留。吏卒惶怖,言当解去。传云:"督邮欲于楼上观望,亟扫除。"须臾便上。未暝,楼镫阶下复有火⑥。敕云:"我思道,不可见火,灭去。"吏知必有变,当用赴照,但藏置壶中。日既暝,整服坐,诵《六甲》⑦、《孝经》、《易》本讫,卧。有顷,更转东首,以帤巾结两足⑧,帻冠之,密拔剑解带。夜时,有正黑者四五尺,稍高,走至柱屋,因覆伯夷。伯夷持被掩之,足跣脱⑨,几失,再三。以剑带击魅脚,呼下火上,照视之,老狐,正赤,略无衣毛。持下烧杀。明旦,发楼屋,得所髡人髻百余⑩。因此遂绝。

[注释]①郏:原作"到",据汪校改。 ②郏君章:原作"到若章",据汪校改。 ③日晡:即申时,下午3点至5点。 ④前导:古代官吏出行时前列的仪仗人员。 ⑤录事掾:掌管文书记事的官吏。 ⑥楼镫阶下复有火:楼上的灯具和楼梯下面都有灯火照明。 ⑦《六甲》:书名,道家关于遁甲之术的著作。 ⑧帤(rú):原作"挐",据《风俗通》改。帤,古代擦抹用的布巾,亦指大巾。《方言》四:"大巾謂之帤。" ⑨足跣脱:脚上包的布巾脱落而光着脚。跣,赤脚。 ⑩所髡人髻:指被鬼魅剃下的人的头发。

428. 胡博士讲书

吴中有一书生①,皓首,称胡博士,教授诸生。忽复不见。九月初九日②,士人相与登山游观,闻讲书声,命仆寻之。见空冢中,群狐罗列,见人即走。老狐独不去,乃是皓首书生。

[注释]①吴中:今江苏苏州吴中区一带。 ②九月初九日:即重阳节,此日有登高游宴的习俗。

429. 谢鲲捉鹿怪

陈郡谢鲲①,谢病去职,避地于豫章。尝行经空亭中,夜宿。此亭,旧每杀人。夜四更,有一黄衣人呼鲲字云:"幼舆!可开户。"鲲澹然无惧色,令申臂于窗中②。于是授腕。鲲即极力而牵之③。其臂遂脱,乃还去。明日看,乃鹿臂也。寻血取获。尔后此亭无复妖怪。

[注释]①谢鲲:字幼舆,晋代名士,谢衡之子,谢哀之兄,镇西将军谢尚之父,太保谢安的伯父。官至豫章太守,故又称谢豫章。 ②申:同"伸"。 ③牵:牵引,拽拉。

430. 猪臂金铃

晋有一士人姓王,家在吴郡。还至曲阿,日暮,引船上当大埭①。见埭上有一女子,年十七八,便呼之,留宿。至晓,解金铃系其臂。使人随至家,都无女人。因逼猪栏中②,见母猪臂有金铃。

[注释]①埭(dài):堵水的土坝。古时于水浅不利行船处,筑土围水,以缆系船,用人或畜力挽之而渡。 ②逼:靠近。

431. 高山君

汉齐人梁文,好道,其家有神祠。建室三四间,座上施皂帐①,常在其中,积十数年。后因祀事,帐中忽有人语,自呼高山君。大能饮食,治病有验,文奉事甚肃②。积数年,得进其帐中。神醉,文乃乞得奉见颜色。谓文曰:"授手来!"文纳手,得持其颐③,髯须甚长。文渐绕手,卒然引之,而闻作羊声。座中惊起,助文引之,乃袁公路家羊也④。失之七八年,不知所在。杀之,乃绝。

[注释]①皂帐:黑色帐幔。　②奉事:供奉侍候。　③颐:下颌,俗称下巴。　④袁公路:即袁术,袁绍之弟,汉末重要的群雄割据者之一。

432. 田琰杀狗魅

北平田琰居母丧①,恒处庐②。向一期③,夜,忽入妇室。密怪之,曰:"君在毁灭之地④,幸可不甘⑤。"琰不听而合。后琰暂入,不与妇语。妇怪无言,并以前事责之。琰知鬼魅。临暮竟未眠,衰服挂庐⑥。须臾,见一白狗,攫庐衔衰服,因变为人,着而入。琰随后逐之,见犬将升妇床,便打杀之。妇羞愧而死。

[注释]①北平:郡名,治所今河北遵化东。　②庐:守丧时在墓地临时搭建的小屋。　③向:接近,将近。期:一周年。期,原作"暮",据《太平广记》改。　④毁灭之地:指居母丧哀毁。　⑤幸可不甘:明抄本《太平广记》作"岂可如此",与义为长。　⑥衰服:丧服。

433. 酒家老狗

司空南阳来季德停丧在殡①,忽然见形,坐祭床上②,颜色服饰声气,熟是也。孙儿妇女,以次教戒,事有条贯。鞭朴奴婢,皆得其过③。饮食既绝,辞诀而去。家人大小,哀割断绝④。如是数年,家益厌苦⑤。其后饮酒过多,醉而形露,但得老狗,便共打杀。因推问之,则里中沽酒家狗也⑥。

[注释]①来季德:即来艳,汉灵帝时任司空。停丧在殡:古代葬俗,人死后殡而不葬,三年后,择吉日安葬。　②祭床:摆设祭品的桌案。　③得其

过:过失与得到的惩罚相当。 ④哀割断绝:不再悲伤的意思。 ⑤厌苦:厌烦苦闷。 ⑥里中:指街坊邻居。

434. 白衣吏

山阳王瑚,字孟琏,为东海兰陵尉①。夜半时,辄有黑帻白单衣吏,诣县叩阁②。迎之则忽然不见。如是数年。后伺之,见一老狗,黑头白躯犹故③,至阁便为人。以白孟琏,杀之乃绝。

[注释]①东海:郡国名,治所今山东郯城北。兰陵:县名,今山东兰陵西南。 ②阁:指县府衙门。 ③黑头:原无,据《艺文类聚》补。

435. 李叔坚见怪不怪

桂阳太守李叔坚,为从事。家有犬,人行。家人言:"当杀之。"叔坚曰:"犬马喻君子。犬见人行,效之,何伤!"顷之,狗戴叔坚冠走,家大惊。叔坚云:"误触冠,缨挂之耳①。"狗又于灶前畜火②,家益怔营③。叔坚复云:"儿婢皆在田中,狗助畜火,幸可不烦邻里。此有何恶。"数日,狗自暴死。卒无纤芥之异④。

[注释]①缨:指帽带子。 ②畜火:储存火种。 ③怔营:惶恐不安。 ④纤芥:丝毫,细微。

436. 苍獭化妇

吴郡无锡有上湖大陂①。陂吏丁初,天每大雨,辄循堤防②。春盛雨,初出行塘,日暮回,顾有一妇人,上下青衣,戴青伞,追后呼:"初掾待我③。"初时怅然,意欲留俟之,复疑本不见此,今忽有妇人,冒阴雨行,恐必鬼物。初便疾走,顾视妇人,追之亦急。初因急行,走之转远,顾视妇人,乃自投陂中,泛然作声,衣盖飞散。视之,是大苍獭④,衣伞皆荷叶也。此獭化为人形,数媚年少者也。

[注释]①陂(bēi):池塘。 ②循:通"巡",巡察、巡防。 ③初掾:即丁初。因丁初是陂吏,属县府僚属,故称。 ④獭(tǎ):水獭,生活在水边的一种哺乳动物。全身毛短而软密,善游泳,主食鱼类,毛皮可做大衣、帽子等。

437. 王周南克鼠

魏齐王芳正始中①,中山王周南为襄邑长②。忽有鼠从穴出,在厅事上语曰:"王周南!尔以某月某日当死。"周南急往,不应。鼠还穴。后至期,复出,更冠帻皂衣而语曰:"周南!尔日中当死。"亦不应。鼠复入穴。须臾复出,出复入,转行数语如前。日适中,鼠复曰:"周南!尔不应我,复何道③!"言讫,颠蹶而死④,即失衣冠所在。就视之,与常鼠无异。

[注释]①齐王芳:即魏明帝曹叡养子曹芳。正始:曹芳年号,240～249年。 ②中山:郡国名,治所今河北定州。襄邑:县名,治所今河南睢县。 ③尔不应我,复何道:原作"尔不应死,我复何道",据《法苑珠林》及汪校改。 ④颠蹶:跌倒。

438. 安阳亭三怪

安阳城南有一亭①,夜不可宿,宿辄杀人。书生明术数,乃过宿之。亭民曰:"此不可宿。前后宿此,未有活者。"书生曰："无苦也。吾自能谐②。"遂住廨舍③,乃端坐诵书,良久乃休。夜半后,有一人,着皂单衣,来往户外,呼亭主,亭主应诺。"见亭中有人耶？"答曰："向者有一书生在此读书。适休,似未寝。"乃喑嗟而去④。须臾,复有一人,冠赤帻者,呼亭主。问答如前,复喑嗟而去。既去,寂然。书生知无来者,即起,诣向者呼处,效呼亭主。亭主亦应诺。复云："亭中有人耶？"亭主答如前。乃问曰："向黑衣来者谁？"曰："北舍母猪也。"又曰："冠赤帻来者谁？"曰："西舍老雄鸡父也。"曰："汝复谁耶？"曰："我是老蝎也。"于是书生密便诵书至明,不敢寐。天明,亭民来视,惊曰："君何得独活？"书生曰："促索剑来,吾与卿取魅。"乃握剑至昨夜应处,果得老蝎,大如琵琶,毒长数尺⑤。西舍得老雄鸡父,北舍得老母猪。凡杀三物,亭毒遂静,永无灾横。

[注释]①安阳:地名,今河南正阳西南。　②谐:协调处理。　③廨舍:官署的房舍,此指亭中的客房。　④喑嗟:低声叹息。　⑤毒:指蝎子的尾刺。

439. 汤应斫二怪

吴时,庐陵郡都亭重屋中常有鬼魅①,宿者辄死。自后使官,莫敢入亭止宿。时丹阳人汤应者,大有胆武,使至庐陵,便止亭宿。吏启不可,应不听。迸从者还外②,惟持一大刀,独处亭中。至三更竟,忽闻有叩阁者,应遥问："是谁？"答云："部郡相闻③。"应使进,致词而去。顷间,复有叩阁者如前,曰："府君相闻④。"应复使进,身着皂衣。

去后,应谓是人,了无疑也。旋又有叩阁者,云:"部郡、府君相诣。"应乃疑曰:"此夜非时,又部郡、府君不应同行。"知是鬼魅。因持刀迎之。见二人皆盛衣服,俱迸。坐毕,府君者便与应谈。谈未竟,而部郡忽起至应背后,应乃回顾,以刀逆击,中之。府君下坐走出,应急追至亭后墙下及之,斫伤数下。应乃还卧。达曙,将人往寻,见有血迹,皆得之。云称府君者,是一老狶也⑤;部郡者,是一老狸也。自是遂绝。

[注释]①都亭:都邑中的传舍,犹今政府的招待所。重屋:高楼。②迸:通"屏",屏退。 ③部郡:官名,部郡国从事史的简称,负责督促文书,监督郡守。闻:问候。 ④府君:汉代对郡相、太守的尊称。 ⑤狶:通"豨",猪。

卷十九

440. 李寄斩蛇

东越闽中有庸岭①,高数十里。其西北隰中,有大蛇,长七八丈,大十余围,土俗常惧。东冶都尉及属城长吏②,多有死者。祭以牛羊,故不得祸。或与人梦,或下谕巫祝③,欲得啖童女年十二三者。都尉令长④,并共患之。然气厉不息⑤。共请求人家生婢子⑥,兼有罪家女养之。至八月朝祭,送蛇穴口,蛇出吞啮之。累年如此,已用九女。尔时,预复募索⑦,未得其女。将乐县李诞家⑧,有六女,无男,其小女名寄,应募欲行,父母不听。寄曰:"父母无相⑨,惟生六女,无有一男,虽有如无。女无缇萦济父母之功⑩,既不能供养,徒费衣食,生无所益,不如早死。卖寄之身,可得少钱,以供父母,岂不善耶!"父母慈怜,终不听去。寄自潜行,不可禁止。寄乃告请好剑及咋蛇犬,至八月朝,便诣庙中坐。怀剑,将犬。先将数石米糍⑪,用蜜麨灌之⑫,以置穴口。蛇便出,头大如囷⑬,目如二尺镜。闻糍香气,先啖食之。寄便放犬,犬就啮咋,寄从后斫得数创。疮痛急,蛇因踊出,至庭而死。寄入视穴,得其九女髑髅⑭,悉举出,咤言曰⑮:"汝曹怯弱,为蛇所食,甚可哀愍。"于是寄女缓步而归。越王闻之,聘寄女为后,拜其父为将乐令,母及姊皆有赏赐。自是东冶无复妖邪之物。其歌谣至今存焉。

[注释]①东越:汉初小国,越王勾践之后,分布在今浙江东南及福建一带。闽中:今福建中部。庸岭:又称乌岭,在福建邵武境内。　②东冶:东越国都城,今福建福州。都尉:军事长官。属城长吏:所属县城的长官。东冶,原作"东治",据汪校改。　③谕:晓谕,告知。巫祝:古代社会以奉侍鬼神为业,掌占卜祭祀的人。　④令长:县令、县长。大县为令,小县为长。　⑤气厉不息:疾疠灾疫不断。　⑥家生婢:奴婢所生之女。古代奴婢所生子女仍为奴婢,男曰家生奴,女曰家生婢。　⑦预:事先,预先。募索:招募搜寻。⑧将乐县:古县名,今福建三明。　⑨无相:没有福相。　⑩缇(tí)萦:西汉太仓令淳于意女。淳于意五女无男。文帝时获罪下狱,感伤无人解救。少女缇萦随父至长安,上书愿入官婢,以赎父罪。文帝怜之,免其父罪行,并下诏废除肉刑。事见刘向《列女传》。　⑪米糍(cí):糯米粉、黍米粉制成的糕饼。⑫蜜麨(chǎo):炒熟的麦粉拌以蜜糖制成的食品。　⑬囷(qūn):圆形谷仓。⑭髑髅:死人的头盖骨。　⑮咤言:感伤地说,痛惜地说。

441. 司徒府蛇怪

晋武帝咸宁中,魏舒为司徒①。府中有二大蛇,长十许丈,居厅事平橑上②。止之数年,而人不知,但怪府中数失小儿及鸡犬之属。后有一蛇夜出,经柱侧,伤于刃,病不能登,于是觉之。发徒数百,攻击移时,然后杀之。视所居,骨骼盈宇之间。于是毁府舍,更立之。

[注释]①司徒:官名。掌管国家的土地和人民的教化。与大司马、大司

空并列为三公。　②平橑:屋舍上的橼木。

442. 扬州蛇翁

汉武帝时,张宽为扬州刺史。先是,有二老翁争山地,诣州讼疆界,连年不决。宽视事①,复来。宽窥二翁,形状非人,令卒持杖戟将入,问"汝等何精?"翁走。宽呵格之,化为二蛇。

[注释]①视事:就职治事。多指政事言。

443. 野水鼍妇

荥阳人张福,船行还野水边。夜有一女子,容色甚美,自乘小船来投福,云:"日暮畏虎,不敢夜行。"福曰:"汝何姓? 作此轻行①。无笠,雨驶②,可入船就避雨。"因共相调,遂入就福船寝。以所乘小舟系福船边。三更许,雨晴,月照,福视妇人,乃是一大鼍,枕臂而卧。福惊起,欲执之。遽走入水。向小舟,是一枯槎段③,长丈余。

[注释]①轻行:轻率的行动。　②雨驶:冒雨驾船。　③槎:树的枝杈。

444. 丹阳道士

丹阳道士谢非,往石城买冶釜①。还,日暮,不及至家。山中庙舍于溪水上,入中宿。大声语曰:"吾是天帝使者,停此宿。"犹畏人劫夺其釜,意苦搔搔不安②。二更中,有来至庙门者,呼曰:"何铜。"铜应喏。曰:"庙中有人气,是谁?"铜云:"有人,言是天帝使者。"少顷便还。须臾又有来者,呼铜,问之如前,铜答如故,复叹息而去。非惊扰不得眠,遂起,呼铜问之:"先来者谁?"答言:"是水边穴中白鼋。""汝是何等物?"答言:"是庙北岩嵌中龟也。"非皆阴识之。天明,便告居人,言:"此庙中无神,但是龟鼋之辈,徒费酒食祀之。急具锸来③,共往伐之。"诸人亦颇疑之。于是并会伐掘,皆杀之。遂坏庙绝祀,自后安静。

[注释]①石城:古城名。在今安徽池州贵池区。冶釜:铸铁锅。 ②意苦搔搔不安:内心骚动不安。 ③具:准备。锸:挖土用的铁锹之类的工具。

445. 孔子论五酉

孔子厄于陈①,弦歌于馆。中夜,有一人长九尺余,着皂衣高冠,大吒,声动左右。子贡进②,问:"何人耶?"便提子贡而挟之。子路引出③,与战于庭。有顷,未胜。孔子察之,见其甲车间时时开如掌④。孔子曰:"何不探其甲车,引而奋登?"子路引之,没手仆于地,乃是大鳀鱼也⑤,长九尺余。孔子曰:"此物也,何为来哉?吾闻物老则群精依之,因衰而至。此其来也,岂以吾遇厄绝粮,从者病乎!夫六畜之物,及龟、蛇、鱼、鳖、草木之属,久者神皆凭依,能为妖怪,故谓之'五酉'。'五酉'者,五行之方,皆有其物。酉者,老也。物老则为怪,杀之则已,夫何患焉。或者天之未丧斯文⑥,以是系予之命乎!不然,何为至于斯也。"弦歌不辍。子路烹之,其味滋,病者兴⑦。明日,遂行。

[注释]①陈:陈国,春秋时国名,后被楚国所灭。此指原属陈国的地区。

②子贡：即端木赐,卫国人。孔子的得意门生。　③子路：即仲由,又字季路,鲁国人。孔子的得意门生。性格爽直率真,以勇力著称。　④甲车间：铠甲与腮帮子之间。车,牙车,即下颌骨。　⑤鲲鱼：即鲇鱼。　⑥斯文：指礼乐教化,典章制度。　⑦兴：起身,站起来。

446．鼠妇迎丧

豫章有一家,婢在灶下,忽有人长数寸,来灶间壁,婢误以履践之,杀一人。须臾,遂有数百人,着衰麻服,持棺迎丧,凶仪皆备①。出东门,入园中覆船下。就视之,皆是鼠妇②。婢作汤灌杀,遂绝。

[注释]①凶仪：办理丧葬事务的礼仪。　②鼠妇：虫名,古称伊威,又名鼠负潮虫。体形椭圆,胸部有环节七,每节有足一对,多栖于阴湿壁角之间。

447．千日酒

狄希,中山人也①。能造千日酒,饮之千日醉。时有州人,姓刘,名玄石,好饮酒,往求之。希曰："我酒发来未定②,不敢饮君。"石曰："纵未熟,且与一杯,得否？"希闻此语,不免饮之。复索曰："美哉！可更与之。"希曰："且归,别日当来。只此一杯,可眠千日也。"石别,似有怍色③。至家,醉死。家人不之疑,哭而葬之。经三年,希曰："玄石必应酒醒,宜往问之。"既往石家,语曰："石在家否？"家人皆怪之,曰："玄石亡来,服以阕矣④。"希惊曰："酒之美矣,而致醉眠千日,今合醒矣。"乃命其家人凿冢破棺看之。冢上汗气彻天,遂命发冢。方见开目张口,引声而言曰："快哉,醉我也！"因问希曰："尔作何物也？令我一杯大醉,今日方醒,日高几许?"墓上人皆笑之。被石酒气冲入鼻中,亦各醉卧三月。

[注释]①中山:今河北定州。 ②酒发来未定:指酒还在发酵,酒性还不稳定。 ③怍色:羞愧的神色,此指饮酒后面红耳赤。 ④服以阕:守丧期满除服。

448. 陈仲举相命

陈仲举微时①,常宿黄申家。申妇方产,有扣申门者,家人咸不知。久久,方闻屋里有人言:"宾堂下有人②,不可进。"扣门者相告曰:"今当从后门往。"其人便往。有顷,还。留者问之:"是何等?名为何?当与几岁?"往者曰:"男也,名为奴。当与十五岁。""后应以何死?"答曰:"应以兵死③。"仲举告其家曰:"吾能相,此儿当以兵死。"父母惊之,寸刃不使得执也。至年十五,有置凿于梁上者④,其末出,奴以为木也,自下钩之,凿从梁落,陷脑而死。后仲举为豫章太守⑤,故遣吏往饷之申家⑥,并问奴所在。其家以此具告。仲举闻之,叹曰:"此谓命也。"

[注释]①陈仲举:即陈蕃,汝南平舆人。东汉时名臣。灵帝即位,为太傅、录尚书事,与大将军窦武谋划翦除宦官,事败被杀。微时:卑贱而未显达的时候。 ②宾堂:接待客人的堂屋,即客厅。 ③兵:兵器。 ④凿:凿子。打孔、挖槽的工具。 ⑤豫章:今江西南昌。 ⑥饷:赠送食物礼品。

卷二十

449. 病龙求医

晋魏郡亢阳①,农夫祷于龙洞,得雨,将祭谢之。孙登见曰②:"此病龙雨,安能苏禾稼乎?如弗信,请嗅之。"水果腥秽。龙时背生大疽,闻登言,变为一翁,求治,曰:"疾痊,当有报。"不数日,果大雨。见大石中裂开一井,其水湛然③。龙盖穿此井以报也。

[注释]①亢阳:大旱成灾。 ②孙登:字公和,汲郡共(今河南辉县)人,魏晋之际著名隐士。 ③湛然:清澈貌。

450. 苏易助虎产

苏易者,庐陵妇人,善看产。夜忽为虎所取,行六七里,至大圹①。厝易置地②,蹲而守。见有牝虎当产,不得解,匍匐欲死,辄仰视。易怪之,乃为探出之,有三子。生毕,牝虎负易还。再三送野肉于门内。

[注释]①圹:墓穴。 ②厝:放置,放下。

451. 玄鹤衔珠

哙参,养母至孝。曾有玄鹤为弋人所射①,穷而归参。参收养,疗治其疮,愈而放之。后鹤夜到门外,参执烛视之,见鹤雌雄双至,各衔明珠以报参焉。

[注释]①玄鹤:黑鹤。崔豹《古今注·鸟兽》:"鹤千岁则变苍,又二千岁变黑,所谓玄鹤也。"弋人:射鸟的人。

452. 黄雀报恩

汉时弘农杨宝①,年九岁时,至华阴山北,见一黄雀为鸱枭所搏②,坠于树下,为蝼蚁所困。宝见愍之,取归,置巾箱中③,食以黄花。百余日,毛羽成,朝去暮还。一夕三更,宝读书未卧,有黄衣童子,向宝再拜曰:"我西王母使者,使蓬莱,不慎为鸱枭所搏。君仁爱见拯,实感盛德。"乃以白环四枚与宝,曰:"令君子孙洁白,位登三事④,当如此环。"

[注释]①杨宝:东汉隐士,名臣杨震之父。 ②鸱枭(chīxiāo):又作鸱鸮,俗称猫头鹰。 ③巾箱:放置衣巾、书卷、文件等物品的小箱子。 ④三事:指三公。《汉书·韦贤传》:"天子我监,登我三事。"颜师古注:"三事,三公之位,谓丞相也。"此即衔环典故的由来。

453. 隋侯珠

隋县溠水侧①,有断蛇丘。隋侯出行②,见大蛇被伤,中断。疑其灵异,使人以药封之,蛇乃能走。因号其处断蛇丘。岁余,蛇衔明珠以报之。珠盈径寸,纯白,而夜有光明,如月之照,可以烛室。故谓之隋侯珠,亦曰灵蛇珠,又曰明月珠。丘南有隋季良大夫池③。

[注释]①隋县:县名,治所今湖北随州。隋,同"随"。溠(zhà)水:即扶恭河,在随州境内西北。　②隋侯:随国国君,西周所封诸侯国君主。　③汪绍楹以为此句非本文中语,应删。

454. 孔愉放龟

孔愉字敬康,会稽山阴人①。元帝时,以讨华轶功封侯②。愉少时,尝经行余不亭③,见笼龟于路者,愉买之,放于余不溪中④。龟中流左顾者数过。及后,以功封余不亭侯。铸印而龟钮左顾,三铸如初。印工以闻,愉乃悟其为龟之报,遂取佩焉。累迁尚书左仆射⑤,赠车骑将军。

[注释]①山阴:县名,今浙江绍兴。　②华轶:字颜夏,平原人,魏司徒华歆的曾孙,晋永嘉中曾任江州刺史,因不服从司马睿的命令和调遣,被讨伐斩首。　③余不亭:亭名,在今浙江湖州。　④余不溪:又名孔愉泽、龟溪,即东苕溪的下游。　⑤累迁:连续升职。尚书左仆射:职官名,位仅次尚书令,职权威重。

455. 古巢老姥

古巢①,一日江水暴涨,寻复故道。港有巨鱼,重万斤,三日乃死。合郡皆食之,一老姥独不食②。忽有老叟曰:"此吾子也,不幸罹此祸。汝独不食,吾厚报汝。若东门石龟目赤,城当陷。"姥日往视。有稚子讶之③,姥以实告。稚子欺之,以朱傅龟目④。姥见,急出城。有青衣童子曰:"吾龙之子。"乃引姥登山,而城陷为湖。

[注释]①古巢:县名,治所今安徽无为。 ②老姥:老妇人。 ③稚子:幼子,小孩。讶:惊诧,疑怪。 ④傅:通"附",涂抹的意思。

456. 蚁王报恩

吴富阳县董昭之,尝乘船过钱塘江,中央,见有一蚁,着一短芦,走一头回,复向一头①,甚惶遽②。昭之曰:"此畏死也。"欲取着船。船中人骂:"此是毒螯物,不可长。我当蹋杀之③。"昭意甚怜此蚁,因以绳系芦着船。船至岸,蚁得出。其夜,梦一人乌衣,从百许人来,谢云:"仆是蚁中之王,不慎堕江,惭君济活。若有急难,当见告语。"历十余年,时所在劫盗,昭之被横录为劫主④,系狱余杭。昭之忽思蚁王梦,缓急当告,今何处告之。结念之际⑤,同被禁者问之,昭之具以实告。其人曰:"但取两三蚁着掌中,语之。"昭之如其言。夜果梦乌衣人云:"可急投余杭山中。天下既乱,赦令不久也。"于是便觉。蚁啮械已尽,因得出狱。过江,投余杭山。旋遇赦,得免。

[注释]①走一头回,复向一头:来回不停地从这头走到那头。 ②惶遽:惊慌害怕。 ③蹋:通"踏"。 ④横录:横加罪名而判定。 ⑤结念:念念不忘。

457. 义犬救主

孙权时,李信纯,襄阳纪南人也①。家养一狗,字曰黑龙,爱之尤甚,行坐相随,饮馔之间,皆分与食。忽一日,于城外饮酒大醉,归家不及,卧于草中。遇太守郑瑕出猎,见田草深,遣人纵火爇之②。信纯卧处,恰当顺风。犬见火来,乃以口拽纯衣,纯亦不动。卧处比有一溪③,相去三五十步,犬即奔往,入水湿身,走来卧处,周回以身洒之,获免主人大难。犬运水困乏,致毙于侧。俄尔信纯醒来,见犬已死,遍身毛湿,甚讶其事。睹火踪迹,因尔恸哭。闻于太守,太守悯之曰:"犬之报恩甚于人,人不知恩,岂如犬乎!"即命具棺椁衣衾葬之。今纪南有义犬冢,高十余丈。

[注释]①襄阳:郡名,今湖北襄阳。纪南:地名,即楚国都城郢,今湖北江陵西北。 ②爇(ruò):焚烧。 ③比:附近,旁边。

458. 华隆家犬

太兴中①,吴民华隆养一快犬,号的尾,常将自随。隆后至江边伐荻②,为大蛇盘绕,犬奋咋蛇,蛇死。隆僵仆无知,犬彷徨涕泣③,走还舟,复反草中。徒伴怪之,随往,见隆闷绝,将归家。犬为不食,比隆复苏,始食。隆愈爱惜,同于亲戚④。

[注释]①太兴:晋元帝司马睿年号,318～321 年。 ②荻:多年生草本植物,与芦同类。生长在水边。叶抱茎生,根茎有节似竹,劈开可以编席。③彷徨:来回盘旋。 ④亲戚:与自己有血缘或婚姻关系的人。

459. 蝼蛄神

庐陵太守太原庞企,字子及。自言其远祖不知几何世也,坐事系狱,而非其罪,不堪拷掠,自诬服之①。及狱将上②,有蝼蛄虫行其左右③,乃谓之曰:"使尔有神,能活我死,不亦善乎。"因投饭与之。蝼蛄食饭尽去,顷复来,形体稍大。意每异之,乃复与食。如此去来,至数十日间,其大如豚。及竟报④,当行刑。蝼蛄夜掘壁根为大孔,乃破械,从之出去。久时遇赦,得活。于是庞氏世世常以四节祠祀之于都衢处⑤。后世稍怠,不能复特为馔,乃投祭祀之余以祀之,至今犹然。

[注释]①诬服:谓无辜而服罪。 ②狱将上:罪案被报送上去。 ③蝼蛄:昆虫名。背部茶褐色,腹部灰黄色,前脚大,呈铲状,适于掘土,有尾须。生活在泥土中,昼伏夜出,吃农作物嫩茎。通称蜊蜊蛄,又叫土狗子。 ④竟报:最终判决。 ⑤四节:指春夏秋冬四时。都衢:宗庙外的大道。

460. 猿母猿子

临川东兴有人入山①,得猿子,便将归。猿母自后逐至家。此人缚猿子于庭中树上以示之。其母便搏颊向人②,若乞哀状③,直是口不能言耳④。此人既不能放,竟击杀之。猿母悲唤,自掷而死。此人破肠视之,寸寸断裂。未半年,其家疫死,灭门。

[注释]①临川:郡名。西晋时,治所今江西临川。东兴:临川属县,治所今江西黎川。 ②搏颊:拍打脸颊。 ③若:原作"欲",据明抄本《太平广记》改。 ④直是:原作"直谓",据明抄本《太平广记》改。

461. 虞荡猎麈

冯乘虞荡夜猎①,见一大麈②,射之。麈便云:"虞荡,汝射杀我耶!"明晨,得一麈而入③,即时荡死。

[注释]①冯乘:古县名,今湖南江华。 ②麈:鹿类,亦名驼鹿。俗称四不像。 ③入:指回家。

462. 华亭大蛇

吴郡海盐县北乡亭里，有士人陈甲，本下邳人。晋元帝时，寓居华亭①，猎于东野大薮②。欻见大蛇，长六七丈，形如百斛船，玄黄五色，卧冈下。陈即射杀之，不敢说。三年，与乡人共猎，至故见蛇处，语同行曰："昔在此杀大蛇。"其夜，梦见一人，乌衣黑帻，来至其家，问曰："我昔昏醉，汝无状杀我③。我昔醉，不识汝面，故三年不相知。今日来就死。"其人即惊觉。明日，腹痛而卒。

[注释]①华亭：地名，今上海松江区。　②薮：湖泽。　③无状：无缘无故。

463. 邛都陷湖

邛都县下有一老姥①，家贫孤独。每食，辄有小蛇，头上戴角，在床间，姥怜而饴之食②。后稍长大，遂长丈余。令有骏马，蛇遂吸杀之。令因大忿恨，责姥出蛇。姥云："在床下。"令即掘地，愈深愈大，而无所见。令又迁怒，杀姥。蛇乃感人以灵言，瞋令③："何杀我母？当为母报仇。"此后，每夜辄闻若雷若风，四十许日。百姓相见，咸惊语："汝头那忽戴鱼？"是夜，方四十里，与城一时俱陷为湖。土人谓之为"陷湖"④。唯姥宅无恙，讫今犹存。渔人采捕，必依止宿。每有风浪，辄居宅侧，恬静无他。风静水清，犹见城郭楼橹畟然⑤。今水浅时，彼土人没水，取得旧木，坚贞光黑如漆。今好事人以为枕，相赠。

[注释]①邛都：古县名，治所今四川西昌东南。　②饴：同"饲"，拿食物

给人或动物吃。　③瞋:恼火,怒责。　④土人:世代居住本地的人。　⑤楼橹:城楼上的瞭望台。夎(cè)然:清晰貌。

464. 建业妇人

建业有妇人①,背生一瘤,大如数斗囊,中有物如茧栗②,甚众,行即有声。恒乞于市。自言:"村妇也,常与姊姒辈分养蚕③,己独频年损耗④。因窃其姒一囊茧焚之。顷之,背患此疮,渐成此瘤。以衣覆之,即气闭闷,常露之,乃可。而重如负囊。"

[注释]①建业:六朝都城名,又名建康,今江苏南京。　②茧栗:茧丝细而栗木坚,言其形小如茧似栗。多形容牛角初生之状。　③姊姒:古代同夫诸妾互称,年长的为姒,年幼的为娣;妯娌间,以兄妻为姒,弟妻为娣。验之文义,此当指妯娌中的嫂嫂。　④频年:连年。

附　录

汪绍楹先生辑《搜神记佚文》

1. 县有延寿城。

2. 有泽水，民谓神龙。不可鸣鼓其傍。即有大雨。

3. 代城始筑，立板干。一旦亡西南板，四五十里，于泽中自立，结苇为外门。因就营筑焉。

4. 《论语摘辅像》曰："山土崩，川闭塞，漂沦移，山鼓哭。闭衡夷，庶杰合，兵王作。"时天下乱，豪杰并争：曹操事二袁于河北；孙吴创基于江外；刘表阻乱于襄阳。南招零桂，北割汉川；又以黄祖为不乐。而祖与孙氏为深仇，兵事岁交。十年，曹操破袁谭于南皮。十一年，走袁尚于辽东。十三年，吴禽黄祖。是岁，刘表死，曹操略荆州，逐刘备于当阳。十四年，吴破曹操于赤壁。是三雄者，卒共三分天下，成帝王之业。是可谓"庶杰合，兵王作"者也。十六年，刘备入蜀，与吴再争荆州。于时战争，四分五裂之地，荆州为剧。故山鸣之异，作其域也。

5. 祝鸡翁者，洛阳人也，居尸乡北山下。养鸡百年，鸡至千余头，皆有名字。欲取，呼之名，则种别而至。后之吴山，莫知所去矣。

6. 老子将西入关，关令尹喜，好道之士，睹真人当西，乃要之途也。

7. 杨震，有鹳衔三鳝鱼，飞集讲堂前。都讲取鱼进曰："蛇鳝者，卿大夫服之象也。数三者，法三台也。先生自此升矣。"

8. 须长七尺。

9. 帝与颛顼平九黎，始立五行之官者也。

10. 澹台子羽赍璧渡河，风波忽起，两龙夹舟。子羽奋剑斩龙，波乃止。登岸，投璧于河，河伯三归之。子羽毁璧而去。

11. 魏推五德之运，以土承汉。

12. 程猗《说石图》曰："金者，晋之行也。"

13. 故中牟令苏韶，有才识，感冥中卒，乃昼见形于其家。诸亲故知友闻之，并同集。饮啖言笑，不异于人。或有问者。中牟在生，多诸赋述，言出难寻。诸叙词曰："运精气兮离故形，神渺渺兮爽玄冥。归北帝兮造鄷京。崇墉郁兮廊峥嵘。叔凤阙兮词帝庭，迩卜商兮室颜生。亲大圣兮颂梁成，希吴季兮英婴明。抗请论兮风英英，敷花澡兮文粲粲，庶攉身兮登昆瀛，多福祚兮享千龄。"余多，不尽录。初见其词，若存若亡。

14. 高祖宣皇帝少有奇节，聪明多大略。

15. 宣帝迁太子中庶子，每大谋，画策多善。由是为太子所信重。

16. 《黄帝书》云：上古之时，有二神人，一名荼与；二名郁垒，一名郁律。度朔山，山上有大桃树，二人依树而住。于树东北，有大穴，众鬼皆出入此穴。荼与、郁垒主统领简择万鬼。鬼有妄祸人者，则缚以苇索，执以饴虎。于是黄帝作礼欧之：立桃人于门户，画荼与、郁垒与虎以象之。今俗法，每以腊终除夕，饰桃人，垂苇索，画虎于门，左右置二灯，象虎眼，以祛不详。

17. 冯稜妻死，稜哭之恸。乃叹曰："奈何不生一子而死。"俄而妻复苏。后孕，十月产讫而死。

18. 孟宗至孝，坟以梓木为表，感花萼生于枯木之上。

19. 李王灵母死，廿年不食盐醋，感庭橘冬生其实也。

20. 黄帝有熊氏，少典之子。母曰附宝，其先即炎帝母家有蟜氏之女，世与少典氏婚。及神农之末，少典氏又娶附宝。见大霓光绕北斗枢星，照郊野。附宝孕二十五月，生黄帝于寿丘。

21. 昌意正妃，谓之女枢。金天氏末，生颛顼于弱水。

22. 庆都观河，遇赤龙。腌然阴风，感而有孕。十四月而生尧。

23. 吴猛，蜀人。小儿时，在父母傍卧，时夏月多蚊，而终不摇扇。惧蚊虻之去我及父母也。

24. 河间管粥，侨居临水北岸。田作商贾，往往如意。尝载两舫米，下都巣。垂行，忽于宅中见一物，形似鼍而长大。行还，辄大得利。如此，一家遂巨富。二十年恒有万斛米。

25. 丁兰，河内野王人。年十五，丧母。乃刻木作母事之，供养如生。邻人有所借，木母颜和则与，不和不与。后邻人忿兰，盗斫木母，应刀血出。兰乃殡殓，报仇。汉宣帝嘉之，拜中大夫。

26. 吴先主病，遣人于门观不祥。巫启："见一鬼，着绢巾，似是大臣将相。"其夜，先主梦见鲁肃来入。衣巾如之。

27. 刘晨、阮肇入天台取谷皮，远不得返。经十三日，饥。遥望山上有桃树，子实熟。遂跻险援葛至其下，啖数枝，饥止体充。欲下山，以杯取水。见芜菁叶流下，其鲜新。复有一杯流下，有胡麻焉。乃相谓曰："此近人家矣。"遂渡山，出一大溪。溪边有二女子，色甚美。见二人持杯，便笑曰："刘、阮二郎捉向杯来。"刘、阮惊。二女遂欣然如旧相识曰："来何晚耶？"因邀还家。南、东二壁各有绛罗帐，帐角悬铃，上有金银交错。各有数侍婢使令。其馔有胡麻饭、山羊脯、牛肉，甚美。食毕，行酒。俄有群女持桃子，笑曰："贺汝婿来。"酒酣作乐。夜后各就一帐宿，婉态殊绝。至十日，求还,苦留半年。气候草木是春时,百鸟啼鸣,更怀乡,归思甚苦。女遂相送,指示还路。既还,乡色零落,已十世矣。

28. 焦湖庙有一玉枕,枕有小坼。时单父县人杨林为贾客,至庙祈求。庙巫谓曰:"君欲好婚否?"林曰:"幸甚。"巫即遣林近枕边,因入坼中。遂见朱门琼室,有赵太尉在其中,即嫁女与林。生六子,皆为秘书郎。历数十年,并无思乡之志。忽如梦觉,犹在枕傍。林怆然久之。

29. 许懋,吴人,好黄白术。一日,遇一道人,将一画扇簇挂于壁。上有药炉、童子在上。道人呼童子,而童子跪于炉前。画扇频动,炉火光炎,少顷药成。道人曰:"黄白之术,役天地之数,非积功累行,不可求之。"遂告懋曰:"五十年后,当于茅山相寻。"遂不知所在。

30. 仲子隐于鹊山。

31. (顾恺之字长康,)常悦一邻女。乃画女于壁,当心钉之。女患心痛,告于长康,拔去钉,乃愈。

32. 蚕曰龙精。

33. 电曰笑电。

34. 北史禁门以籥曰鹄籥。

参考书目

司马迁:《史记》,中华书局1982年版。
班固:《汉书》,中华书局1962年版。
范晔:《后汉书》,中华书局1965年版。
陈寿:《三国志》,中华书局1982年版。
房玄龄等:《晋书》,中华书局1974年版。
魏徵等:《隋书》,中华书局1973年版。
李延寿:《南史》,中华书局1975年版。
司马光:《资治通鉴》,中华书局1956年版。
李振宏注说:《史通》,河南大学出版社2011年版。
萧统:《文选》,上海古籍出版社1986年版。
李昉等编:《太平广记》,中华书局1961年版。
胡应麟:《少室山房笔丛》,中国书店出版社2009年版。
鲁迅:《古小说钩沉》,齐鲁书社1997年版。
李剑国:《唐前志怪小说辑释》,上海古籍出版社2011年版。
胡守为:《神仙传校释》,中华书局2010年版。
余嘉锡:《世说新语笺疏》,上海古籍出版社1993年版。
汪绍楹校注:《搜神记》,中华书局1979年版。
李剑国:《新辑搜神记　新辑搜神后记》,中华书局2007年版。
黄涤明:《搜神记全译》,贵州人民出版社2008年版。

马银琴译注:《搜神记》,中华书局 2012 年版。

陶娥、邹德文、孔永注译:《搜神记》,中州古籍出版社 2010 年版。

王一工、唐书文:《搜神记全译》,上海古籍出版社 2012 年版。

王尽忠:《干宝研究全书》,中州古籍出版社 2009 年版。

周勋俊:《魏晋南北朝志怪小说词汇研究》,巴蜀书社 2006 年版。

周生亚:《搜神记语言研究》,中国人民大学出版社 2007 年版。

鲁迅:《中国小说史略》,上海古籍出版社 1998 年版。

李剑国:《唐前志怪小说史》,天津教育出版社 2005 年版。

吴志达:《中国文言小说史》,齐鲁书社 1994 年版。

王枝忠:《汉魏六朝小说史》,浙江古籍出版社 1997 年版。

陈文新:《文言小说审美发展史》,武汉大学出版社 2002 年版。

石昌渝:《中国小说源流论》,生活·读书·新知三联书店 1994 年版。

杨义:《中国古典小说史论》,人民出版社 1998 年版。

曹道衡:《中古文学史论文集》,中华书局 1986 年版。

徐公持:《魏晋文学史》,人民文学出版社 1999 年版。

[日]小南一郎著,孙昌武译:《中国的神话传说与古小说》,中华书局 2006 年版。

李伟昉:《英国哥特小说与中国六朝志怪小说比较研究》,中国社会科学出版社 2004 年版。

袁珂:《中国古代神话》,华夏出版社 2006 年版。

王仲荦:《魏晋南北朝史》,上海人民出版社 1979 年版。

瞿林东:《中国史学史纲》,北京出版社 1999 年版。

任继愈主编:《中国哲学发展史》(秦汉卷),人民出版社 1985 年版。

任继愈主编:《中国哲学发展史》(先秦卷),人民出版社 1983 年版。

近期国学读物要目

国学新读本

诗经　梁锡锋　注说
论语　臧知非　注说
尚书　姜建设　注说
国语　曹建国　张玖青　注说
孔子家语　杨朝明　注说
山海经　郑慧生　注说
墨子　苏凤捷　程梅花　注说
孟子　何晓明　周春健　注说
庄子　曹础基　注说
荀子　杨朝明　注说
韩非子　赵沛　注说
孙子兵法　赵国华　注说
楚辞　李中华　邹福清　注说
潜夫论　王健　注说
文心雕龙　戚良德　注说

礼记　杨天宇　注说
老子　曹峰　注说
吕氏春秋　张富祥　注说
商君书　徐莹　注说
战国策　张彦修　注说
淮南子　杨有礼　注说
春秋繁露　曾振宇　注说
世说新语　赵成林　注说
史通　李振宏　注说

周易　龚留柱　注说
新语　李振宏　注说
新书　徐莹　注说
新论　臧知非　注说
说苑　赵国华　范正娥　注说
搜神记　王利锁　注说
颜氏家训　郭宝军　注说

文中子　王路曼　池桢　注说
潜书　池桢　王路曼　注说
六祖坛经　姚彬彬　注说
韩愈集　刘真伦　注说
柳宗元集　岳珍　注说
贞观政要　苏士梅　注说
通书　张文瀚　注说
正蒙　李峰　注说
王弼集　党圣元　注说
欧阳修集　杨亮　注说
王安石集　张富祥　李玉诚　注说
容斋随笔　张富祥　注说
论语集注　梁振杰　注说
大学中庸集注　梁振杰　注说
孟子集注　赵庆伟　注说
近思录　路新生　注说
传习录　岳淑珍　注说
焚书　李竞艳　注说
明夷待访录　赵轶峰　注说
闲情偶寄　惠萍　注说
龚自珍集　曹志敏　注说
校邠庐抗议　刘克辉　戴宁淑　注说
劝学篇　马小泉　注说

百年河大国学旧著新刊

河洛方言诠诂　王广庆　著
三统历表　邵瑞彭　著
中国戏剧概论　卢前　著
晚明思想史散论　嵇文甫　著
论语新探　赵纪彬　著
天问研究　孙作云　著
汉魏六朝文学史　李嘉言　著
金艺文志　金登科记考　万曼　著
唐集叙录　万曼　著
中国文学史新编　张长弓　著
汉碑集释　高文　著
袁中郎研究　任访秋　著
东夷杂考　李白凤　著
宋会要辑稿考校　王云海　著
长江集新校　李嘉言　著

高适岑参选集　高　文　王刘纯　选著
花间集注　华锺彦　著
庆湖遗老诗集校注　王梦隐　著
曾瑞散曲集校注　李春祥　著
辛弃疾选集　佟培基　选著
汉魏六朝韵谱　于安澜　著
毡推闲话　武慕姚　著
中国救荒史　邓云特　著
红学二百年　李春祥　著
文心雕龙选讲　温绎之　著

于安澜书画学四种
画论丛刊
画史丛书
画品丛书
书学名著选

元典文化丛书
中华第一经——《周易》与中国文化　宋会群　苗雪兰　著
教化百科——《诗经》与中国文化　孙克强　张小平　著
经国治民之典——《周礼》与中国文化　郝铁川　著
哲人的智慧——《老子》与中国文化　高秀昌　龚　力　著
圣人箴言录——《论语》与中国文化　李振宏　著
武学圣典——《孙子兵法》与中国文化　龚留柱　著
亚圣思辨录——《孟子》与中国文化　何晓明　著
逍遥之祖——《庄子》与中国文化　白本松　王利锁　著
外王之学——《荀子》与中国文化　张曙光　著
中国帝王术——《韩非子》与中国文化　王宏斌　著
史家绝唱——《史记》与中国文化　邓鸿光　著
诸经总龟——《春秋》与中国文化　涂文学　周德钧　著
管理宝典——《管子》与中国文化　袁　闯　著
纵横家书——《战国策》与中国文化　张彦修　著
人仙之间——《抱朴子》与中国文化　徐仪明　冷天吉　著
医学圣典——《黄帝内经》与中国文化　王庆宪　梁晓珍　著
礼乐渊薮——《礼记》与中国文化　黄宛峰　著
词章之祖——《楚辞》与中国文化　李中华　著
星学宝典——《历书天官书》与中国文化　郑慧生　著
天人衡中——《春秋繁露》与中国文化　曾振宇　范学辉　著
王政全书——《吕氏春秋》与中国文化　张富祥　著
神话之源——《山海经》与中国文化　高有鹏　孟　芳　著

新道鸿烈——《淮南子》与中国文化　杨有礼　著
史家龟鉴——《史通》与中国文化　曾凡英　著
政事纲纪——《尚书》与中国文化　姜建设　著
春秋弦歌——《左传》与中国文化　龚留柱　著
平民理想——《墨子》与中国文化　苏凤捷　程梅花　著
人伦本原——《孝经》与中国文化　臧知非　著
法典之王——《唐律疏议》与中国文化　徐永康　吉霁光　郑取　著
文论巨典——《文心雕龙》与中国文化　戚良德　著

宋代研究丛书

北宋诗学　张海鸥　著
宋代东京研究　周宝珠　著
宋代地域经济　程民生　著
宋代监察制度　贾玉英　著
宋代官员选任和管理制度　苗书梅　著
宋代地域文化　程民生　著
宋代文学通论　王水照　主编
宋代司法制度　王云海　主编
宋代教育　苗春德　主编
清明上河图与清明上河学　周宝珠　著
宋代文化史　姚瀛艇　主编
黄庭坚与宋代文化　杨庆存　著
宋代交通管理制度研究　曹家齐　著
岳飞和南宋前期政治与军事研究　王曾瑜　著
成圣之道——北宋二程修养工夫论之研究　温伟耀　著
宋代绘画研究　邓乔彬　著

汉语史专书语法研究丛书

《三朝北盟会编》语法研究　刁晏斌　著
《荀子》虚词研究　黄珊　著
《晏子春秋》词类研究　姚振武　著
《聊斋俚曲》语法研究　冯春田　著
《孟子》词类研究　崔立斌　著
《朱子语类辑略》语法研究　吴福祥　著
敦煌变文12种语法研究　吴福祥　著
《吕氏春秋》句法研究　殷国光　著
《尚书》语法论稿　钱宗武　著
《左传》语法研究　何乐士　著
《元典章·刑部》语法研究　李崇兴　祖生利　著
汉语语法史断代专书比较研究　何乐士　著

图书在版编目(CIP)数据

搜神记/王利锁注说.—郑州:河南大学出版社,
2015.8
(国学新读本)
ISBN 978-7-5649-2160-6

Ⅰ.搜… Ⅱ.①王… Ⅲ.①笔记小说－中国－东晋时代 ②《搜神记》－注释 Ⅳ.①I242.1

中国版本图书馆 CIP 数据核字(2015)第 213938 号

责任编辑　何　新
责任校对　李利敏
封面设计　马　龙

出版发行　河南大学出版社
　　　　　地址:郑州市郑东新区商务外环中华大厦 2401 号　邮编:450046
　　　　　电话:0371－86059701(营销部)　网址:www.hupress.com
排　版　郑州市今日文教印制有限公司
印　刷　开封智圣印务有限公司
版　次　2017 年 5 月第 1 版　　　印　次　2017 年 5 月第 1 次印刷
开　本　650mm×960mm　1/16　　印　张　24
字　数　301 千字　　　　　　　　定　价　48.00 元

(本书如有印装质量问题请与河南大学出版社营销部联系调换)